Cases of CNC
Machinery
Equipment

"数控一代"案例集

（铸造卷）

中国机械工程学会
铸 造 分 会 **编著**

中国科学技术出版社

·北 京·

图书在版编目（CIP）数据

"数控一代"案例集.铸造卷/中国机械工程学会，
铸造分会编著.—北京：中国科学技术出版社，2021.7
　ISBN 978-7-5046-8596-4

　I.①数… Ⅱ.①中… ②铸… Ⅲ.①铸造—技术革
新—案例—中国　Ⅳ.① F426.4

中国版本图书馆 CIP 数据核字（2021）第 109671 号

策划编辑	郭秋霞
责任编辑	郭秋霞
版式设计	中文天地
责任校对	张晓莉
责任印制	马宇晨

出　　版	中国科学技术出版社
发　　行	中国科学技术出版社有限公司发行部
地　　址	北京市海淀区中关村南大街 16 号
邮　　编	100081
发行电话	010-62173865
传　　真	010-62173081
网　　址	http://www.cspbooks.com.cn

开　　本	787mm×1092mm　1/16
字　　数	350 千字
印　　张	16.75
版　　次	2021 年 7 月第 1 版
印　　次	2021 年 7 月第 1 次印刷
印　　刷	北京瑞禾彩色印刷有限公司
书　　号	ISBN 978-7-5046-8596-4 / F·931
定　　价	149.00 元

编写组织机构

指导委员会

主　任：单忠德

副主任：宋天虎　娄延春

委　员：罗　平　苏仕方

编审委员会

主　任：娄延春

副主任：苏仕方　王　玲　崔瑞奇

委　员：（按姓氏笔画排序）

丁　磊	于　涵	马　驰	王　义	王子强	王巧智
王德成	毛春生	计效园	田　臻	卢宏远	史玉升
丘　壑	兰　希	向观兵	刘小龙	刘冬梅	刘俊杰
刘统洲	刘继广	刘新峰	李　峰	李　想	李万青
李月华	李兴捷	李来升	李昌海	李瑞新	曲学良
严增男	杨　军	杨　杰	杨志伟	吴　军	吴寿喜
何永亮	沈　旭	宋　良	张　振	张　伟	张　杰
张　金	张允华	张成纪	张爱斌	张鹏程	陈　冬
陈　江	陈跃程	欧阳陆广	罗创明	岳云辉	周　敏
周建新	孟少鹏	赵林栋	赵恒涛	胡早仁	郤业建
姜安龙	秦　戎	殷亚军	高　狄	唐红涛	黄小东
曹　阳	盛建春	康绍鹏	章旭霞	董永博	谢其林
蒲昌月	满文胜	蔡少刚	熊　晗	熊云龙	缪　云
樊世川	潘继勇				

总 序

实施制造强国战略，加快我们国家从制造大国迈向制造强国，要以科技创新为主要驱动力，以加快新一代信息技术与制造业深度融合为主线，以推进智能制造为主攻方向。

智能制造——数字化网络化智能化制造是新一轮工业革命的核心技术，是世界各国全力争夺的技术制高点，为中国制造业结构优化和转变发展方式提供了历史性机遇，成为中国制造业"创新驱动、由大到强"的主攻方向。

制造业创新发展的内涵包括三个层面：一是产品创新；二是生产技术创新；三是产业模式创新。在这三个层面上，智能制造——数字化网络化智能化制造都是制造业创新发展的主要途径：第一，数字化网络化智能化是实现机械产品创新的共性使能技术，使机械产品向"数控一代"和"智能一代"发展，从根本上提高产品功能、性能和市场竞争力；第二，数字化网络化智能化也是生产技术创新的共性使能技术，将革命性地提升制造业的设计、生产和管理水平；第三，数字化网络化智能化还是产业模式创新的共性使能技术，将大大促进服务型制造业和生产性服务业的发展，深刻地变革制造业的生产模式和产业形态。

机械产品的数控化和智能化创新具有鲜明的特征、本质的规律，这种颠覆性共性使能技术可以普遍运用于各种机械产品创新，引起机械产品的全面升级换代，这也是"数控一代"和"智能一代"机械产品这样一个概念产生的缘由和根据。

2011年年初，18位院士联名提出了关于实施数控一代机械产品创新工程（简称"数控一代"）的建议，中央领导同志高度重视、亲切关怀，科技部、工业和信息化部、中国工程院联合启动了数控一代机械产品创新应用示范工程，其战略目标是：在机械行业全面推广应用数控技术，在10年时间内，实现各行各业各类各种机械产品的全面创新，使中国的机械产品总体升级为"数控一代"，同时也为中国机械产品进一步升级为"智能一代"奠定基础。

4年来，全国工业战线的同志们团结奋斗，用产学研政协同创新，数控一代机械产品创新应用示范工程进步巨大、成就卓著，在全面推进智能制造这个主攻方向上取得了重大突破。

中国机械工程学会是实施数控一代机械产品创新应用示范工程的一支重要推动力量。4年来，学会发挥人才优势和组织优势，动员和组织学会系统包括各省区市机械工程学会和各专业分会的同志们广泛参与，着重于推动数控一代工程在各行业各区域各企业的立地和落实，为企业产品创新助力、为产业技术进步服务。在这个过程中，学会重视发现典型、总结经验，形成了《"数控一代"案例集》。

《"数控一代"案例集》总结了典型机械产品数控化创新的丰硕成果，展示了各行业各区域各企业实施创新驱动发展战略的宝贵经验，覆盖面广、代表性强，对于实现中国机械产品的全面创新升级有着重要的借鉴与促进作用。

衷心祝愿《"数控一代"案例集》持续推出、越办越好，助百花齐放、引万马奔腾，为数控一代机械产品创新应用示范工程的成功、为制造强国战略的胜利、为实现中国制造由大变强的历史跨越做出重要贡献。

周济

2015 年 4 月

前　言

　　铸造是现代装备制造业的基础共性技术之一，在先进制造技术中占有重要的地位。铸件广泛应用于航空航天、能源动力、轨道交通、海洋工程、机床、汽车、石化、船舶、医疗设备、家电、通信等国民经济领域。2019 年我国铸件总产量接近 4900 万吨，占世界铸件总产量的 40% 以上，我国已连续 20 年位居世界铸件生产第一大国。

　　进入 21 世纪以来，我国的铸造技术又有了很大的发展，造型和制芯自动化水平明显提高，生产工艺过程管理与控制向数字化、信息化、网络化、智能化发展，增材制造技术异军突起，绿色生产理念和装备技术在铸造企业得到广泛认同生产。这些发展推动了铸造生产整体水平的提升，对提高铸造生产效率，降低劳动强度，改善铸件的内在质量和外观质量，节约降低原辅材料，实现清洁生产，提高生产效率起了重大作用。

　　铸造业长期存在生产环境差、劳动强度大、效率低、铸件质量不高、环境污染等问题，在大力倡导中国制造向中国创造转变的过程中，铸造业将向绿色化智能化方向转型发展。

　　《国家中长期科学和技术发展规划纲要（2006—2020 年）》指出，制造业是国民经济的主要支柱。提出要重点研究数字化设计制造集成技术，建立若干行业的产品数字化和智能化设计制造平台。

　　我国作为铸造大国迫切需要铸造智能化。铸造智能化目标是实现铸造各阶段的自感知、自决策和自执行，体现在机器人、传感器、数字化制造技术的普遍应用。"智能铸造"是信息化与铸造生产高度融合的产物，包括智能铸造技术和智能铸造系统。智能铸造技术包括数字模拟、3D 打印、机器人、ERP 等；智能铸造系统是具有学习能力的大数据知识库，能够通过对环境信息和自身信息的对比分析而进行自我规划、自我改善。"智能铸造"典型应用模式为"数字化铸造厂""数字化铸造厂"全部采用信息化手段管理生产流程、质量控制流程、财务流程、产品开发流程、人力资源管理培训流程等所有内部流程，同时用信息化手段处理与供应商、与客户的关联流程。可以对整个生产过程进行模拟仿真和调控。在"数字化铸造厂"里，基本消除了重体力劳动，环境清洁，同时生产效率和效益大幅度提高。

在经济转型过程中，铸造产业无疑将发挥基础性的作用。国内越来越多的铸造企业开始大量引进和开发自动化生产技术和装备，部分铸造企业已经开始建设"数字化铸造厂"或"智能铸造车间"，在"十三五"期间陆续投产使用。这些都给铸造行业传递了一个信息——智能化方式进行生产的概念正在觉醒；给行业传递了一个发展趋势——智能化方式进行生产正在逐步取代传统的生产方式。

中国机械工程学会作为实施数控一代机械产品创新应用示范工程的一支重要推动力量，充分发挥优势，组织编撰《"数控一代"案例集》丛书，着重于推动数控一代工程在各行业各区域各企业的立地和落实，为企业产品创新助力、为产业技术进步服务。在中国机械工程学会的组织领导下，铸造分会组织了有关专家对数控、网络、智能技术在铸造行业中的应用情况进行了调研，总结了近年来铸造行业数字化、网络化、智能化技术在铸造行业的创新应用案例，编撰《"数控一代"案例集（铸造卷）》。本卷收录了企业、高校和科研机构的技术装备应用案例 30 个，主要集中在增材制造、生产过程管理、自动化生产线、生产单元数控技术、机器人打磨、智能制造系统等方面。这些应用案例体现了近年来铸造企业在升级转型、技术研发与应用等方面的创新发展。

我们希望通过本卷所总结的案例，宣传介绍数字化、网络化、智能化技术在铸造企业的应用，起到示范作用，推动中国铸造的创新发展，助力中国从铸造大国向铸造强国迈进，为国民经济建设和社会发展贡献力量。

《"数控一代"案例集（铸造卷）》编委会

2021 年 6 月

目录
CONTENTS

生产单元数字控制技术篇

增材制造技术篇

智能制造系统篇

自动化生产线篇

机器人打磨技术篇

生产过程管理篇

案例 1

精密组芯造型工艺

苏州明志科技股份有限公司

精密组芯铸造工艺是一种采用全砂芯进行有序组合，达到"预设要求"的工艺方法。它将提升传统的铸造生产水平，使其更加精密、高效、节能、绿色、低成本，可广泛用于复杂、精密、高品质、近净形铸件的大批量生产。并将彻底改变传统潮模砂铸造生产傻大黑粗、砂芯难以分离不能循环使用、环境污染严重的面貌，对我国铸造行业的转型升级、清洁化生产、节能减排起到积极的作用。

一、导言

随着工业进步及环境压力增加，对传统的铸造行业提出了前所未有的挑战。首先是对铸件产品本身的要求越来越高，主要体现为近净型轻量化、结构复杂、内在材质性能要求高。另外，对铸造生产过程的节能减排、提高成品率及生产效率、改善生产现场环境、减少劳动力数量及劳动强度提出了更高的要求。

传统的用冷芯盒或热芯盒制芯、潮模砂造型工艺大批量生产内腔复杂的中小型铸件存在着废砂不能有效再生进入制芯循环使用，易造成环境污染并使生产成本提高；尺寸精度差，生产近净形铸件有较大困难；生产线柔性差，不同零件几乎无法共线生产，会出现砂铁比值偏大，造成生产成本及能耗的增加等问题。

精密组芯铸造工艺以若干个砂芯组成砂包／芯组为独立浇注单元（图1），每个砂包／芯组包含了铸件浇注成型所需要的全部元素，包括：铸件的形状，成型所需要的浇冒口系统；为保证铸件尺寸精度的砂芯定位、固定系统；生产过程存放、搬运、浸涂（如果有此工序）等所需要的定位、夹持系统。

图1 精密组芯铸造工艺的砂包

精密组芯铸造工艺的基本原理是精确组合精密砂芯及砂型，形成精密砂模，通过一定的充型技术将金属液体充满砂模，冷却凝固后获得尺寸精确、内在质量致密的铸件。利用该种工艺可生产出表面质量高、加工余量小、尺寸稳定精度高的铸件，铸件的精度可达 CT7 级及以上。通过合理的布置和设计砂芯，该种工艺可节约大量型砂，砂铁比可高达 1：1；且可通过砂芯结构的调整，控制砂芯的残留强度，利用铸件的冷却余热，实现铸件的自动落砂。由于芯组的砂芯种类统一，废砂能有效再生并进入制芯循环使用，对环境污染大幅减少并能够降低生产成本。

该种工艺可实现铸造线的柔性布置，实现柔性、自动化、智能生产；但同时对铸造工艺的系统设计、制芯造型设备、模具设计制造技术以及组芯、浇注提出了与传统铸造不同的、更高的要求。为能够满足和实现该种工艺，我们从以下几个方面进行了创新和发展。

二、基于"铸件/产品"的全 CAD 数字化的协同三维工艺设计技术

1. 设计流程

为了满足铸件的精度（CT7 级及以上）要求，原有的各自独立的设计方法已不能满足要求，我们引入并采用了基于"铸件/产品"的全 CAD 数字化的自顶向下的协同三维工艺设计，解决和实现了工艺设计的全三维化和数字化，极大地提高了设计准确性和协同性。该设计方法的思路和基本流程如图 2 所示。图 3 为完成精密组芯铸造工艺设计的芯组，图 4 为精密组芯铸造工艺芯组实物。

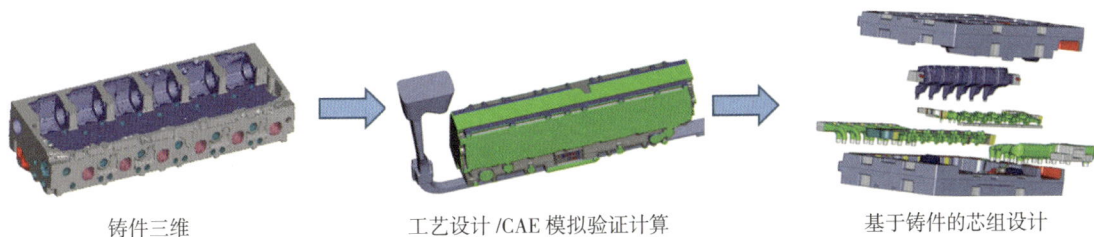

铸件三维　　　　　工艺设计/CAE 模拟验证计算　　　　基于铸件的芯组设计

图 2　工艺三维设计

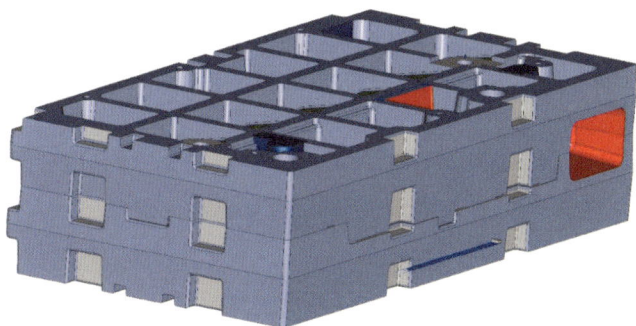

图 3　完成精密组芯铸造工艺设计的芯组

图 4　精密组芯铸造工艺芯组实物

2. 协同三维工艺设计的特点及创新点

（1）全过程采用 CAD 辅助设计，工艺设计、模具设计实现了数字化、无纸化。

（2）设计过程均以铸件作为主控文件，铸件分芯分模、浇冒口系统设计、组芯定位及紧固均和铸件存有参数关系，当铸件发生数据更改或变化时，铸件分芯分模、浇冒口系统设计、组芯定位及紧固能够自动进行更新，提高了设计的更改及时性和准确率。

（3）芯组/砂芯的设计技术。砂芯设计中根据铸件充型、凝固要求及所采用的工艺的特点，合理确定砂芯各部位的壁厚要求并辅以各种加强强度措施，在满足浇注要求的同时，大

幅减少砂的用量，铁砂之比可高达 1∶1；并且通过砂的合理配比，控制砂芯的残留强度，可利用铸件的冷却余热实现铸件的自动落砂清理，减少铸件成本及工人的劳动强度。

芯组内砂芯相互间采用榫卯技术，并设计了用于方便工业机器人／机械手夹持芯组放置、浸涂、搬运及浇注等工序的定位、夹持系统，实现了芯组的自动化搬运、浇注等工序要求，满足了整体的定位精度及工艺要求。如图 5 所示。

（4）适时采用 CORE-IN-CORE 技术，进行砂芯的自固定（图 6）。摒弃了传统的胶粘或穿螺栓，简化了工艺流程，避免、减少了浇注过程中可能发生的发气等缺陷。

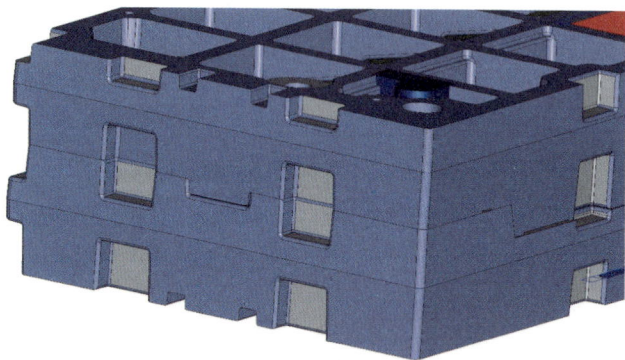

图 5　芯组内砂芯相互间采用榫卯技术

图 6　芯组内砂芯采用 CORE-IN-CORE 技术固定

（5）基于铸件和工艺的砂芯及砂型尺寸公差设计及控制系统。根据铸件及浇冒口设计预判铸件结果，合理安排砂芯及砂型尺寸公差系统，使之符合铸件的公差要求，确保铸件尺寸准确性及稳定性。

三、基于铸件、制芯工艺的砂芯评估系统

根据铸件和采用工艺方式的要求，选择合适的对应的制芯工艺（有机／无机工艺）种类及配比，并针对不同制芯工艺和砂芯形状对芯盒射砂系统、射嘴、固化系统、排气系统和顶芯系统进行综合评估分析，全面引入和采用射砂模拟软件，用 CAE 对砂芯及制芯工艺进行方案的综合性评估，对砂芯强度、制芯效果以及后期浇注工艺的影响等进行综合性评估，使砂芯满足工艺要求（图 7）。

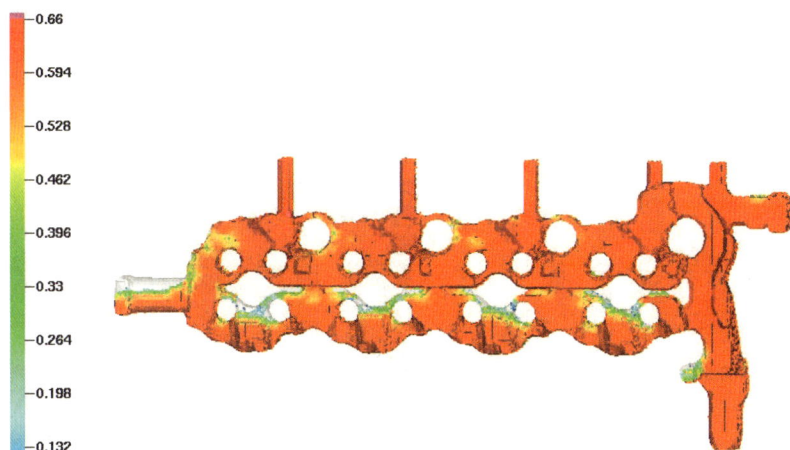

图 7　用 CAE 对砂芯及制芯工艺进行方案的综合性评估

四、全三维的无纸化、数字化模具设计

　　工装模具及夹具、相关辅具采用 CAD 软件进行三维数字化设计、模拟（图 8），实现了无纸化图纸。

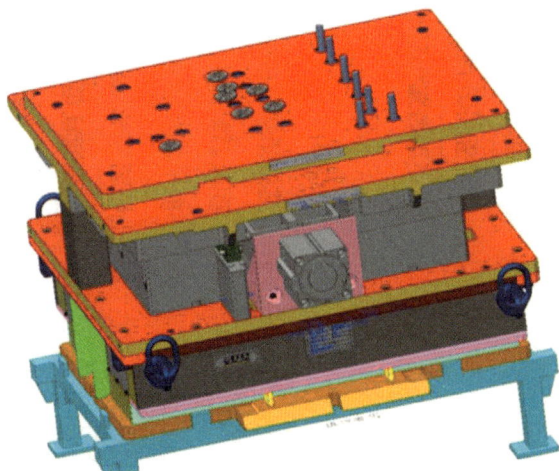

图 8　全三维的无纸化模具设计

五、高精度模具制造技术及装配技术

　　模具、夹具及其他相关辅具的加工制作均采用了计算机辅助编程，高精度数控设备加工。模具型腔的一般精度均在 0.05 ~ 0.1 mm。实现了高精度的 CNC 数控编程及模具制造技术

及 CMM 检测、装配及试模等技术，如图 9 所示。

运用工业机器人并配上专门设计的高精度夹具、工作台、辊道以及工作程序，实现砂芯及砂型的自动精确组合。

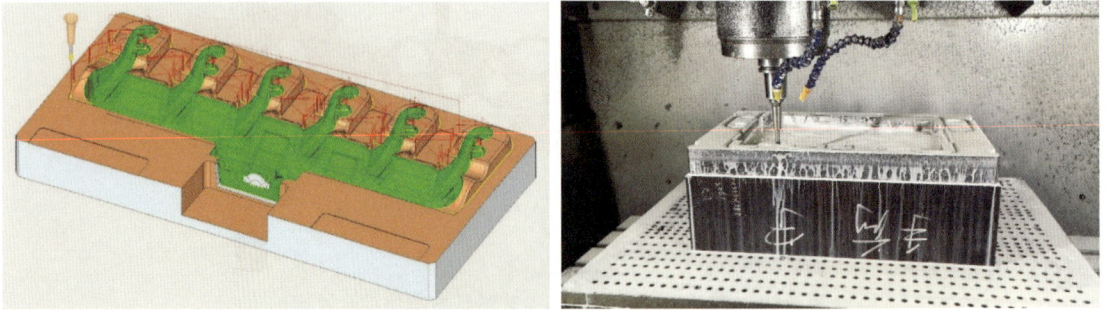

图 9　高精度的 CNC 数控编程及模具制造技术

六、铸件的自动化清理技术

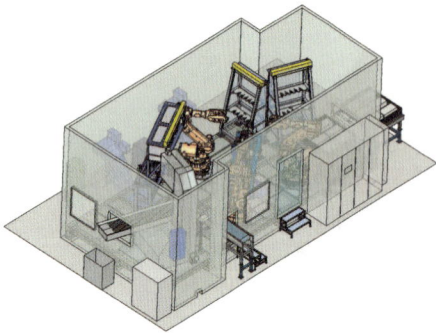

图 10　开发铸件全自动清理技术

采用 3D 视觉自动识别系统，开发了铸件机器人全自动化清理技术（图 10），取代了人工清理，满足了车间自动化节拍需求，保证了铸件产能，降低了铸件生产成本及工人劳动强度，实现了铸件预加工，降低了铸件的加工成本。

采用精密组芯铸造工艺，用同一种芯组生产的铸铝缸体和铸铁缸体（图 11），废砂回收利用达到 95% 以上。

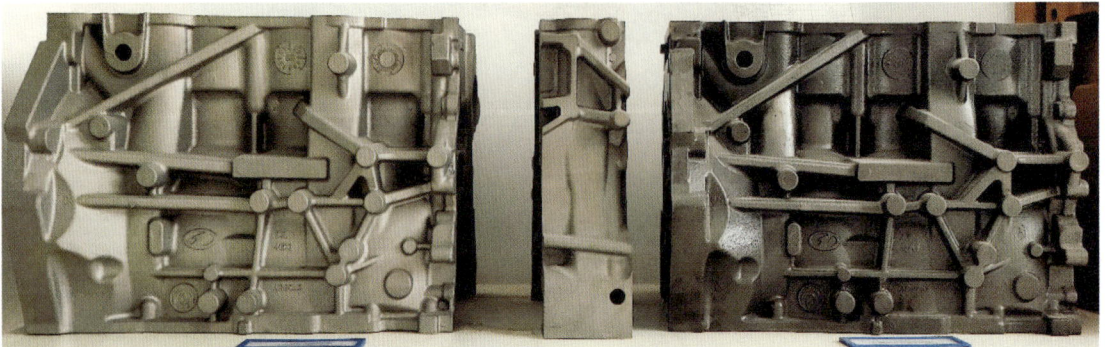

图 11　同一种芯组生产的铝合金缸体（左）和铸铁缸体（右）铸件

图 12 为采用精密组芯铸造工艺的铸造生产线，含自动化制芯、机器人取芯、机器人组芯、浇注，以及铸件自动化清理。

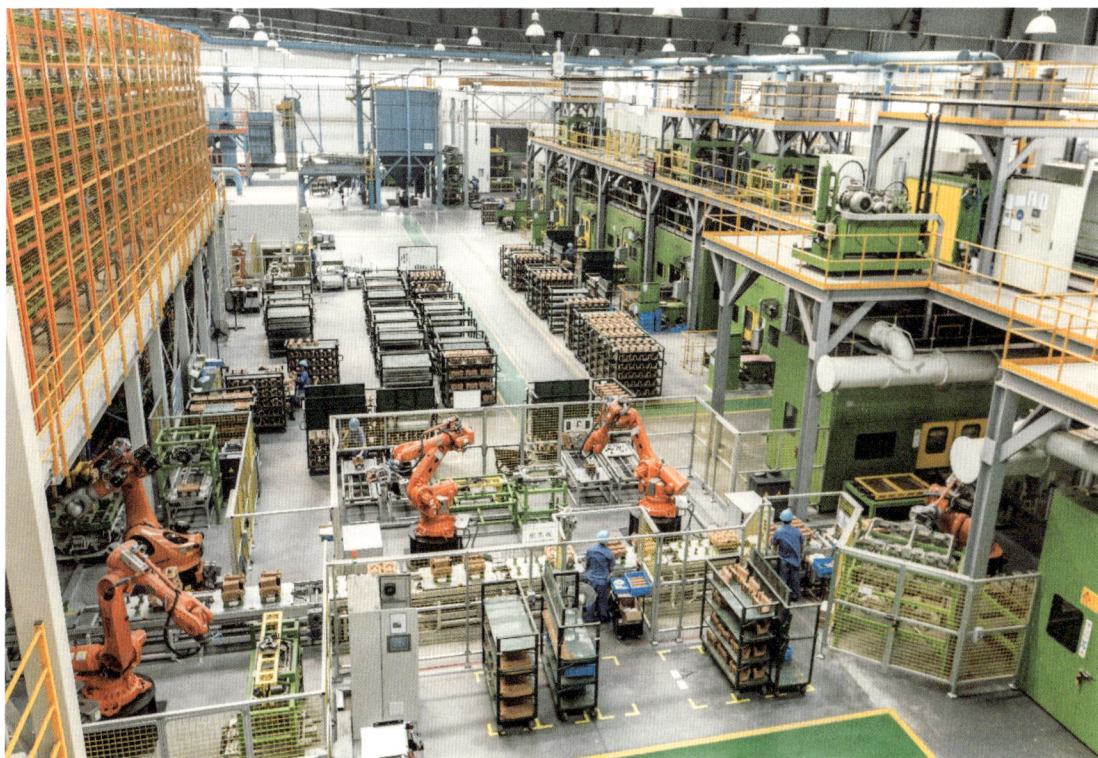

图 12　采用精密组芯铸造工艺的全自动化铸造生产线（制芯、取芯、组芯、浇注、清理）

七、主要成果和技术

精密组芯铸造工艺取得的主要成果和技术主要有：

（1）冷芯盒精密组芯铸造工艺。

（2）全自动精密制芯造型装备及其模具设计制造技术。

（3）机器人精密组芯及铝合金低压铸造技术。

以上技术获得授权发明专利 80 项、实用新型专利 73 项。主要获奖情况如表 1 所示。

表1　应用"精密组芯铸造工艺"所获得的荣誉

序号	荣誉名称	级别
1	2016年获工业和信息化部绿色制造系统集成项目	国家
2	工业和信息化部第一批绿色工厂	国家
3	2019年中国国际铸造博览会全国铸造装备创新奖	国家
4	中国铸造行业分专业排头兵企业称号	国家
5	"精密组芯造型技术与装备（生产线）"入选改革开放40周年——机械工业杰出产品	国家
6	2013年江苏省首台（套）重大装备产品证书	江苏省
7	2013年度江苏省优秀新产品奖	江苏省
8	2015省成果转化项目验收证书	江苏省
9	2012年"江苏省精密组芯铸造工艺及成套装备工程技术研究中心"批准成为江苏省工程技术研究中心	江苏省
10	无机制芯机（MWD）为江苏省首台（套）重大装备产品	江苏省
11	"节能减排精密组芯铸造生产线"荣获江苏省首台（套）重大装备及关键部件荣誉	江苏省
12	获评"2018年江苏省智能制造领军服务机构"	江苏省
13	明志科技铸造过程智能浇注机器人自动化系统研发项目入选"2018年江苏省产学研合作项目拟立项项目"	江苏省
14	明志科技铸造过程智能浇注机器人自动化系统研发项目入选"2018年江苏省产学研合作项目拟立项项目"	江苏省
15	明志科技绿色智能铸造装备入选2018年度苏州市高价值专利培育计划项目	苏州市

八、结语及展望

实践证明，"精密组芯铸造工艺"可代替传统湿型砂铸造工艺或金属型铸造工艺，广泛用于复杂、精密、高品质、近净形铸件的大批量生产。这将彻底改变传统铸造业生产的傻大黑粗、砂芯难以分离和循环使用、环境污染严重的面貌，为我国铸造行业的转型升级、清洁化生产、节能减排做出积极促进作用。

目前精密组芯铸造工艺已广泛应用于汽车发动机的缸体缸盖、电动汽车驱动电机的机座和逆变器壳体、高铁的制动阀体和风泵机体、家用锅炉热交换器等大批量件的规模化生产，所适用材质为铸造铝合金和铸铁，并可实现废砂的95%以上的回收。

铸造装备发展趋势是根据新工艺研发新设备，同时实现柔性化、自动化、信息化及智能化，最终实现精密、高效、节能、绿色及智能化铸造生产。

在机测量技术助力压铸件稳定加工

北京精雕科技集团有限公司

机械加工是压铸件生产的一个重要阶段，作为成形最终环节，决定着压铸产品的最终品质。由于压铸产品毛坯的差异，在机械加工环节通常存在产品一致性差、加工良率低等问题。针对该问题，北京精雕集团采用精雕高速加工中心配合在机测量技术，为压铸件的机械加工环节提供了新的解决方案。本文所举的齿轮室罩盖壳体加工案例，正是采用这套全新的技术解决方案实现的。

一、导言

随着压铸产品种类的扩大和复杂程度的提升,压铸模具和压铸件的 CNC 加工都面临着更大的挑战。压铸模具要求从设计、使用、后续维护上都进行相关规范和改进,而 CNC 加工则需要更智能的技术来应对品质不稳定等问题。

常规生产模式下,为了管控品质问题,需要引入很多人工参与的环节,如来料分拣、毛坯调整、过程检验等。这些人工操作环节的加入,容易出现生产过程不连续、品质不稳定等问题。北京精雕集团在机测量技术的出现改变了这种状况。这项技术依托于 JD50 数控系统和精雕高速加工中心,结合 SurfMill 编程软件,不仅可以实现工件位置的准确补偿,而且可以检测加工工部间的切削余量,有效地解决了由于人工参与导致的种种问题。

二、核心技术创新点分析

图 1 齿轮箱盖板

下面以齿轮室罩盖压铸件的加工为例,分析北京精雕集团在机测量技术在压铸件生产流程中的创新性改进。齿轮室罩盖是汽车发动机的重要部件,在发动机中支撑其他运动部件,同时使机油在齿轮室中循环,起到密封、冷却、防锈的作用,工件如图 1 所示。毛坯为铸铝材料,来料加工余量 1 mm,加工位置如图 2 所示。

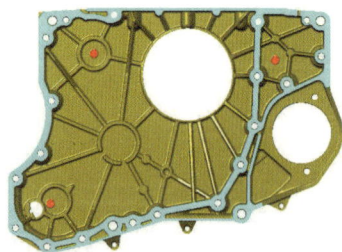

P0 加工面

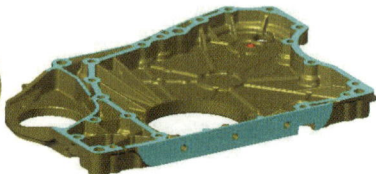

P1 加工面

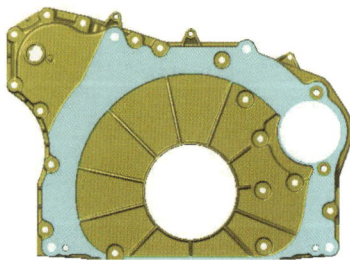

P2 加工面

图 2 加工位置示意图

产品加工要求为：①部分孔尺寸精度 0 ~ 0.02 mm，平面度小于 0.05 mm，平行度、垂直度小于 0.05 mm。②表面光洁，部分位置粗糙度 0.8 μm 以内。

客户原有的加工工艺见表 1。

表 1　原有加工工艺

| 一夹 | 用压铸预留的小平面进行粗定位，采用三轴机床加工上平面及各孔位 | |
| 二夹 | 用一夹加工的"平面和孔"定位，采用四轴机床将蓝色部分特征加工到位 | |

现有的加工方式存在两个问题：①人工调试频繁，生产不连续；②机加工不良率为80%。

由于压铸件的本身特性（一致性差、易变形、飞边严重等），导致 CNC 加工中的建立坐标系成为制约品质的核心要素。北京精雕集团五轴高速加工中心结合在机测量技术为该工件的加工提供了新的思路：通过五轴高速加工中心，可以实现工件一次装夹，多面加工；在机测量技术依据工件的余量分布建立实际加工坐标系，保证了余量均分和加工准确性。接下来对该项技术在压铸件加工中的应用进行详细介绍。

1. 在机测量技术及装备

在机测量技术是一项以机床为载体，附以相关测量工具，在加工中进行测量的技术。北京精雕集团的在机测量技术依托于北京精雕高速加工中心，由 JD50 数控系统、JDsoft-SurfMill软件和测头硬件系统等模块共同组成，可进行工件位置修正、过程检测及工艺指导等工作。

（1）北京精雕集团高速加工中心

北京精雕集团研发生产的高速加工中心具备复合加工的能力，能够用于铣削、车削、磨削、抛光、在机测量等多种加工场景，可实现"0.1 μm 进给，1 μm 切削以及纳米级的表面效果"。作为北京精雕集团的主营产品，精雕机曾荣获"国家重点新产品"称号，被广泛应用在 3C 行业、精密模具行业、医疗行业等多个领域，以其高性价比帮助客户实现数控加工智能化。机床开发也预留了足够的接口，可支持不同厂商的多种硬件接入，为在机测量和智能修正技术提供了硬件基础。

（2）JD50 数控系统

JD50 数控系统是符合业界主流标准的开放型数控系统，基于 PC-Based 体系架构，采用嵌入式工控机及 Windows XP Embedded 操作系统平台，具备丰富的功能，尤其是在高速高精度加工、多轴联动加工、在机测量和智能修正等功能方面表现出色，处于国内领先水平。

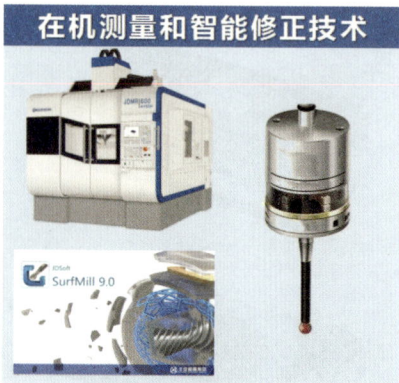

图 3 在机测量技术组成

（3）JDsoft-SurfMill 软件

JDsoft-SurfMill 是精雕自主研发的 CAM 软件，在模具加工、产品加工和多轴加工等领域内应用广泛。通过软件不仅能够完成加工编程，专业的测量模块还可以完成产品的坐标系建立、尺寸和形位误差检测，大幅提升机床加工质量。图 3 为精雕在机测量系统的组成示意图。

2. 在机测量技术降低工件安装难度

压铸件在机加工环节，毛坯来料的差异性比较大。传统的方式需要在加工前进行人工分拣，根据误差大小把铸件分成几类，分别进行加工。工件安装至机床上后还需要人工调平找正。整个找正过程不仅需占用大量的机床运行时间，并且人为活动也为生产注入了更多不确定性。对于精密加工而言，这样的水平不足以确保产品精度和稳定性。

采用北京精雕集团在机测量技术以后，机床自动测量代替了人工分拣和调节找正环节。使用在机检测技术中，工件在机床上只需大致定位，夹紧后测量即可得到工件位置的偏差，数控系统基于测得的偏差智能的完成工件坐标系的修正，使得工件装夹状态完全不影响后续加工的准确性。在机测量技术将工件的分中找正时间大幅缩减，坐标系精度等级也从 10^{-2} mm 提高到了 10^{-3} mm。表 2 是在机测量和传统分中找正在效率上的对比。

表 2 传统方式与在机测量打表分中效率对比

模式	单件时间 /min	坐标系精度 /mm	人工技能
人工操作	50	0.02	熟练操作者
在机测量	1.5	0.002	一般操作者

齿轮箱盖板尺寸是 470 mm × 333 mm × 40 mm，属于典型的薄壁易变形零件。加工基准由图 2 中 P0 加工面的三个红色小凸台共同确定。采用传统方式加工时，由于凸台尺寸非常小，

并且存在误差和变形，首件调平后再安装的基准重合率非常低。加工要求公差均在 0.05 mm 以内，这种情况下有很大的概率产生不良。

使用北京精雕集团在机测量技术以后，工件安装夹紧后无需调平，直接用测头测量三个基准凸台，如图 4 所示。首先根据测量数据得到一张拟合平面，确定实际工件坐标系的 Z 轴，再通过测量孔确定坐标系 X 轴的方向。得到工件实际位置后，系统计算出实际坐标系到机床坐标系的偏移量，再根据这个偏移量进行坐标系变换和修正。后续所有的加工路径都在变换后的坐标系下进行。

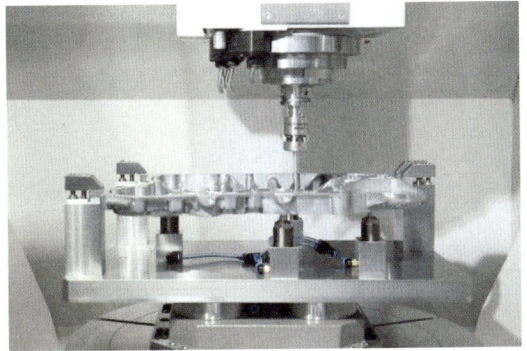

图 4　在机测量检测工件位置误差

精雕在机测量技术让压铸件在安装前不用再进行人工分拣，安装后不用再人工调平找正，使得 CNC 的加工不再受到毛坯因素影响，大幅提升了机床的利用率和生产连续性。图 5 是对传统方式和在机测量方式加工的生产流程对比。

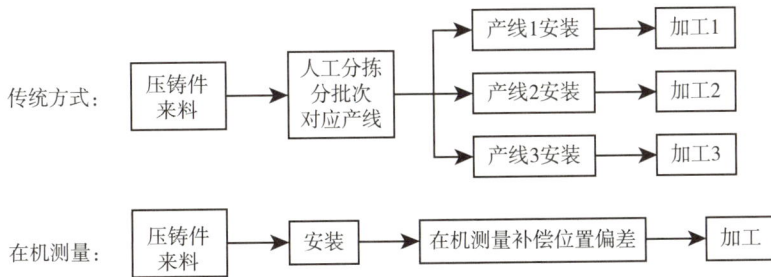

图 5　传统加工和在机测量的生产流程对比

以下通过表 3 的数据对比两种生产模式下三个基准凸台高度的一致性，凸台 1 设为 0 位。

表 3　基准凸台高低差

工件编号	传统加工 /mm			在机测量 /mm		
	基准凸台 1	基准凸台 2	基准凸台 3	基准凸台 1	基准凸台 2	基准凸台 3
1	0	0.21	0.46	0	0.017	0.01
2	0	0.07	0.32	0	0.018	0.015
3	0	−0.04	0.34	0	0.03	0.005

从表中数据看出，传统方式加工的三个工件基准凸台高度差在 0.3 ~ 0.5 mm，由于加工余量仅有 1 mm，因此在加工时很可能出现某个特征还没切削到，工件已经超差了的情况。采用北京精雕在机测量方案后，由工件上三个基准凸台共同确定了基准平面，根据基准平面的倾

斜对其进行了补偿修正，这样变换后的坐标系下凸台高度差均在 0.03 mm 以内。

在机测量智能修正方案对于压铸件的 CNC 加工，起到了智能补偿位置偏差的作用，降低了工件的安装难度，提升了生产连续性，对企业的成本管控发挥了重要作用。

3. 在机测量技术提升过程检测效率

在传统的生产加工过程中，为保证产线的稳定，产品的过程检测主要依赖 QC 巡检。巡检按照一定的频率进行，发现问题，及时叫停，这种模式依靠人力来监控过程，不能及时发现问题，并且生产线可能会因 QC 的叫停频繁中断。北京精雕在机测量技术引入以后，可以在加工过程中进行检测，机床自主判定运行，发现问题及时报警，这样就很好地保证了生产的连续和加工的品质。

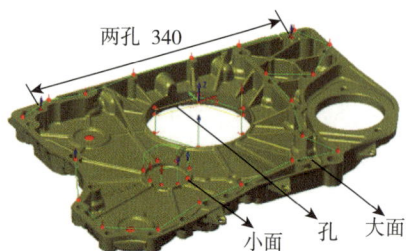

图 6　齿轮箱罩盖在机测量方案

案例中齿轮罩盖的形位误差加工要求很高，因此加工中采用了在机测量技术进行过程管控。图 6 是部分特征的在机测量软件检测方案，按照标准规范，测量点覆盖了尽可能大的区域，探测采用了大直径短测杆的红宝石测针，测量结果数据如表 4 所示。

表 4　测量数据

检测项	结果
大面平面度	0.0035
孔与大面垂直度	0.004
小面与大面平行度	0.005
两孔位置	340.008

采用了在机测量智能修正技术后的齿轮罩盖加工误差均在公差范围内。过程检测的方式很好地保证了加工良品率。除个别缺陷明显的毛坯件之外，CNC 加工的工件几乎全部合格。机加良率从开始的 20% 提高到了 90% 以上。图 7 是对传统过程检测和在机过程测量的应用对比。

可以看到，在机测量的过程检测充当了生产的"眼睛"，很好地保证了产品的质量。它不仅实现了工件的位置补偿，还在 CAM 软件中集成了三坐标测量的功能算法，通过软件编程即可完成零件尺寸、形状和位置误差的检测。目前，精雕在机测量具有点、线、面、圆、圆柱、槽类等特征的测量功能，具有距离、角度、直径等尺寸计算功能，以及直线度、平面度、圆度、圆柱度、平行度、垂直度、同轴度、位置度、对称度等形位误差检测功能。根据测量结果，可输出报表。整个加工过程中，在机测量为产线充当了一名全职的 IPQC（过程检

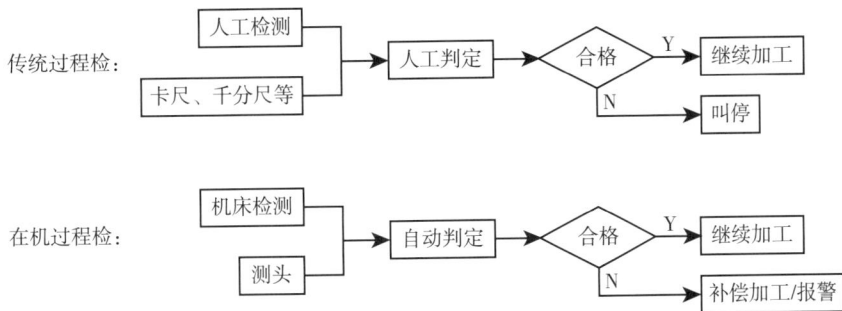

图 7　传统加工和在机测量的过程检测对比

验），有效地监控了加工状态和产品品质。

4. 在机测量技术提升工艺开发效率

在工艺开发阶段，一旦出现问题，就要立刻召集各部门开会，检讨问题，实行控制。这个过程做起来通常就是实验、分析，需要花费大量的时间。精雕在机测量技术的优势在于它集成了软件和硬件，可以很方便地抓取各类数据，为工艺分析提供依据。通过在机测量不仅可以测量误差，还可以依据误差反推误差成因，从刀具、工件、设备、夹持等方面排查。图 8 是传统的工艺开发和使用在机测量技术进行工艺开发的对比。

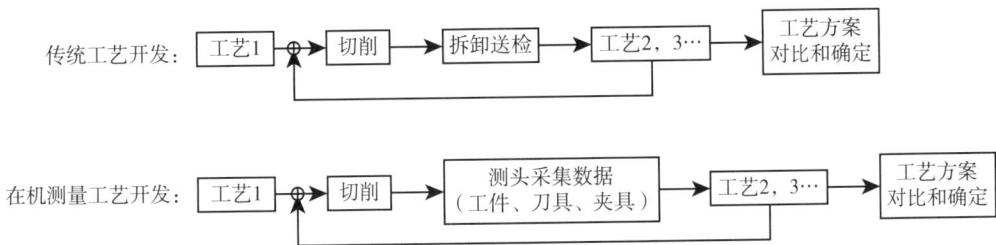

图 8　传统方式和在机测量方式在工艺开发上的对比

可以看到，在机测量在工艺开发阶段取代了人工抄写数据和工件拆卸送检的环节。方案对比只需将采集到的数据导入 Excel 分析即可。通常的工艺开发中，在机测量常用于两方面：

（1）切削参数改进

不同的切削参数下加工误差通常不相同。以往的工艺开发是切削→检测→数据分析的模式，三个步骤由机床加两个人完成，中间的周转导致工艺开发效率低下。使用在机测量后，这三个步骤可由一个人或者可以全部在机床上完成，大大提升了工艺开发的效率。

（2）夹具优化

夹具对加工的影响主要表现在夹持误差上。夹持误差产生的原因主要有两个：一是固定方式不合理，夹紧力不均匀；二是产品自身特征影响，如薄壁件。传统管控夹持误差的方法只能是"凭感觉、靠经验"。在机测量技术的引入对夹具的要求降低，使得夹具设计从定

位 + 夹紧变为单纯的夹紧。夹紧后直接测量得到变形量，进一步指导工艺。

三、主要成果

通过北京精雕集团在机测量技术在压铸件加工不同环节中的应用，解决了机加工中由于毛坯来料一致性差导致的需人工分拣、加工良率低的问题，通过创新性的方法应用，提高生产率的同时保证了生产品质。主要有以下成果。

（1）在机测量技术改变了压铸行业人工分拣的模式

在传统人工分拣毛坯的生产模式中，大量的人工参与环节降低了生产连续性，为生产线注入了更多不确定因素。北京精雕集团在机测量技术对工件进行检测与修正，保证了工件位置的准确。

（2）在机测量技术的加工过程检测确保了产品品质的稳定

通过在机过程检测，保证了加工过程的准确性。降低了过程检验人员的工作压力，可以及时发现过程中的问题。加工结束还可以完成一部分的三坐标检测，降低了离线测量的压力。

（3）在机测量技术提升工艺开发阶段的效率

在机测量技术通过在工艺开发阶段对刀具、夹具、工件进行检测，及时优化工艺，缩短了工艺开发阶段的周期。

四、展望

信息化和自动化是现代产业发展的大方向。在制造业，随着各类机器、设备的小型、轻量、智能化，以及各种技术的发展普及，未来的制造必定会是人的参与更少、生产管理更量化、数据分析更前瞻的模式。在机测量技术已经为这些前沿技术的发展打好了基础，未来在机测量还可能从以下两个方面助力压铸件的生产。

（1）在机测量技术助力压铸件生产的信息化

在机测量技术实现了过程数据的全方位监控。随着智能化水平的进一步提高，未来的生产车间，人工处理的工作将更多地集中于对智能环节的控制，分布式数控则会代替大量人工，使用在机测量的数据智能的对机床状况、产品数据等进行监控、分析和管理。

（2）在机测量技术助力压铸件生产自动化

自动化生产过程中，环节多，出活快，容易出现安全或批量废品等事故。可以使用在机测量在自动化中当一双"眼睛"，适时判断和监测机床、刀具、工件等状态，确保生产线的安全、连续和稳定。

案例 3

异形件电渣自动生产控制系统

沈阳铸造研究所有限公司

以"位置控制"为理念，结合多年电渣熔铸导叶生产经验，并汲取数控机床的先进技术，设计开发了一套电渣炉数控熔铸异形件装备和控制系统。从熔铸前期准备，到熔铸过程更换电极操作，再到熔铸结束，整个过程控制都采用数控高精度控制，提高了生产效率的同时，也大大提高了产品质量，降低了人工成本。

一、导言

电渣冶金起源于美国，1940 年霍普金斯取得了发明专利。1952 年苏联乌克兰巴顿电焊研究所在实验室采用电渣重熔技术制备了不锈钢锭，这是现代电渣冶金技术的标志。1958 年，乌克兰德聂泊尔特钢厂建成了世界第一台 0.5 t 工业电渣炉，使电渣冶金进入工业化生产进程。70 余年来国内外电渣冶金取得了突飞猛进的发展，在制备大型毛坯、超级合金、优质工模具钢、双相不锈钢及含 N 超高强度无磁钢仍处于垄断地位。但电渣重熔技术和装备主要以重熔回转体产品（如钢锭、轧辊）和规则形状（板坯）等产品为主，设备结构比较简单，国外引进的智能电渣炉控制系统也是针对钢锭及板坯等产品来设计的。

虽然我国在电渣熔铸异形件方面工作开展较早，很多厂家及院所在 20 世纪六七十年代就对曲轴、炮管、飞机发动机涡轮盘、轧辊、模块等异形件进行过研制，如沈阳铸造研究所有限公司开发的大型电站用水轮机叶片 / 导叶、曲轴、掘机复合斗齿、气压机连杆等异形产品，其控制系统也是采用原生产回转体类产品的原理。

我们以"位置控制"为理念，结合多年电渣熔铸导叶生产经验，并汲取数控机床的先进技术，设计开发了一套电渣炉数控熔铸异形件装备和控制系统。从熔铸前期准备，到熔铸过程更换电极操作，再到熔铸结束，整个过程控制都采用数控高精度控制，提高了生产效率的同时，也大大提高了产品质量，并降低人工成本。

该控制系统的设计开发包括设备部分和软件部分，结合设备改造和软件开发，实现了生产过程中的精确位置控制和自动熔铸生产，在实际应用中取得了良好效果。在此以熔铸异形件——水轮机活动导叶为例，对整体结构进行分析说明。

二、设备组成

对电渣熔铸异形件（导叶）常规分成两步：第一步是叶型熔铸，叶型熔铸包含小轴和瓣体熔铸；第二步是长轴熔铸，长轴熔铸包含长轴熔铸本身和补缩熔炼。导叶结晶器是分体式设计，分为叶型结晶器和长轴结晶器，待熔炼至长轴时，再组装成一体。

1. 机械组成

设备组成主要包括熔铸台车、叶型熔炼臂、上结晶器辅助机构、长轴熔炼臂和自动加渣器。

（1）熔铸台车。可前后左右行走，放置叶片结晶器的小车平面可以自行升降，采用液压驱动，并安装位移传感器，可显示小车高度。熔铸台车采用伺服电机控制，可进行定位控制记录小车的位置，并可以追踪位置控制。

（2）叶片熔炼臂和长轴熔炼臂。两个熔炼臂结构一样，都采用滚珠丝杠传动，驱动电极采用伺服电机控制，夹持电极机构采用常规半开式夹头，挂电极时更为便捷。同时带有前后倾机构，一旦电极不够垂直时，可人工干预倾动，调整电极和结晶器的缝隙。

（3）上结晶器辅助机构。用来固定上结晶器，带有固定槽，上结晶器和辅助机构每次都能固定在一个位置，同时辅助机构带有升降功能，可调节上结晶器的高度。辅助机构带有伸缩装置，可带动上结晶器伸缩移动。辅助机构具有两个关键位置点，一个是上结晶器预装位置，另一个是长轴熔铸位置，熔铸台车放置下结晶器的中心要和上结晶器的中心在同一位置。

（4）自动加渣器。自动加渣器主要是由振动电机和称重传感器组成，一级振动电机将渣料从渣料仓振动脱落至称重托盘中，待渣料重量满足工艺要求后，一级振动电机停止振动。托盘打开，再由二级振动电机振动脱落至熔铸结晶器中。

2. 高压系统

高压系统由高压柜和变压器组成，高压柜主要用来分合闸和熔炼过程对变压器的保护。变压器采用单相变压器，单相变压器电流控制较其他结构形式的变压器更加稳定，并有利于熔铸过程纵向结晶。变压器采用有载有级多档调压控制，每一档电压能够精确到 1 V，PLC可以直接控制变压器档位。

变压器控制系统见图1。控制系统与高压柜中的微机采用485通信，可读取到高压柜（变压器）的电压、电流和报警信息。控制系统可对高压柜进行远程分合闸控制，根据熔炼过程需要进行合闸和分闸操作。

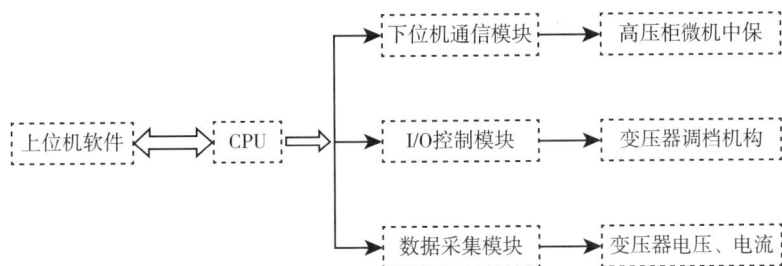

图 1　变压器控制系统图

3. 控制系统组成

控制系统主要由上位机和下位机组成，上位机用来监控过程参数和一些具体操作，下位机用来执行整个过程控制，驱动各个部位的伺服电机和其他相关功能。硬件配置见图 2。本套控制系统应用多台伺服电机，伺服电机在此数控控制系统中起到非常关键的作用，伺服电机主要应用在中高端智能控制领域，近年来国内制造领域蓬勃发展，伺服电机在这个领域中也起到至关重要的作用，尤其在自动化生产流水线、数控车床和机器人领域应用广泛。本套设备采用西门子 S7-1200 可编程控制，结合上位机软件西门子 WINCC7.4。利用 S7-1200 运动控制功能，能够完美结合伺服电机位置控制。模块分布见图 3。

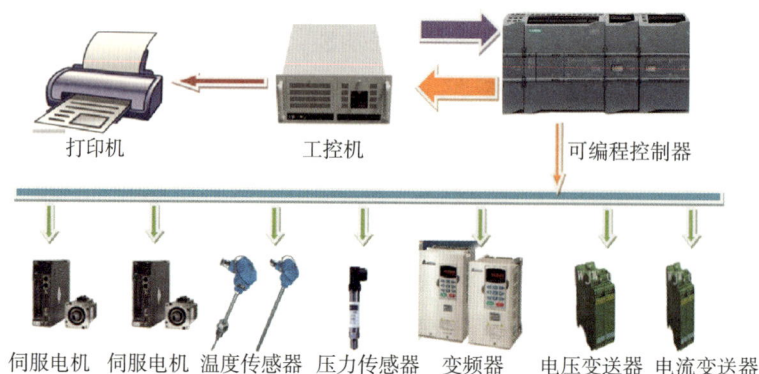

图 2　硬件配置图

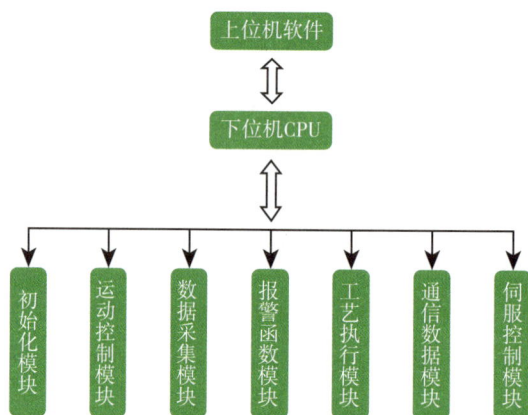

图 3　模块分布图

三、自动化工艺流程

电渣熔铸异形件智能控制的关键是工艺自动化、炉前换电极操作自动化和自动加渣。电渣熔铸异形件的工艺，是依据智能生产装备的发展和自动化控制软件的设计，并结合生产实际情况，与生产参数相结合，总结出一套优化的工艺参数，工艺流程见图 4。在计算机上位机中，结合输出流程，建立一套数学函数库，能够根据电极参数、结晶器参数，并根据熔化电极的长度，计算出电极重量、熔化重量、剩余重量等熔炼过程需要的参数值。上位机中可存储上百种工艺卡（图5），只要在熔铸之前输入或者调用即可，工艺卡具体分为"小轴熔炼""瓣体熔炼""长轴熔炼""补缩熔炼""位置参数""电极和结晶器参数"，工艺人员可事先将工艺卡输入存储到计算机中，工艺卡存储和调用具有操作权限，为保证安全生产，工艺人员有调用和修改权限，配电人员只有调用权限。可以实现工艺参数的优化、存储、打印等功能，便于对生产数据的综合管理和生产过程的分析。

位置控制是设备控制核心，也是电渣炉自动控制的关键点，伺服电机具有高精度控制的性能，同时能够达到恒扭矩控制，无论是低速

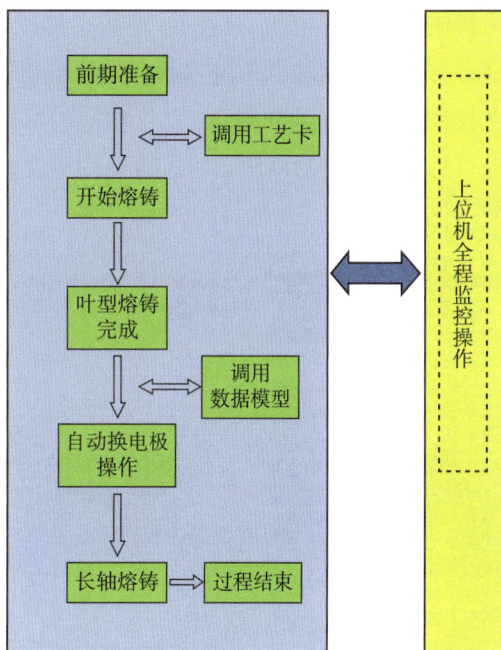

图4　工艺流程框架

熔炼控制还是高速传动，都能够达到恒扭矩输出，以往电渣炉熔炼臂都是配置快速电机和变频电机，慢速和快速切换采用电磁离合器，稳定性差，可靠性低。本项目熔炼臂采用单伺服电机传动，结合数控车床控制技术，伺服电机配置高精度多圈绝对值编码，可精确读取熔炼臂熔炼时的位置。我们将读取到的编码器位置，传送给运动控制模块参数，作为当前熔炼臂或者熔铸车的位置，下位机PLC通过运动控制模块对熔炼臂和熔铸小车采用脉冲控制，在下

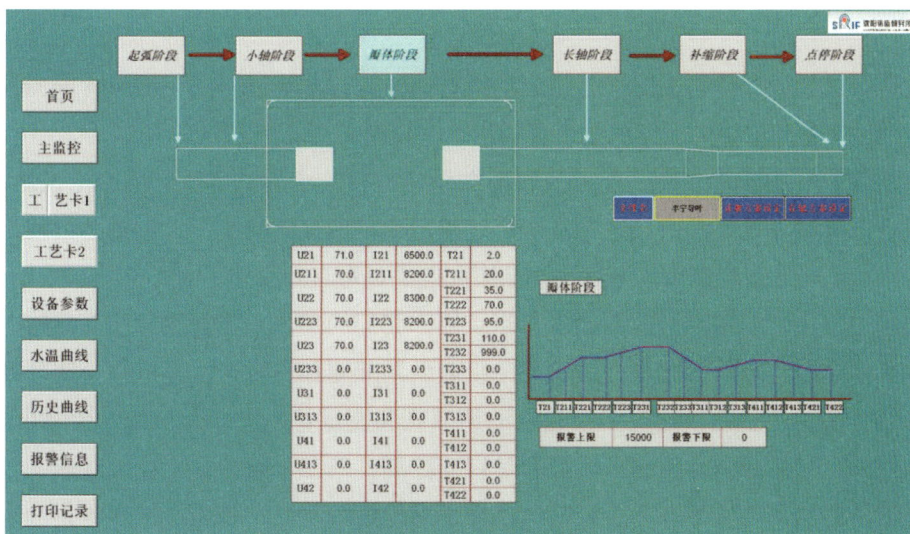

图5　自动化工艺卡

位机中设置伺服电机每转的脉冲数，如图 6，伺服电机每转一转熔炼臂或者熔铸车移动的位移，再在伺服驱动器中设置相应伺服电机转一圈的脉冲数，运动控制功能模块就可以进行位置控制，具体参数如图 7，设置相应的目标定位，伺服电机到达指定的位置会立即停止，接近目的地时会自动减速运行，直至到达设置的坐标位置。伺服电机控制系统如图 8。

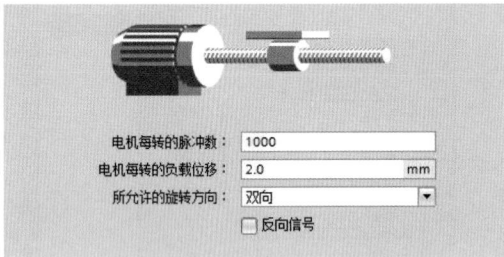

图 6　运动控制脉冲对应位移值

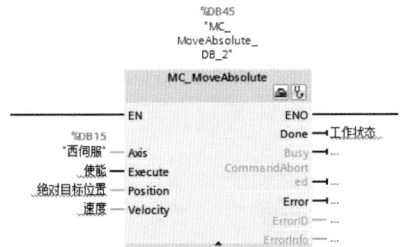

图 7　运动控制功能块图

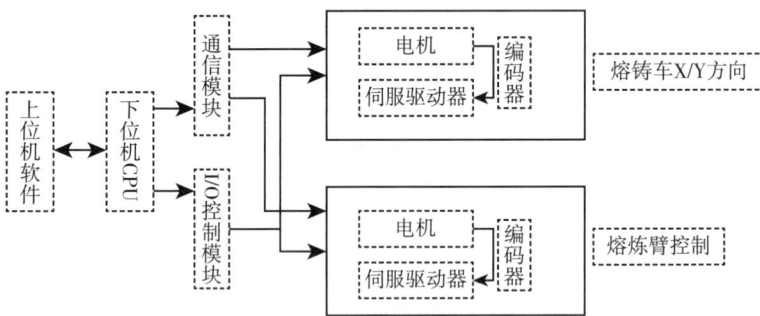

图 8　伺服控制系统图

整个电渣熔铸过程都是精确位置控制，整个控制系统也都是闭环控制，和数控机床一样。结合生产中的相关运行参数，每一个位置都有工艺人员根据数学模型计算得来。每一个阶段，各个结构的伺服电机会自动运行到相应位置，例如，夹持电极位、起弧位、换电极位等，自动过程控制可减少人为控制，定位更加准确，使生产过程更加精细化、智能化，并提高生产效率。

本系统带有各种报警功能，能够实时监测熔铸过程的水温、水压、伺服电机运行状态、伺服电机运行电流等重要参数，并具备生产过程记录自动打印功能，上位机会自动记录各个节点的电流、电压等生产参数，熔炼过程结束配电人员可自行打印。

在熔铸过程中，对水流量的控制也相当重要，我们的工艺人员在设计结晶器时，采用多层分层水流量控制，结晶器的每一层安装一组电动调节阀和流量计，形成一个闭环控制。结合控制系统自动生产工艺，通过水流量电动调节阀和流量计，对结晶器的水流量分层控制，在熔铸过程中，结晶器的每一层水流量都是自动控制，结合车间多年生产的经验，熔铸过程中每一层结晶器的水流量都有一个经验值，在不同的熔铸阶段，结晶器的水流量会采用不同的经验值，水流量分层控制对熔铸异形件成形有着很重要的作用。

四、总结与展望

异形件电渣熔铸控制系统的开发应用，对整个熔铸过程中的一致性得到有效保证，通过首件检验及确认后，调整并固化熔铸工艺、输入控制系统，后续生产可以按照自动控制系统进行生产，可有效解决人为控制过程的差异，使生产的一致性达到最佳。异形件电渣熔铸控制系统的采用对前期自耗电极的要求进一步提高，对前期的重量、直线度或垂直度的控制要求更高。

对异形件电渣的制造，如何实现整体智能控制和自动化制造生产，在管理上实现实时控制，做到设计、制造、检验等各制造流程相互关联，在生产计划安排、设计资料传输、检验数据结果上实现共享，是需要在后续研究中予以解决的。对生产过程的数据集成和高精度控制是未来发展的趋势，利用网络技术和智能装备技术推动生产过程的提升，转变生产的模式，实现自动化和智能化的融合。

新型数控全自动铸造物流系统

中国汽车工业工程有限公司 / 机械工业第四设计研究院有限公司

　　随着我国经济的高速发展和国家环保政策的不断完善，对铸造装备的数字化、自动化水平要求不断提高，铸造生产过程中的物流量很大。如何使物流系统更加短捷，输送数字化、自动化，是行业发展的难点和重点，中国汽车工业工程有限公司和机械工业第四设计研究院有限公司凭借多年的实践，开发了铁液自动输送系统、回炉料自动输送系统、高效铸件数控清理装备等多种新型数控全自动铸造物流系统，使用效果良好，部分技术达到国际先进水平。

一、导言

铸造是工业加工的基础工艺，铸件在机械工业中起着举足轻重的作用，我国铸件产量约占全球铸件产量的45%，是铸造大国。但是，我国铸造装备水平较低，效率不高，但机械工业对铸件的质量要求越来越高，从而要求铸造装备水平不断提高，特别是全自动铸造物流系统。中国汽车工业工程有限公司、机械工业第四设计研究院有限公司作为国内主要的铸造工程系统服务商，始终致力于铸造工程高效、节能、环保的生产研究，研究的新型数控全自动铸造物流系统，使铸造生产物流更加精益、能源更加节约、环境更加改善，一定程度上提高了我国铸件生产的整体水平。

二、新型数控全自动铸造物流系统

1. 铁液自动输送系统

（1）智能化。铁液自动输送系统实现了从电炉接铁液至浇注机全过程全自动转运，改变了铁液转运靠叉车、行车的不安全生产模式。铁液输送系统能够自动测量每包铁液的重量并根据生产产品种类及每包铁液的重量自动调整孕育剂加入量及喂丝速度，完成在线喂丝处理及加孕育剂，实现铁液转运、铁液处理系统集成一体化；研发的国内首台套、技术领先的自动倒铁液机械手通过编码器或直线位移传感器实现与浇注机纵向（X）、横向（Y）、垂直方向（Z）的位置自动连锁，铁液的倾倒速度和角度也通过伺服控制实现无级调节，从而保证铁液的最优化转运及倾倒。图1为倒包机械手。

（2）安全、环保、节能。铁液自动输送系统实现了远程一键启动，设备自动定位、倾倒等一系列危险动作，摆脱了高达1400℃高温铁液通过人工手摇方式倾倒的操作模式，使操作人员远离高温铁液，提高了生产的安全性。

系统合理的工艺规划确保生产过程的烟气、粉尘能够更方便地收集处理，减少了车间内烟气、粉尘的无组织排放

图1 倒包机械手

量，使车间烟尘收集率达到 95% 以上。

铁液在转运过程中配置有包盖自动旋转及升降装置，减少了热量损失。紧凑合理的工艺布局，高效的铁液转运、处理系统，独特的保温装置等，使转运铁液温度降低最小，年产 5 万吨铸件的工厂可实现节约用电163.8 万千瓦时 / 年。图 2 为铁液转运车。

（3）适应性强、功能齐全。铁液自动输送系统采用模块化、系列化、通用化设计，全方位地满足各型生产线的要求。根据实际生产工艺要求，研发的空中自动倒铁液机械手和地面倾转式倒铁液转运车等可适应倾转式浇注机或底注式浇注机等多种浇注形式的浇注机。

为了充分满足实际生产工艺要求，系统设计除具备生产时的铁液转运模式外，同时具备上下空包控制模式、转运包烫包控制模式、浇注包烫包控制模式等多种自动功能，方便生产组织。

图 2　铁液转运车

2. 回炉料自动输送系统

铸造生产过程中产生的浇冒口、废铸件等回炉料的回收常采用叉车转运，叉车在车间内来回穿梭，存在安全隐患，且运输效率低、产生二次污染；或采用鳞板输送机、带式输送机等运输，这种输送方式虽然提高了运输效率，但其布置形式不灵活，对于多种材质的回炉料不能区分输送，混合在一起不利于精益化生产和管理。

回炉料自动输送系统的开发、应用、推广，解决了低效、二次污染、混料等一系列问题，将生产过程中产生的回炉料进行分类回收、精准统计、智能管理并实现运送、接料、卸料的全自动。可以精准、快速地将回炉料运送到指定位置，且能够进行数据统计、分析，有利于精益生产。

回炉料自动输送系统由自动装料机、称重系统、控制系统、轨道系统、供电系统、RGV 小车、自卸料斗等组成，可以进行一对一、一对多或多点对多点的回炉料回收、运送。图 3 为回炉料自动输送系统。

图 3　回炉料自动输送系统

　　回炉料自动输送系统具有灵活、高效、运载能力强的特点，单车载运量达 2 t 以上，运行速度高达 40 m/min，一套系统中可以多车同线运行，具有自动识别、防撞系统，运行安全、可靠等优点。且布线形式灵活多样，即可环线运行，亦可单轨双向运行，还可以跨车间使用。整套系统不占用地面空间，利用高空空间进行轨道布设，通过 RGV 小车自动输送，料斗携带有自卸装置，到达指定位置后，自动完成卸料。

　　控制系统由主控制柜、随车控制箱、分控站以及检修维护按钮站等组成，物料车具有自我诊断、自我识别功能，对于所输送物料的工位有识别记忆功能，卸料时会把物料自动输送到设定区域，并自动避让、自动返回到上料区，输送全程不需要人为干预，自动化程度高。

　　回炉料自动输送系统作为一种新型的智能化、自动化的物料运输系统，越来越多的被铸造企业所认可，近年来具有一定规模的知名企业的新建项目都采用该种输送模式，该系统的投入运用，一定程度上提升了铸造企业的回炉料物流装备水平。

3. 高效数控铸件清理装备及自动化生产线

　　（1）研发了业内首台四工位高效数控曲轴磨削机（图 4），集成了自动上下料、伺服进给、数控仿形、误差补偿等技术，实现了 80 件 / 时的生产效率。

　　（2）研发了曲轴自动切割机和浇冒口冲断机。曲轴自动切割机用于将浇注件中的曲轴和浇冒口分离开，浇冒口冲断机用于将浇冒口截短便于回炉。

　　研发了曲轴及浇道多功能搬运机器人单元，并用其将两套曲轴自动切割机、一套浇冒口冲断机和两套四工位高效数控曲轴磨削机连接到一起，组成曲轴铸件后处理生产线（图 5），实现前后工序之间的无缝转接，在大幅节省占地面积、减少作业人员的基础上，生产效率可达 160 件 / 时。

图 4　四工位高效数控曲轴磨削机

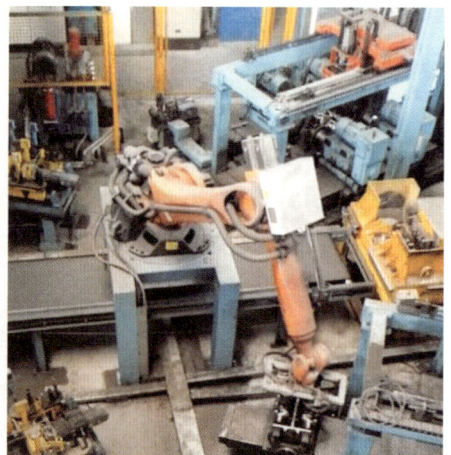

图 5　曲轴铸件后处理自动生产线

（3）研发了三缸曲轴铸件机器人打磨单元（图6），包含自动转台上料、机器人搬运及切割浇冒口、机器人协同打磨及自动出料等功能，生产效率达到50件/时，可适用于各种型号三缸曲轴的清理打磨作业。该单元以金刚石砂轮替代传统砂轮，提高磨具寿命和磨削精度的同时，减少了磨削过程中的粉尘排放。在磨削过程中可以根据电主轴的实际负载变化状况来实时调整机器人的进给速度，实现平稳磨削，提高磨具和设备的使用寿命。

（4）研发了机器人自动取料、检测转向节清理单元（图7），包含两套三工位数控冲压机、一套取料检测机器人及自动输送带，集成了冲裁压力控制、自动脱模、机器人取料、外形检测等功能，实现了480件/时的生产效率，并可在更换产品时自动更换模具。本套装备获得天津市科技计划项目基金支持，并获得中国质量协会质量技术优秀奖。

图6　三缸曲轴铸件机器人打磨单元

图7　机器人自动取料、检测转向节清理单元

4. 砂芯智能存储及输送系统

（1）依托杭州汽车发动机有限公司的砂芯输送项目，引入立体库，研发了砂芯自动存储及输送技术、自动上芯下芯装置（图8）、二次烘干技术等关键技术，实现了砂芯物流的智能存储与输送，有效调节了制芯与造型的供需平衡，使得两大工部无缝衔接，缸体砂芯供应量达到70件/时。

（2）随着上柴动力海安有限公司砂芯输送项目的实施，研发了砂芯自动配送技术、自动识别技术、二次组芯技术

图8　机器人下芯

等，实现了缸体制芯中心、缸盖制芯中心、辅助芯制芯中心与造型线的智能匹配生产，砂芯进出库吞吐量达到 280 件／时。图 9 为砂芯立体库。

（3）依托上海圣德曼的砂芯输送项目，又相继研发了立体库恒湿装置、立体库除味技术（图 10），实现了按需自动供应两条 420 型／时的垂直造型线，同时库区砂芯环境智能调节，极大地提高了砂芯供应的质量，满足了生产汽车核心铸件的苛刻要求。

图 9　砂芯立体库

图 10　立体库除湿除味装置

三、主要成果

新型数控全自动铸造物流系统的"跨车间运送带储存、烘干功能辊道输送线布置""连续式时效炉铸件转运线及铸件转运系统""振动落砂机的布置""汽车转向节铸件的清理和检测机构""机器人自动清理单元"等，改变了铸造车间传统的工艺布局，极大地提高了我国铸造车间物流输送的自动化、智能化水平，减少了工作环境噪声，降低了粉尘污染。

新型数控全自动铸造物流系统的"砂芯储存立体库及输送装置""铸造生产线用废料输送系统""自动随流孕育装置""铁液转换处理系统"等系统的研发应用，提高铸造设备生产效率 5% 左右，也为环保的治理提供了保证，同时奠定了铸造工程信息化、智能化、绿色化的基础。"托盘清扫机""浇冒口冲断机""废砂胎推出装置"等装备，以及自动化设备的应用，极大地减少了铸件的飞边毛刺和废品，从而节约能源。

以上技术和装备已获 38 项国家专利，其中发明专利 10 项，对外发表论文 51 篇。这些技术的应用，填补了国内工艺空白，使我国铸造工艺和装备技术水平在某些领域达到或超过国际水平。多家铸造企业应用这些技术后，带来了丰厚的经济效益和良好的社会效益，在使用这些技术的企业中有 7 家企业被中国铸造协会授予"中国绿色铸造示范企业"称号。

应用这些技术和装备的项目，多次获得行业奖项（表 1）。此外，机器人自动取料、检测转向节清理单元获得天津市科技计划项目基金支持，项目编号：2017-GX1008。

表1 应用项目获得奖项

获奖项目名称	获奖年份	奖励名称	奖励等级	授奖单位
高效、节能、环保的铸造工艺及装备研发应用	2019	科学技术奖	二	中国机械工业集团有限公司
机器人自动取料、检测转向节清理单元	2019	质量技术奖	优秀奖	中国质量协会
广西玉柴机器股份有限公司铸造中心一期工程	2011	科学技术奖	二	中国机械工业联合会
潍柴动力股份有限公司铸造中心	2008	科学技术奖	二	中国机械工业联合会
燃气黏土废砂再生系统	2015	科学技术奖	三	中国机械工业集团
广西玉柴机器股份有限公司铸造中心一期工程	2011	工程设计奖	一	中国机械工业勘察设计协会

四、展望

新时代我国经济发展已由高速增长阶段转向高质量发展阶段，我国是铸造大国，但不是铸造强国。我国铸造装备水平较低，效率不高，铸造企业规模较小，企业平均产量仅为发达国家的1/5，人均产量也是发达国家的1/4。为改变以上状况，我国出台了《铸造行业准入条件》《铸造行业规范条件》《铸造行业大气污染物排放限值》《国务院关于印发打赢蓝天保卫战三年行动计划》等一系列政策和文件，旨在改变我国铸造落后的现状。

中国汽车工业工程有限公司开发研究的新型数控全自动铸造物流系统和创新的工艺布局，改变了铸造车间传统的工艺模式，使我国铸造装备系统的自动化、数字化水平有很大提高，铸造生产物流更加精益、能源更加节约、环境更加改善，一定程度上提高了我国铸造生产的整体水平，随着这些技术的逐渐应用，我国落后的铸造装备水平将不断得到改变，将推动铸造业的高质量发展，使我国由铸造大国变为铸造强国。

智能化金属液转运系统的应用

山东杰创机械有限公司

智能化铁液转运系统可广泛应用于铸造行业内，可实现各类铸铁、铸钢及有色金属液的自动化转运；可以自动接送金属液、自动球化、自动加孕育剂、自动倾倒等一系列动作过程，无须人工操作，实现全过程自动化，该智能化金属液自动转运系统将熔化和浇注有效衔接起来，减少生产过程中的安全隐患，提高生产效率，改善工厂的生产环境，降低工人的劳动强度，也降低工厂的运营成本，提高企业的自动化水平；是未来熔化工部和浇注之间的生产衔接的必然发展趋势。

一、导言

智能化金属液转运系统充分利用计算机、网络技术、传感技术、人工智能等现代化信息技术与传统铸造工艺融合为一体，实现了熔化工部与浇注之间的自动化衔接，可与熔化、浇注、造型、球化（喂丝球化、冲入式球化）、扒渣、测温、加料、除尘等一系列铸造生产工艺环节进行自动化无缝对接。

新技术的应用，使该金属液转运系统具有安全、高效、智能、精准、简洁、环保、节能、降本等优势；同时也将该系统与工厂其他工部有效衔接起来，实现顺畅的数据采集、交换、分析、存储等功能，可以实现对产品品质的量追溯、生产的监控；是实现智能化工厂、无人化工厂不可或缺的组成部分。

由山东杰创机械有限公司自主研发国内首创的智能化金属液转运系统已得到广泛的推广并实际应用，其技术水平达到国际先进水平，对取代进口设备、促进行业的技术进步和进一步产业升级起到至关重要的作用；该系统已申报并拥有多项国家技术专利和国家计算机软件著作权，2018 年荣获第十六届中国国际铸造博览会"全国铸造装备创新奖"。

二、智能化金属液转运系统创新及特点

国内最初的金属液转运采用行车和叉车等方式，因为这种传统的方式存在诸多弊端，后来有部分工厂采用简单的地面平车转运，以及空中环轨转运，这两种方式都不是很理想，简单的平车转运只是解决了部分工位的自动化，而且还需要人员不停地去干预，没法从根本上解决金属液的全自动化高效转运；环轨转运虽然较平车转运自动化程度更高一些，但是从使用、维护、空间布局、安全性等方面还存在很大的局限性。

智能化金属液转运系统采用地面轨道运行，根据不同的车间工艺布局，设置各种不同功能的自动化转运小车，每个转运小车负责各自区域内的转运任务，互不干涉，高效运行。每个转运车通过自动收放电缆线辊进行供电，每个转运车与地面的只有这一根电源线连接，电控系统在转运车上，每个转运小车之间通过 WIFI 进行数据交换，省去繁杂的电缆线系统；转运车驱动采用伺服电机或者变频电机，运行速度可调，加减速平稳，运行可靠；通过激光测距系统及光电检测精确确定转运车以及转运包的位置；根据生产工艺要求，合理的布局球化系统、扒渣平台、加料系统等，使整个运行系统达到安全、高效、智能、精准、简洁、环保、节能、降本标准。

下面就智能化金属液转运系统主要创新特点进行详细论述。

（1）安全

转运系统内的转运车运行采用伺服电机驱动，运行过程中采用激光测距检测转运车位置，通过光电开关实时监测转运包的位置，通过机械限位限定转运包移动范围，保证在转运的过程中转运包不发生超出安全范围的位移。转运车在停止位置以及与其他工位对接位置增加光电开关确认、机械定位共四重安全保护，充分保证转运的安全性、准确性以及稳定性。

外围防护，按照转运系统的运行轨迹，在转运系统周围设置安全护栏，在通道以及检修处设置安全门或安全光栅，需要打开安全门时，提前启动开门按钮，系统运行程序会根据该安全门附近运行的实时情况判断可以开门的时间，保证人员的安全及运行设备的安全，维修人员进入系统运行范围内维修等，需提前将系统设置到暂停甚至断电并在明显处设置维修标牌，系统停止运行后可进行维修。

环保：包盖密封减小烟尘散发；固定轨迹运行也可安装集中除尘装置，达到环保要求。

（2）高效

根据车间的布局及生产工艺要求，布置最优的运行方案，通过设置合理的运行路径，最少的转运车对接次数，达到生产节奏合理紧凑；转运系统内转运车的纵向运行以及旋转运行、升降运行等关键运行动作的驱动采用伺服电机，使运行响应迅速，稳定可靠；转运车的运行速度设定在 0 ~ 60 m/min，辊道输送速度 0 ~ 20 m/min，转运车在带金属液运行的情况下一般可以设定到不超过 40 m/min，辊道输送设定到 18 m/min。

在系统运行过程中，通过四重安全保障措施，PLC 程序实时监控运行情况，保证转运系统达到安全高效的运转。

智能化金属液转运系统在生产过程中不需人为干预，通过提前设置好的 PLC 程序自动运行，减少了人为因素的影响，提高了自动化水平，也提高了生产效率。

（3）智能

智能化金属液转运系统内部通过 Profinet 无线通信进行数据交换，使各个运行单元按照设定好的 PLC 程序自动运行并无缝衔接，保证整个系统的可靠连贯运行。

根据生产工艺要求，炉前接金属液的转运车带自动称重功能，并通过炉前大的显示屏实时显示当前倾倒出的金属液重量，方便电炉操作人员实时观察，称重数据通过无线传输给球化站控制系统，球化站控制系统通过电炉光谱分析以及重量数据等参数自动确定球化喂丝的速度及长度。

转运系统还可以方便地衔接球化站、扒渣工位、自动加料系统等，实现金属液的运行全程自动化。

智能化金属液转运系统还可以连接工厂的数字化管理系统（IFMS/MES+），及时地采集和提供转运过程中的生产数据，实现工厂生产过程中全数据管理，不仅可以为产品质量监控与预警提供数据支持，降低产品缺陷，提高产品质量；而且还能合理调配使用资源以及提高生产管理的效率。

（4）精准

智能化金属液转运系统内的转运车纵向移动以及旋转、提升等其他精确运行的动作驱动均采用伺服电机，转运车纵向移动通过激光测距检测位置，误差范围 ±1 mm，定位准确、快速、稳定。

（5）简洁

设计最优的转运系统运行路径，降低系统运行的复杂程度；转运车及系统各单元之间采用 WIFI 进行数据交换，减少了生产现场电缆的铺设；转运车通过自动收放电缆卷筒取电，整个转运车只有一根电源线缆与地面连接；转运车运行的轨道上表面标高不超过地平面，不影响车间的物流同行；球化站采用密封球化，集中烟尘处理，扒渣工位顶吸除尘，渣料通过溜槽集中收集到渣斗输送小车，渣斗满后可以输送到定点的转运位置，集中处理。

以上技术措施的应用，使生产车间布局简洁合理，生产环境得到极大改善。

（6）环保

由于转运系统运行的轨迹固定，可方便地设置烟尘收集装置，所以从熔化工部到浇注的各个工位，均能保证转运过程中的烟尘的集中收集处理，改善生产环境，达到环保要求。

（7）节能

智能化转运系统在转运金属液的过程中，在金属液包上设置保温包盖，减少转运过程中的金属液温度损失，可以降低金属液的出炉温度，减少能源的消耗。

转运系统的驱动电机均采用国家规定的标准节能型电机，减少系统运行过程中的电能消耗。

通过数据分析系统自动分析判断智能化金属液转运系统的运行情况，自动优化各单元的运行轨迹和是否能源供应。

通过以上技术措施，使我们的生产单位达到节能的效果。

（8）降本

所谓的降本，也就是降低生产企业的生产成本，通过使用山东杰创机械有限公司研发的智能化金属液转运系统，不仅大大降低了企业的生产物料成本、能源消耗成本、管理成本、人员成本、环境治理成本等，而且还提高了企业的生产效率，真正达到节能增效的目的。

三、实际应用效果

智能化金属液转运系统在铸造行业内已得到广泛的推广并实际应用，目前为止已销售智能化金属液转运系统 40 余套，实现年产值 3000 余万元，现场实际使用效果良好，受到用户的青睐和一致好评，已成为山东杰创机械有限公司的拳头产品之一。

该智能化金属液转运系统可应用于各类铸铁、铸钢及有色金属液的自动化转运，在生产高质量铸件过程中起到关键性的作用，该系统可以实现自动接送金属液、自动球化、自动加孕育剂、自动倾倒金属液等一系列动作过程（图 1），无须人工操作，实现全过程自动化。通过智能化转运系统将熔化和浇注有效地衔接起来，减少了生产过程中的安全隐患，提高了生产效率，改善了工厂的生产环境，减小了工人的劳动强度，也大大降低了工厂的运营成本，提高了企业的自动化水平。

图 1　智能化金属液转运系统部分设备现场应用

该智能化金属液转运系统在国内处于技术领先，并达到国际先进水平，对取代进口设备、促进行业的技术进步和进一步产业升级起到至关重要的作用。

四、主要成果

智能化金属液转运系统很好地转化为行业内急需的应用产品，填补了国内空白，收到良好的社会效果，并申请多项国家专利。

（1）行业成果

智能化金属液转运系统荣获第十六届中国国际铸造博览会"全国铸造装备创新奖"。

（2）知识产权成果

目前已拥有国家技术专利，实用型专利 3 项；软件著作权 3 项。

（3）产品标准成果

由于公司在智能化金属液转运系统的研发生产过程中树立了很多的优秀行业案例典范，因此我公司参与了国家标准《铁液自动转运系统技术条件》的起草编制。

（4）人才培养方面的成果

通过对智能化金属液转运系统的深入研发和生产实践，目前山东杰创机械有限公司已成为国内生产研发智能化金属液转运系统的标杆企业，吸引汇集了一些国内外高层次优秀专业人才，也培养造就一大批年轻的专业技术人才，形成了专业机构合理，技术、经验、活力相结合的人才队伍，为我国智能制造集成技术及应用方向的发展奠定良好的人才基础。

五、展望

智能化金属液转运系统产业化前景广阔，符合国家智能制造、新旧动能转换的整体战略目标，对加快我国从制造大国迈向制造强国有进一步的促进作用；而且该系统国内国际需求量巨大，有很好的经济社会效果，是未来工厂生产模式的必然发展趋势。

未来，山东杰创机械有限公司将继续扩大智能化金属液转运系统的推广应用范围，在国内进行推广普及的同时，进一步优化产品系列，稳定产品质量，提高产品的核心竞争力，力争打造成国际一流的高端智能化产品，走出国门推向全世界！

AOD 精炼炉智能控制系统的研究与应用

沈阳铸造研究所有限公司

AOD 智能控制系统代替有经验的冶炼工程师，实现全自动吹炼、全智能化操作，安全可靠，节省人力，降低劳动强度。本文以沈阳铸造研究所有限公司 AOD 精炼炉的智能控制系统为例，介绍了智能控制系统的组成、软件实现方法、智能控制组态界面的实现等。系统以炉体角度为安全判断信号，通过角度的变化自动变换配气的比例，实现最小的气量消耗，熔炼出优质好钢。

一、导言

AOD 是氩氧脱碳法（argon oxygen decarburization）的简称，是在一个单独的炉体内精炼钢液，由侧底向的风枪向熔融的钢液内吹入氧、氩气体，进行混合脱碳的工艺方法。由于氩气的吹入，降低了碳氧反应产物——CO 的分压，达到假真空的效果，抑制其他元素氧化，把碳含量降到很低的水平。在此过程中，大量 CO 的产生将金属内有害气体（N、H）脱除，并促进钢液内夹杂上浮；在随后的还原过程中，将钢液中多余的氧脱除，并在 5 min 内将有害元素 S 降低到 0.005% 以下。AOD 工艺通过提高钢液纯净度来改善终产品使用性能，是目前生产不锈钢、低合金钢、双相钢、镍基合金等高质量合金钢的优选工艺。

AOD 精炼对生产效率的提高、数据的统计记录和计数是一个巨大的挑战。近年来，随着工业智能化控制飞速发展，炼钢智能控制系统在国内各大钢厂得到广泛的应用。生产智能化控制和自动化控制水平的提高，降低了劳动强度，提高了产量、质量和生产效率，保证了炼钢的连续性。

AOD 智能控制系统由计算机程序控制，可实现自动炼钢过程。AOD 智能控制系统采用理论最佳 AOD 精炼工艺，实现氧气和惰性气体的喷吹比率自动调节。整个冶金过程中不需要人为计算及冶金经验，完全在计算机程序自动运行下完成精炼过程。为用户提供各种需要的人机交互界面，根据精炼工艺自动实现阀架开关阀门的逻辑控制和气体流量调节的过程控制。自动实现炉体翻转至相应工艺角度，自动实现填加料计算，成分及温度动态预测等，同时具有气体流量计算。根据工艺、生产要求和算法进行相应的编程实现全智能控制，流量、压力等参数的监控功能。

二、AOD 精炼系统及智能控制系统组成

AOD 系统硬件构架如图 1 所示，由炉体部分、阀架气路系统部、气源部分、智能控制系统部分组成。

智能控制系统采用西门子 S7–300 PLC 下位机作为主要控制单元，一次传感器元件采集信号传送到 PLC，经过 STEP7–V5.5 软件编程采集现场实时数据，通过 Profibus 通讯到上位机显示。其中上位机选择的研华工控机内安装 CP5611 通讯板卡，三星液晶显示器用于上位组态界面的显示与操作。具体系统硬件结构图如图 2，上位机进行显示记录，根据具体工艺要求通过 PLC 程序进行各个阀门的相应控制。

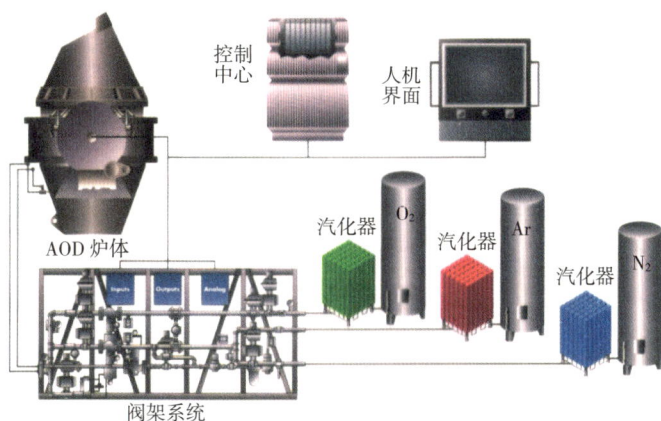

图 1　AOD 精炼炉组成部分

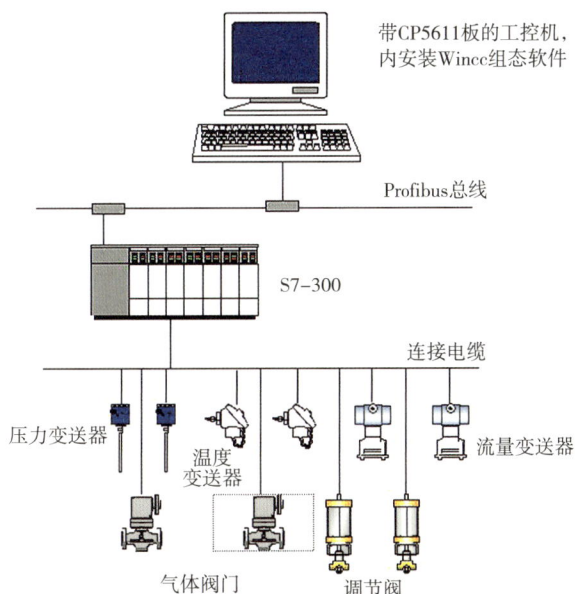

图 2　系统硬件组成

系统软件部分中，下位机编程软件采用西门子公司 STEP7-V5.5，上位机组态软件采用西门子公司 WinCC 7.0，并根据实际生产工艺要求开发出 AOD 精炼炉专用的智能监控系统。

三、智能控制系统软件实现方法

1. 角度判断及自动换气过程

表 1 为 AOD 精炼炉炼钢翻炉时对应自动换气的角度。表 1 中的角度区间就是对应的炉

体应该在哪个位置，必须按照表1的参数进行换气，否则钢液容易把枪堵塞，这样炉内进不去气体，进不去氧气就无法降碳保铬，进不去惰性气体或空气炉体不能冷却容易出现事故。STEP7-V5.5软件实现智能控制 AOD 精炼炉的角度判断自动换气过程，图3是软件实现自动换气的程序图。

表1　AOD 精炼炉炼钢翻炉时对应自动换气的角度

角度区间	描述	功能	检查结果
−90°	反向极限限位	炉体向后翻转极限位置	
−90°~−7°	反转限位	按旁路实现反转	
−7°~8°	工艺气体吹入区	允许氧气吹入	−5°~5°
8°~78°	自动搅拌区	惰性气体搅拌	5°~82°
78°~160°	自动冷却区	自动切换低流量冷却气体	82°~140°
160°	正向极限限位	炉体向前翻转极限位置	140°

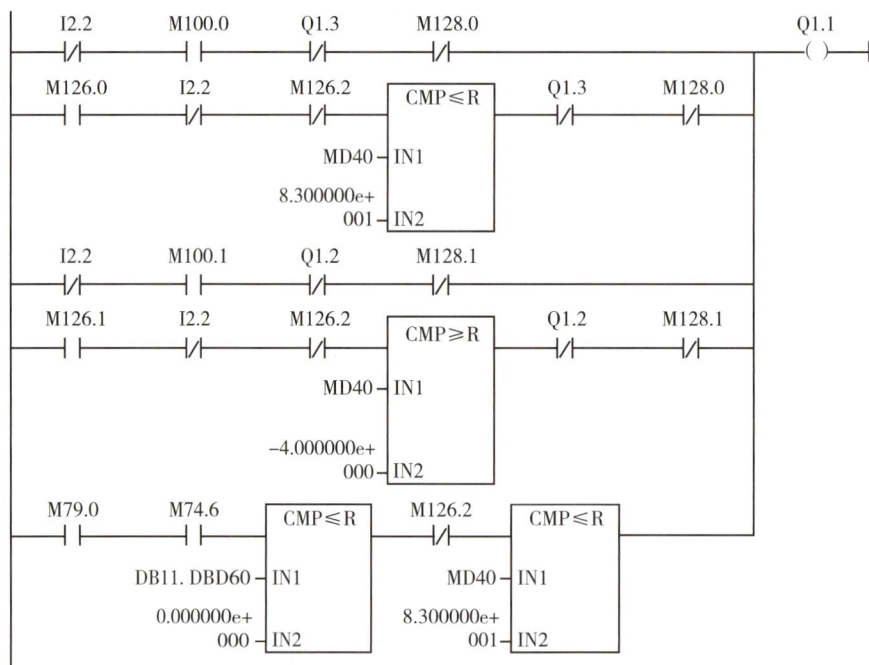

图3　自动换气的程序图

2. PID 模糊控制方法

PID 模糊控制方法的实现见图4 PID 算法程序框图。

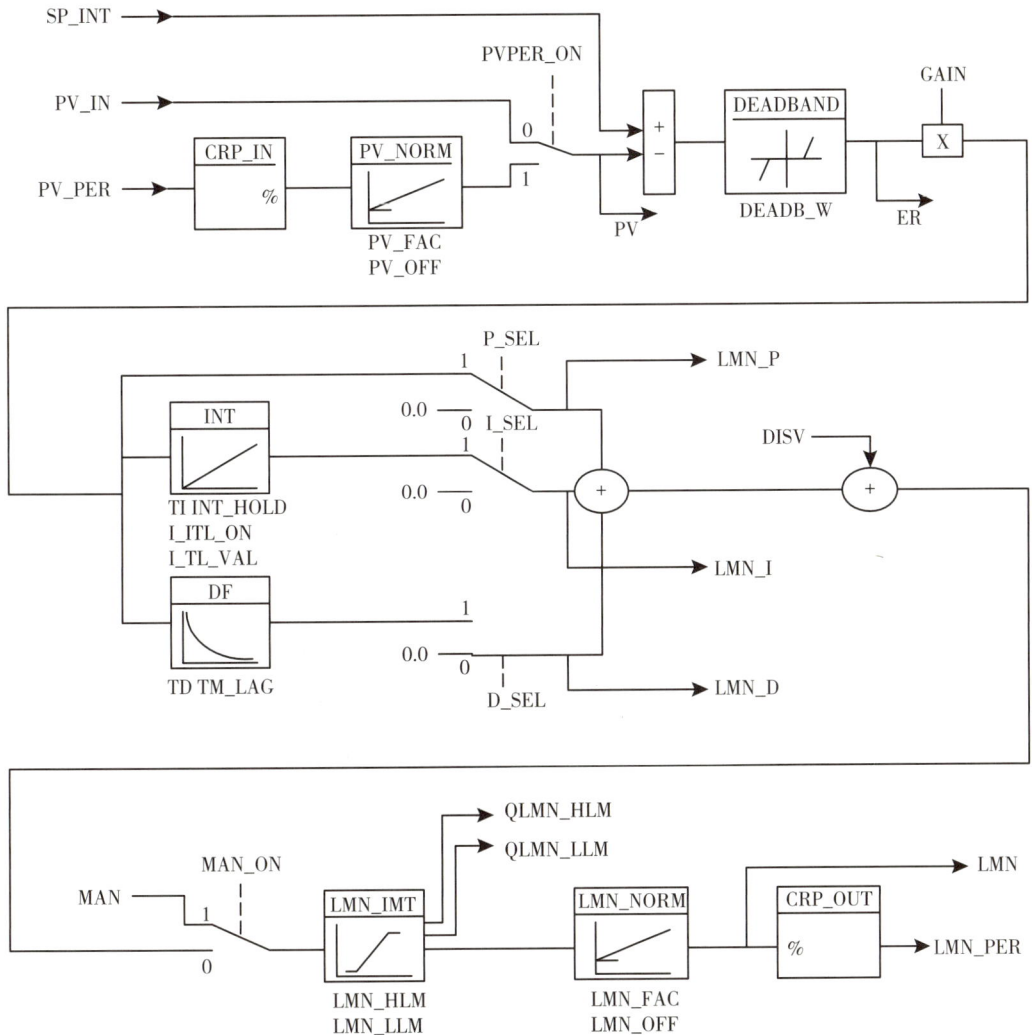

图 4　PID 算法程序框图

3. 上位机组态软件的实现方法

采用 WinCC-7.0 组态软件编程实现了上位机组态界面，AOD 专用上位机组态界面具有图形显示、消息、归档以及报表的各种模板，能实现高性能的过程耦合、快速的画面更新和可靠的资料处理，具有较高的实用性。此外，还能够实现 AOD 精炼炉炼钢过程的智能化控制、数据采集、逻辑判断、归档以及合金配料计算、满足生产的工艺要求等。

四、实际 AOD 精炼炉智能控制的组态界面的实现与应用

1. 配料计算组态界面

图 5 中包括炉体角度显示、水温水压报警显示、界面切换按钮、控制方式选择、炉体和台车控制、气体流量选择、送气控制、配料计算及 PID 参数设定。在配料表格里输入相应的钢水的重量、入炉的温度、C、Si、Mn、Cr、Ni、Mo 的成分，自动计算出来应加合金量，吨位的选择，流量比例的选择，根据不同吨位流量值不同，这数据存储在 PLC 数据库内，上位机组态界面和 PLC 通讯，调出相应的数据。

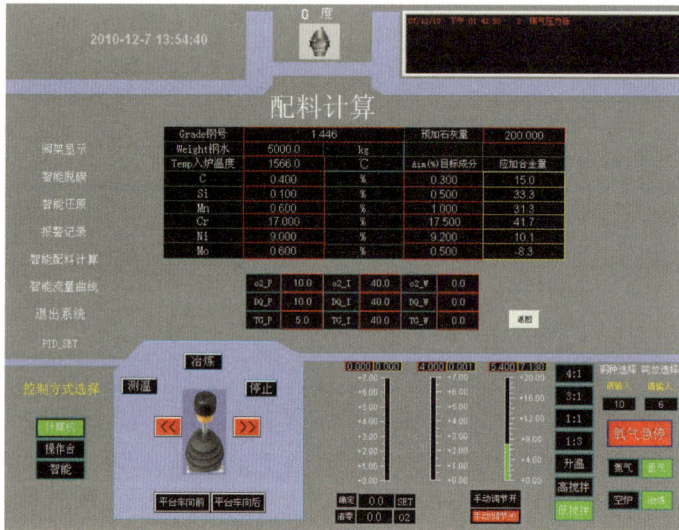

图 5　AOD 精炼炉配料计算组态界面

2. AOD 精炼炉智能脱碳和碳高处理组态界面

图 6 是 AOD 精炼炉的智能控制界面。在选择吨位、钢种号、智能控制后，对应的流量值从 PLC 数据库中已经调出，输入温度条件后，对应的耗氧量就自动计算出来了，按照几比几的比例吹氧这都是程序自动控制，自动换比例。温度预测，成分预测，根据不同条件输入自动预测出成分，应加多少合金料。另外还有压力低报警功能。在碳高时还要反复脱碳，进行碳高处理。

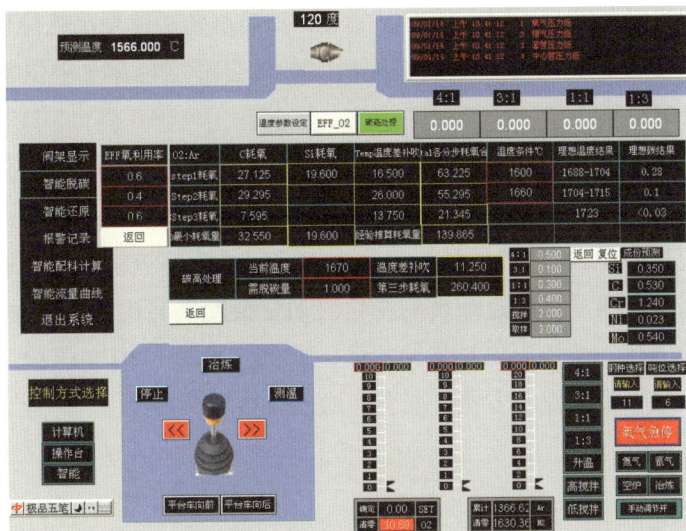

图 6　AOD 精炼炉智能脱碳和碳高处理组态界面

3. AOD 精炼炉智能还原组态界面

图 7 是 AOD 精炼炉的智能还原界面。吹氧结束后，采用光谱分析碳含量，达到目标值以下后，只需点击"还原计算"按钮，软件即会根据本冶炼炉次总体吹氧量，吹炼前后的化学成分差异，计算出所需要添加的还原混合料质量（硅铁或铝块，造渣材料石灰）；同时，

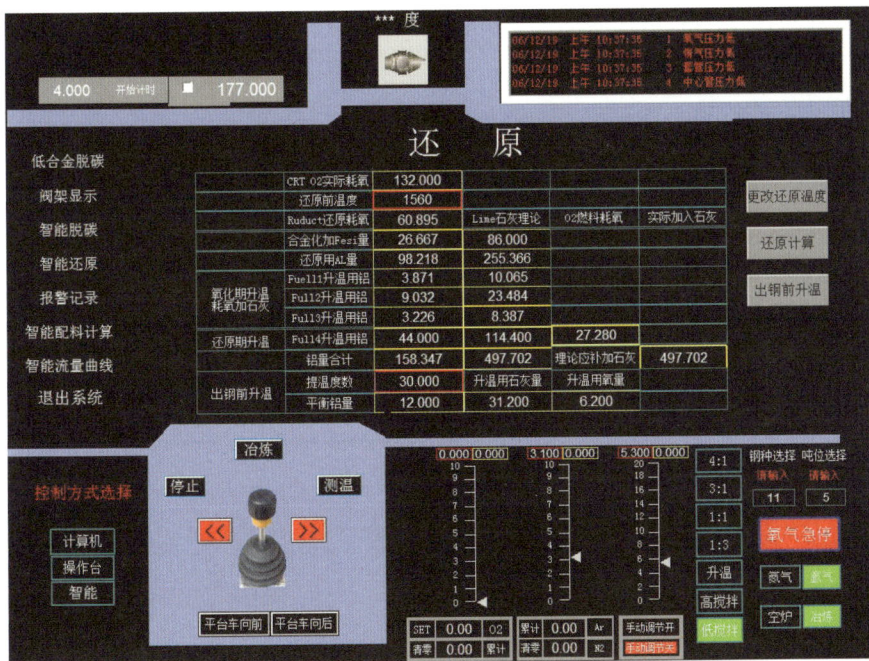

图 7　AOD 精炼炉智能还原组态界面

根据当前温度系统自动判断是否需要做提温处理，随后翻转炉体至冶炼位置自动进行升温或还原搅拌操作，达到还原计时器规定的时间后，炉体自动翻转至水平位置，以便取样及测温，确定是否可以出钢。

4. 智能控制系统应用

沈阳铸造研究所有限公司 AOD 精炼炉的智能控制系统的炉体角度是重要的安全判断信号，采用编码器采集的角度，通过角度的变化自动变换配气的比例，从而按照 AOD 精炼炉的工艺消耗最小的气量，熔炼出质量优异的钢，现我公司的 AOD 精炼炉的智能控制已经应用到国内外许多客户，系统使用方便、安全、稳定、可靠，提高了生产能力和技术水平。

五、结语

AOD 智能控制系统是在系统硬件基础上，编制的智能化控制软件。软件可以根据所冶炼炉次的化学成分、质量、温度，以及大量生产数据修正理论计算公式，自动预测冶炼过程中钢液温度及化学成分，自动计算合理的加料量，实时监测控制风口的气体流量和吹入的气体总量；代替有经验的冶炼工程师，实现全自动吹炼，不同钢种采用不同冶炼模型，绘制吹炼工艺曲线；实现了智能化记录，杜绝了记录不准确、少记录、漏记录现象，使得数据精度提高，保证数据记录的及时性、准确性、唯一性、连续性和可追溯性，冶炼过程全智能化操作，安全可靠，节省人力，降低劳动强度。

数字智能化集中控制式节能型除尘系统

常州三思环保科技有限公司

以哈尔滨东安发动机 52# 厂房智能化除尘工程为案例，通过采用问题报警功能、应急自动抑制措施、分权限管理系统等方式，并且将设备风量信息、设备状态信息、设备预维护信息等传输到小件区的中央控制系统。实现了生产车间整体除尘系统的数据自动采集、状态集中显示、报警管理、远程维护、新风系补偿系统的联锁运行等功能。同时结合了工业级以太网，以 Modbus TCP 为网络传输协议，为系统的智能化升级提供了基础。

一、导言

近年来，随着大气环境的恶化加速，环保部推出新《环保法》，对大气污染防治有更加严格的规定。在各级政府大力治理雾霾的前提下，企业非常重视环保设备的投入与运行。中国铸协《铸造行业准入制度》的出台与推广，对铸造业的环保提出了更高要求，对于铸造厂电炉熔化区域、浇注区域、型内冷却区域等规定必须采用有组织排放措施；在打磨和后处理区域，对于现场飘尘的浓度、吸烟罩的捕集率等都明确规定必须要通过专业除尘系统来解决。同时，随着数控技术的发展，企业对环保设备的在线监测，智能化管理等提出了要求。

本项目在紧跟世界先进除尘技术和设备发展，在消化、吸收国外先进技术的基础上，结合多年积累的工业废气治理和除尘设备设计制造经验进行自主创新，不断展开国产化研制，深入调查国内除尘设备的使用情况，听取了客户的使用意见，对袋式除尘工艺技术、设备和系统的设计技术进行了创新和优化改进，率先在除尘系统中采用数控技术，将先进信息技术与自动控制、机械制造技术相结合，实现了除尘系统的智能化数据采集及设备维护管理。本案例采用的是数字智能化集中控制式除尘系统，由于具有节能、高捕集率、低排放、易于维护等特点，成为国内领先、国际先进水平的高效、节能、环保除尘系统。替代进口，具有很强的国际竞争力。

二、主要研究内容及创新点

本项目的流程路线如图1所示，主要研究内容包括单机自动化运行、数据自动采集、状态集中显示、报警管理、远程维护、新风补偿系统联锁运行的研发。

1. 单机除尘系统智能化技术的研发

本项目采用了顺流扁袋式净气智能清灰技术的除尘器，单机除尘器工作原理见图2：含尘气体由顶部进气口进入除尘器内，因气体突然扩散，流速骤然降低，颗粒较大的灰尘受重力作用降至灰斗，较小的尘粒由于滤袋的筛滤、碰撞、扩散等各种效应的作用，被滞阻在滤袋外壁。净化后气体通过滤袋从下箱体出气口排出。粉尘经过过滤，反吹后掉落至灰斗内通过螺旋排出除尘器外。

通过顺流扁袋式净气智能清灰技术的研究与开发，节省清灰动力消耗60%以上；创新粉饼层清灰技术，排放＜5 mg/m³，有效捕集PM2.5以下超细颗粒，捕集效率达60%以上，除

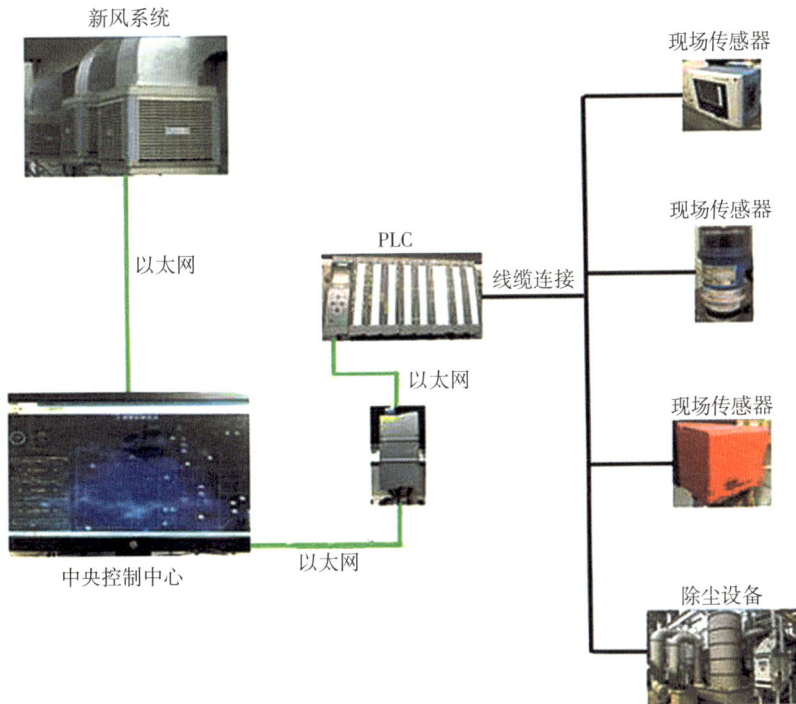

图 1　数字智能化集中控制式节能型除尘系统总体流程路线图

尘效率达 99.9%。

　　本项目在顺流扁袋除尘技术的基础上，采用智能化设计方法，将除尘器工作的相关参数（如压差、风机动力等）进行采样，并采用智能化算法，形成闭环的基于压差的清灰控制和基于除尘器前向通道的负压变频控制系统。并对除尘系统相关参数进行报警检测、反馈等。

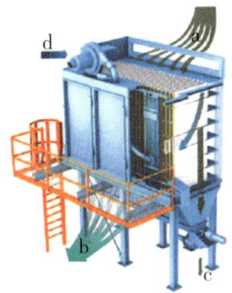

图 2　除尘器工作原理

　　开发了区别于传统的数字化开环控制技术，通过对除尘器前向通道负压的检测，并和设定值进行比较而进行数字化的 PID 控制，该控制的结果将根据风机的性能曲线转化为对于风量的需求，随动调节主风机的频率消耗；在吸尘端，通过与工艺操作连锁和自动控制，实时根据工艺操作调节吸尘瞬时风量，该风量的调节通过电动阀门，采用 PID 的方式进行调节；达到对于吸尘点风量的瞬时自动控制；最后总节能效果达 30% 以上。

2. 多工部除尘器群控技术的研发

　　本项目将整个工厂的除尘系统进行统一布局，整体控制，形成群控。群控基本原理如图 3 所示：采集每套除尘系统相关参数，通过无线网络技术，将数据传输到车间生产调度中心的中央控制服务器，运用数据库技术形成群控除尘器数据库系统。通过对该数据进行分析和总结及对车间生产管理系统有关参数比较和分析,科学指导除尘参数和生产管理系统有关参数的调节。在群控内的除尘器之间,通过对于风机启动过程控制,实现分时控制,顺序启动,不同系统之间的风量动态控制。通过群控技术,实现除尘系统串联或并联控制,安全有效运行,不同系统之间互相热备,互为冗余设计,提高多工部群控除尘系统安全裕度。

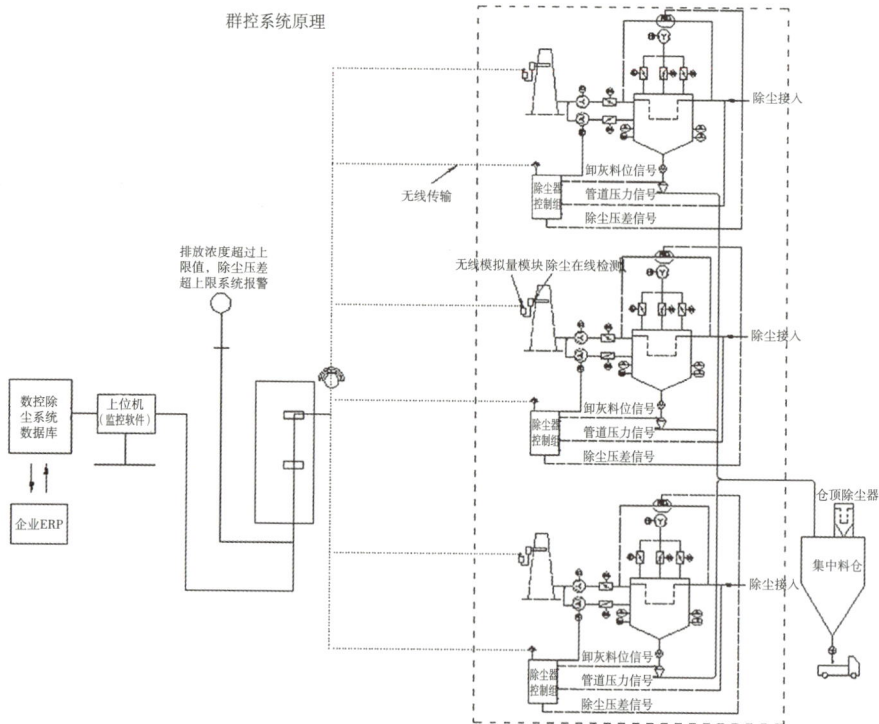

图3 多工部多台除尘器系统的基本原理

图4 浇注及冷却集中除尘系统

主要包含以下四部分的研究与开发:

(1)群控条件下现场采集数据的无线接入技术,除尘系统的安全冗余设计。

(2)群控除尘系统运行数据库的设计和运行,实现与企业生产管理系统的融合。

(3)研究除尘器收集粉尘成分分析和利用技术,优化生产工艺方案,节能降耗;开发除尘器粉尘统一管理和排放技术。

(4)创新研发多工部群控技术和推挽技术,图4中的浇注与冷却集中处理系统通过系统的优化，采用推挽技术，将风量小、粉尘浓度低的烟尘通过一个中间风机推送到风量大、浓度高的区域，并将通风系统和烟气处理系统的设计相结合，降低系统风量 25% 以上，降低了动力消耗。

3. 网络化数据管理系统的研发

（1）为客户整个工厂的除尘系统设计数据库，如图 5 运用网络通信技术实时获取除尘系统运行和排放数据并整理，实现实时动态监控维护。

（2）对不同区域和应用的除尘数据分析，反馈客户的除尘系统维护和预防性工艺调整。

（3）将整个除尘系统与客户的工艺设备，新风补风系统结合，实现整个工厂智能化的运行。

图 6 为新风补风系统自动控制的流程

图 5　中央控制系统

图。新风系统负责整个厂房内部的补新风，由于除尘系统抽取厂房内部空气会导致厂房成负压状态，所以需要新风系统对厂房内进行补风。补风量需要与除尘器抽风量持平状态。除尘器风量是通过负压调节给定，风量时刻变化。为了维持平衡，新风系统读取风量后必须根据实时风量来调节补风量。

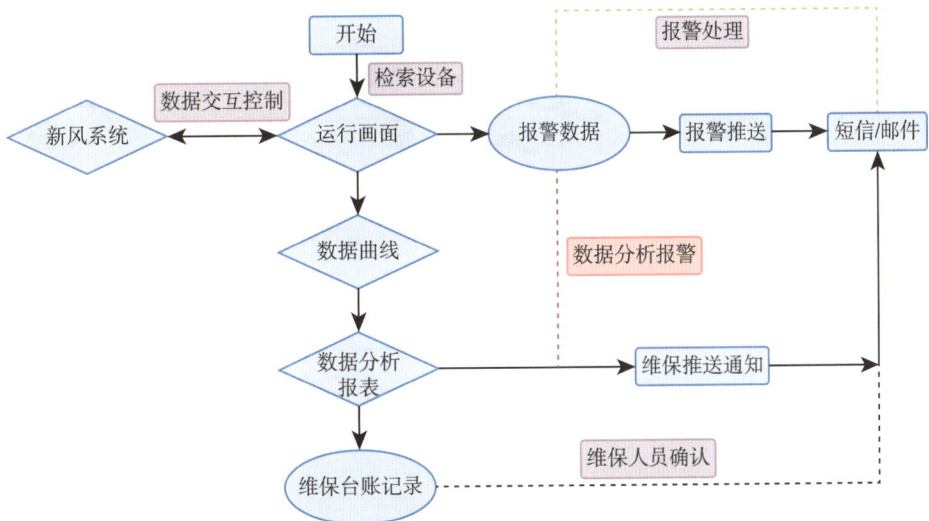

图 6　新风补风系统自动控制的流程图

4. 本项目的优点

本项目目前已投入使用，相较于传统的设备管理模式有如下优点：

1）智能化清灰设计，清灰能耗低（低于 10 kW/1000 m²），再生性强，属于节能型产品。

2）通过柔性清灰实现滤料的使用寿命延长（两年以上）。

3）采用先进电控设计，变频控制，结合负压 PID 调节达到节省能源的目的。

4）设备带有设计精确的传感器系统，确保设备运行稳定性。并且能反馈出详细的数据，便于数据分析诊断。

5）具备清灰系统、排灰系统、过滤系统的实时状态监测、报警功能，并通过工业级以太网，4G 等通信方式实现数据通信（基于物联网架构）。

6）具备中央控制系统运行分析的能力，实现整个工厂智能化的运行。

在后期项目不断积累的过程中，公司将建立终端客户除尘系统管理数据库，实现与客户端群控除尘系统运行数据库在联网状态运行，开发远程运维软件，创建云服务平台，见图 7。

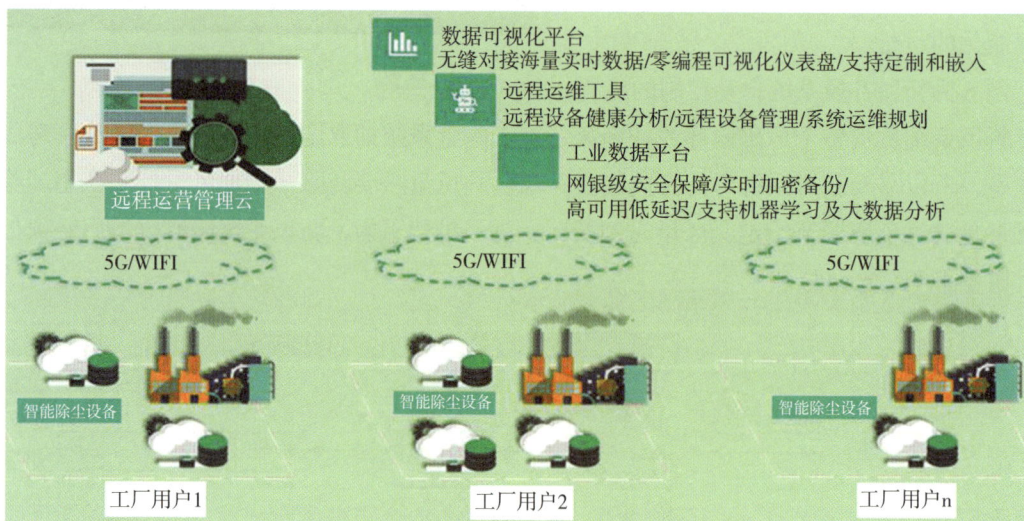

图 7　智能化除尘系统——云管理系统

三、主要成果

本项目为自主研发，共申请专利 18 件。其中发明专利 4 件；已获授权发明专利 1 件、实用新型专利 8 件、软件著作权 3 件。部分专利及软著见表 1。

表1 已获得的部分专利及软著

序号	专利号	类别	专利名称	作用说明
1	ZL201410089327.0	发明	空气除尘设备	保护了在线压缩空气喷吹的空气除尘设备，造价成本低，便于维护，而且清灰效果好，适用于灰尘浓度大和粉尘颗粒细的技术
2	ZL201420110597.0	新型实用	除尘设备的清灰机构	
3	ZL201420110756.7	新型实用	清灰机构与吹风组件的连接装置	
4	2014R11S062434	软件著作	TF除尘器自动可调循环控制系统软件	自主研制数字化负压变频控制技术，通过对除尘器前向通道负压监测，反馈调节风机频率控制，实现数字化能耗控制，结合系统与工艺操作连锁和自动控制，实时根据工艺操作调节吸尘瞬时风量，实现瞬时风量自动控制。最大节能效果达30%以上
5	2014R11S062432	软件著作	基于脉冲PID闭环调节风量控制系统软件	
6	2014R11S062433	软件著作	风量过程控制的变频节能系统软件	

本项目在研发过程中，获科技部创新基金专项支持，在2015年与清华大学进行了产学研合作，共同开发除尘设备的智能化系统，并承接了江苏省重大成果转化项目，国家火炬计划产业化示范项目。

四、展望

本公司开发的数字智能化集中控制式扁袋除尘系统由于具有节能、高捕集率、低排放、易于维护等特点，已经受到市场的追捧，在新形势下市场的空间必将产生爆发式增长。

本项目产品与国内典型厂家对比，项目的相关技术指标具有明显优势；与国外高端竞争对手相比，目标产品在技术性能上几乎相同（烟尘捕集率、欧标排放、单风量能耗指标等），有些指标更具优势；在方案上，项目系统优势明显：通过集中式除尘设计、推挽方案，为客户节省大量投资和运营成本；在售后服务和产品智能化方面，项目的网络化方案、在线售后服务和工艺反馈，为客户解决了大量的使用问题。综合来讲，在项目产品技术性能与国外高端竞争对手相同的情况下，本项目具有较为优越的性价比。

在实施行业准入和淘汰制度以后，在"十三五"绿色铸造的推动下，到"十三五"末期，我国铸造企业将保留到20000家左右，我国的铸件总产量将会达到5000万吨以上，留下的铸造企业必须是环境友好型企业。目前大量低产能铸造厂（占总铸造厂数的30%以上）都是采用极差的除尘设备或没有除尘设备；而一些高产能的铸造厂，环保设备大都是20年以前的，面临着更新换代的任务。表2列出了铸造冶金行业的需求分析。

表2　铸造冶金行业需求分析

行业	工厂总数	除尘设备台套（平均）	平均改造率	总需求/台套
铸造冶金	20000	6台/厂	5%	600
铝加工	1000	10台/厂	5%	500
有色金属	1000	5台/厂	5%	250

　　按照以上分析，在"十三五"期间，目标产品国内市场供货量约1350台套。预计将会达到20亿元以上的市场容量。本项目产品预计经济寿命周期15年。由于国家《新环保法》的实施，排放标准更加严格，导致国内企业现有的除尘设备70%以上不能满足环保要求，亟须更新换代，从目前的市场需求来看，"十三五"期间年需求量约5000台以上。目前，公司产品已经销往越南、哈萨克斯坦等国家及中国台湾地区。在经济新常态下，随着我国"一带一路"倡议的持续推进，我公司产品必将在出口创汇上形成新的突破。

3D 打印装备技术在铸造中的应用

共享装备股份有限公司

共享装备股份有限公司于 2012 年提出并实践"3D 打印、机器人等创新技术 + 绿色智能工厂"的铸造行业转型升级路径，攻克了一些铸造 3D 打印相关的材料、工艺、软件、设备及集成等产业化技术难题，实现了铸造 3D 打印产业化应用的国内首创。建立了"云、网、厂"的智能工厂架构，打造了多个基于 3D 打印的铸造数字化车间，实现了铸件生产"五无"，即无吊车、无模型、无重体力、无废砂及粉尘排放、无温差（空调环境），改变了传统砂型铸造模式。

一、导言

针对我国铸造业生产环境差、劳动强度大、效率低、铸件质量不高、环境污染等问题，围绕铸造业向绿色化智能化转型的行业发展需求，共享装备股份有限公司（以下简称"共享装备"）于2012年提出并实践"3D打印、机器人等创新技术＋绿色智能工厂"的铸造行业转型升级之路，提供基于3D打印的智能制造（铸造）系统解决方案，推动铸造行业转型升级。

共享装备组建100余人的铸造3D打印创新团队，累计投入10多亿元人民币，采用"互联网＋研发"模式，主攻铸造3D打印产业化应用技术，攻克了材料、工艺、软件、设备及集成等技术难题，至2019年年底，已申请专利432项，软件著作权59项。研制成功工业级铸造3D打印设备，综合技术水平国际领先，实现铸造3D打印产业化应用，改变了以手工劳动为主的传统砂型铸造生产模式，生产周期缩短50%、生产效率提高3～5倍，铸件成品率提高20%～30%，铸造现场环境显著改善，工人劳动强度大幅降低。共享装备将基于铸造3D打印技术，拟在行业聚集区打造3～5个数字化智能化示范工厂（已建成4个），引领行业转型升级。其中，在宁夏银川建成世界首个万吨级铸造3D打印智能工厂，其综合集成技术为世界一流。

二、自主核心技术与创新点分析

共享装备率先在行业内提出并实践"3D打印、机器人等创新技术＋绿色智能工厂"的转型升级之路，基于近20年的数字化实践经验，构筑了"云＋网＋厂"的新一代铸造智能工厂架构（如图1），打造了30余款行业工业软件产品。

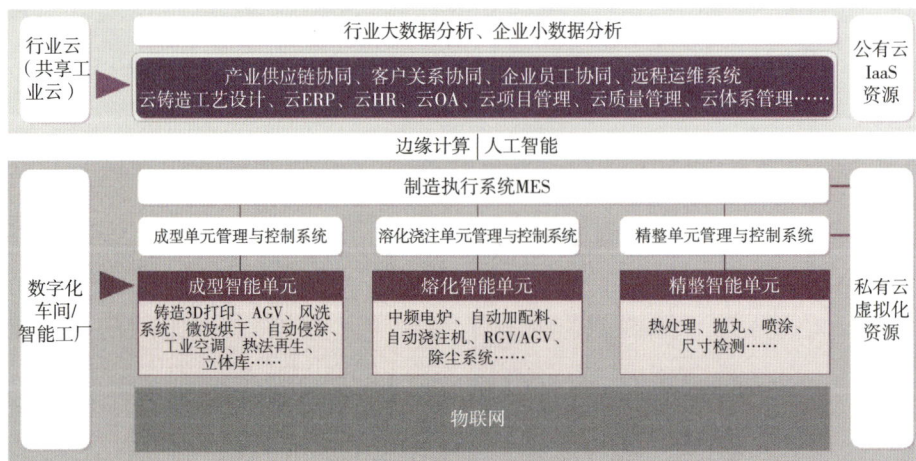

图1　新一代铸造智能工厂架构图

"厂"是指铸造数字化车间/智能工厂，由智能单元和 MES 组成，智能单元包括生产设备、物流设备、物联网设备及智能单元控制与管理系统。

"网"是指物联网和互联网，利用物联网采集生产现场的各种数据，通过边缘计算技术将数据进行加工处理，加工处理后的数据上传至互联网工业云平台。

"云"是指铸造行业云平台，可接收"厂"端上传的数据，提供虚拟铸造、ERP、供应链管理、人力资源管理、实验室管理等 SaaS 化管理解决方案。

1. 解决的问题

（1）基于数据驱动的铸造工艺集成设计问题

传统铸造工艺设计，完整流程往往依靠单个工艺人员执行，对人员的综合能力要求较高，复合型人才培养耗时周期长、难度大；设计质量完全依靠个人经验保证，差异性较大；必须大量手动查表和计算，效率低、出错率高；工艺设计与生产制造衔接不畅，工艺要求不能有效执行。

为适应智能制造环境下的铸造工艺集成设计要求，共享装备基于 50 余年专业铸造经验和 20 年数字化企业实施经验，打造了基于数据驱动的全流程虚拟铸造系统，该系统通过将铸造工艺设计过程进行八个步骤的专业化分工，1400 多项参数驱动，通过搭建与现实制造环节相对应的虚拟制造环境，在计算机环境下利用"电脑+人脑"获得最优的工艺解决方案。其主要内容包括：形成铸造工艺设计相关的标准规范、基础资源、工艺设计规范等资源库，建立标准库、典型工艺库、典型问题库等 9 大核心知识库；通过自动匹配、自动判断、自动计算等方式有效地应用到铸造工艺设计的各个环节，实现了"人脑经验向电脑知识"的转换，实现了工艺设计全流程、全参数管控；通过知识库和三维仿真模拟技术的应用，提高了工艺设计质量和效率。图 2 为全流程虚拟制造技术框架图。

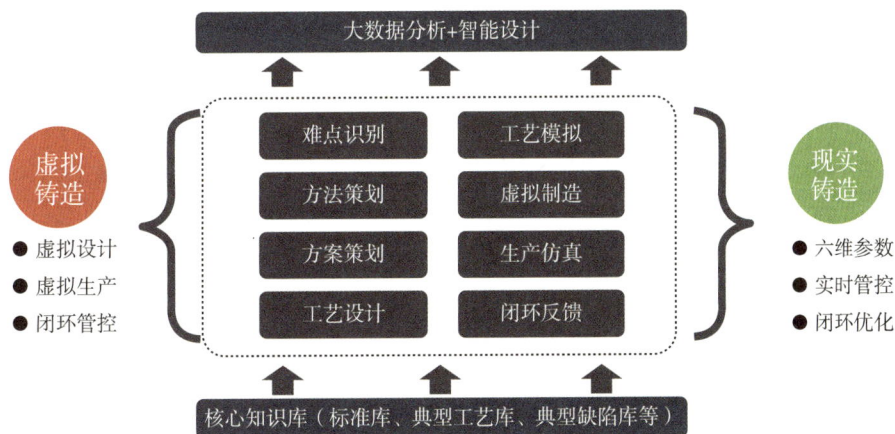

图 2　全流程虚拟制造技术框架图

同时，全流程虚拟铸造系统通过与智能生产单元、可穿戴设备等有效集成，形成标准参数下达、执行结果采集反馈、数据分析优化的闭环控制，实现了铸造全过程参数化控制，将虚拟制造与现实制造集成融合。

（2）铸造 3D 打印工艺技术问题

传统铸造工艺是基于模具手工造型的方式，存在砂型质量不稳定、工人技术要求高、劳动环境差等问题。同时，对于结构形状复杂的铸件，铸造砂型的制造难度非常大，需要很多块小砂芯组装起来，导致铸件成品率低、尺寸精度差等问题。

共享装备应用的铸造 3D 打印工艺技术是一种利用铸造砂型 3D 打印设备直接打印出设计好的砂型，再通过简单的"组芯"工艺将打印砂型组合，进而浇注铸件的快速铸造工艺。铸造砂型 3D 打印技术使得铸件工艺直接由三维图形数据制造出复杂的砂型，变革了传统的模具制作、造型、制芯、合箱的铸造方法，生产周期缩短 50%，生产效率提高 3～5 倍，铸件成品率提高 20%～30%，铸型误差也从原来的 1 mm 降到 0.35 mm，铸造现场环境显著改善、工人劳动强度大幅降低。

以发动机气缸盖铸件 3D 打印砂型铸造方法流程为例，图 3 为铸造 3D 打印砂型铸造工艺流程及与传统工艺流程对比。发动机气缸盖铸件内部型腔结构非常复杂，采用传统模具造型的铸造模式，需要做 30 余个砂芯来组成腔体结构，而且腔体往往呈不规则的三维曲面，导致模具制作困难，制芯也不能完全满足铸件尺寸精度的需求。该铸件采用传统铸造方法生产的废品率达 50% 左右，并且需要经验丰富的高级技能工人严格操作。而采用铸造 3D 打印砂型方法生产该铸件，30 余个砂芯可以一体打印成型，废品率不到 2%，铸件尺寸精度也从 1 mm 提高到 0.5 mm。同时，铸造 3D 打印砂型一体化降低了工人技能要求，生产难度大幅降低。

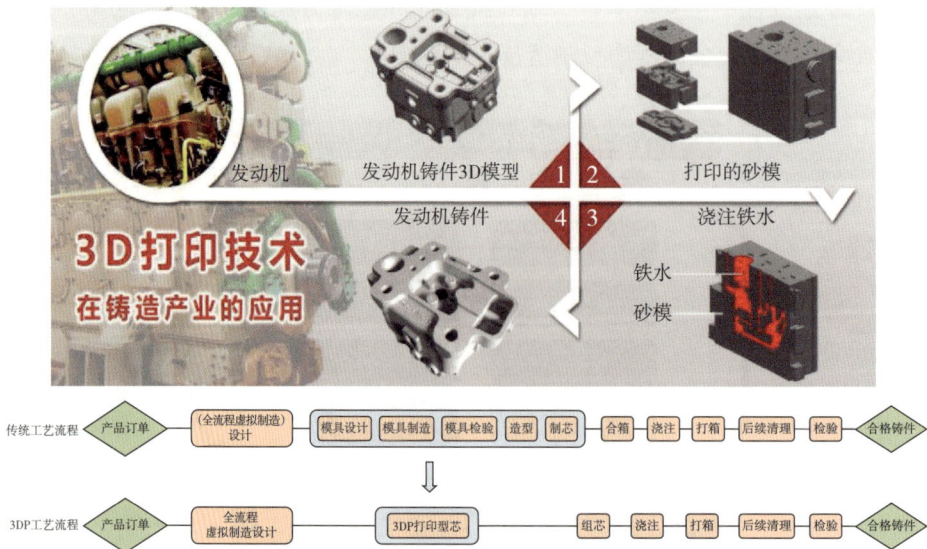

图 3　铸造 3D 打印砂型铸造工艺流程及与传统工艺流程对比

（3）大尺寸高效率铸造砂型 3D 打印设备研制

工业级铸造砂型 3D 打印设备对改变传统铸造方式具有重大意义。国外铸造 3D 砂型打印设备起步较早，但其打印效率和成本制约了在国内的产业化应用，难于组建智能生产线，且售后服务和材料供给等受制于人。

大尺寸高效率铸造砂型 3D 打印设备（图 4）是共享装备研发的具有自主知识产权的工业级铸造打印设备。该设备采用双工作箱同时打印，最大打印效率达 500 L/h，打印砂型尺寸精度 ±0.35 mm，被中央电视台大国重器栏目称为"全球最大的砂型 3D 打印机"。

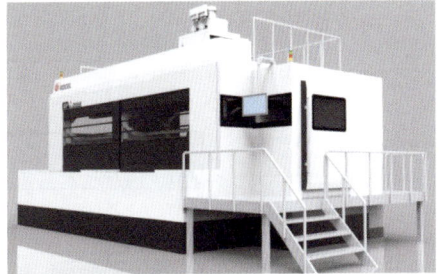

图 4　大尺寸高效率铸造砂型 3D 打印设备

该设备基于三维印刷（3DP）技术，以粉末（硅砂、陶粒砂）材料作为基材，喷射黏结剂（呋喃树脂、酚醛树脂）黏结成形。砂型打印时，首先在打印室工作台上均匀地铺上一层（0.3 mm 厚）砂子，然后喷头按照原型切片截面形状，将黏结剂有选择性地喷射到已铺好的砂层上，使原型截面有实体区域内的粉末黏结在一起，形成截面轮廓；一层打印完后，工作台下降一个截面的高度，然后重复上面的步骤，逐层累加，直至原型打印完成。

设备嵌入了设备知识库、铸造工艺质量知识库，具备故障报警及解决方案提醒等功能。设备连接远程运维平台，具备远程诊断、远程维护等功能，降低设备运维成本。同时，设备配套热法再生技术装备，可实现废旧砂回收再利用，达到固废零排放。

铸造砂型 3D 打印设备可以为大尺寸、高复杂性铸件提供基于砂型 3D 打印工艺的全面解决方案；设备可并连多台，组建成形智能单元，实现大规模砂型 3D 打印生产。

（4）解决铸造生产单元化软硬件一体集成管控问题

传统铸造生产过程中，人员操作干预多，过程控制主要依靠工作人员进行；关键参数控制难，基于参数的精细化管控不足，过程执行结果缺乏有效监控，致使效率低，质量不稳定。

共享装备将铸造生产过程创新性地分为成形、熔炼浇注、砂处理、精整四大生产单元，围绕不同环节的关键控制要求，分别建立了基于知识库的智能生产单元，对生产、质量、成本、效率、绿色和人员六个维度关键参数进行采集、监控和管理。同时，基于物联网技术和智能装备，分别建立通信管理系统、人机交互系统，对关键设备达到数字化控制。以工艺集成设计为源头，与虚拟铸造系统、ERP、MES 等系统进行集成。系统架构层级如图 5 所示。

（5）基于 3D 打印环境下数字化车间的综合集成问题

基于 3D 打印的铸造数字化车间涉及设备层、控制层、车间层等软硬件综合集成问题，对工厂运行的稳定性、可靠性带来重要影响。共享装备通过专题攻关，形成了标准化的集成解决方案（图 6）。并将此编制成为《铸造数字化工厂通用技术要求》团体标准，指导行业企业数字化工厂建设。

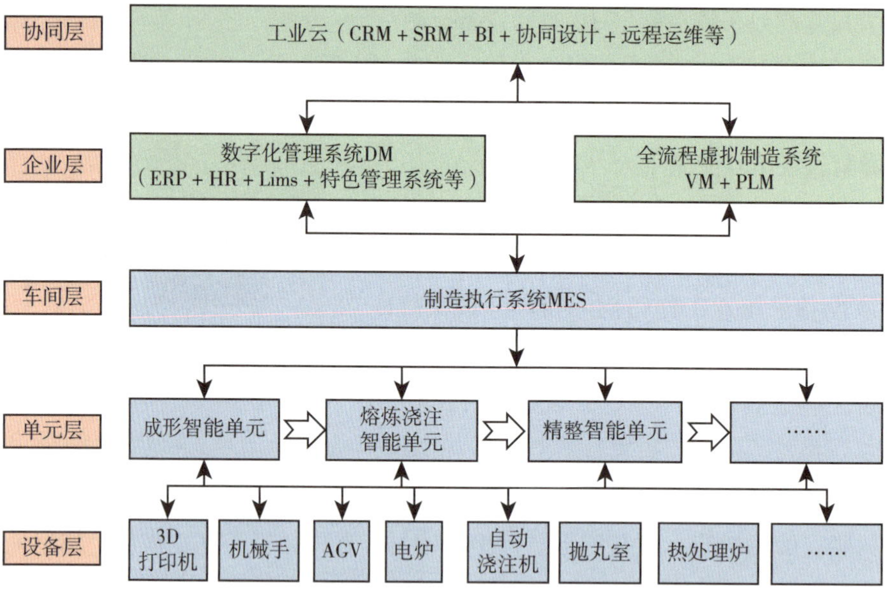

图 5　智能单元系统架构

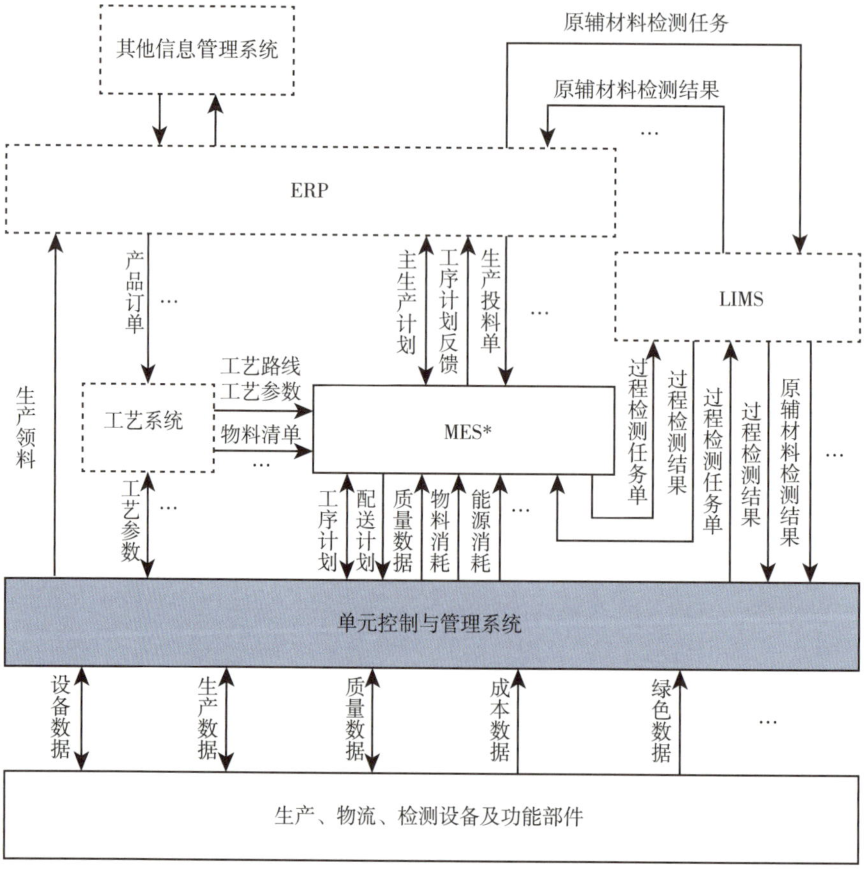

图 6　铸造数字化工厂架构

2. 应用效果

（1）经济效益

到 2020 年，国内铸造企业数量预计为 1.5 万家以内，占企业总数量 30% 的铸造企业（约 4500 家）的铸件产量将会达到国内铸件总产量的 80% 以上；其中更为适合 3D 打印技术的多品种、小批量的铸件占比约 60%，即年产量为 3000 万 t；按照单台铸造 3D 打印设备年产铸件 1000 t，铸造 3D 打印设备市场需求量为 30000 台 / 套，市场需求总金额约为 1500 亿元，市场空间巨大。

同时，共享装备基于铸造 3D 打印技术平均每年研发新产品 200 个以上，新产品占产品销售收入 40%。共享装备应用铸造 3D 打印技术，实现了船用发动机、铁路机车发动机缸盖铸件批量制造，实现了机器人铸件的批量制造等。产业化应用 5 年，实现五大类、几百种、15000 多吨铸件生产应用，带来 2 亿元以上新增产值。

（2）社会效益

共享装备提出的"3D 打印、机器人等创新技术 + 绿色智能工厂"的铸造行业转型升级思路，将为铸造行业提供基于 3D 打印的智能制造（铸造）系统解决方案，推动铸造行业转型升级。

1）工艺设计从主要依靠"个人经验知识"转变为依靠"虚拟制造"。利用"人脑 + 电脑"，依靠专家库、知识库、计算机建模、仿真、参数优化等方法和手段实现全流程虚拟制造，在虚拟世界解决现实世界遇到的 80% 以上问题。在质量、成本、效率、安全方面做到最优后将参数传递到现场，通过软件或硬件系统等构成的智能单元控制现实制造，让产品工艺设计、制造过程尽可能降低人为因素，增强实时、数字化管控能力。三维工艺设计率 100%，新产品一次投产成功率能够达到 90% 以上（如图 7）。

2）颠覆了传统铸造行业生产流程。铸造流程"四合一"，铸铁件生产周期从原来的 3 个月缩短到 1 ~ 1.5 个月，铸件工艺直接从三维图形数据制造出复杂的砂型，变革了传统使用模具、造型、制芯、合箱的铸造方法。

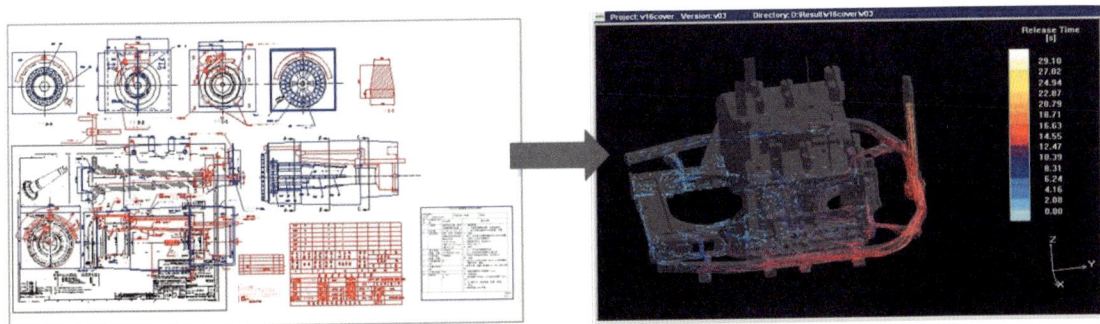

图 7　全流程虚拟制造减少人为因素

3）员工操作从"翻砂匠"到"数控/智能设备操作工"。将铸造操作工人从繁重的造型、制芯、合箱等中等体力劳动和重体力劳动环境中解放出来，传统翻砂匠变为只需要操作3D打印机等数字化、智能化机器设备等轻体力劳动。操作者操作难度显著下降，原来需要培养半年以上的现场技能型人才现在只需要培训一周就可以上岗（图8）。

图8　智能化设备应用减少铸造工人体力劳动

4）铸造业从"傻大黑粗"到"绿色制造"。共享装备先后投入十多亿人民币，攻克铸造3D打印产业化应用、虚拟制造、智能生产单元、综合集成等一批关键软硬件技术，截至2019年已建成五座数字化示范工厂，其中位于宁夏银川的铸造成形智能工厂为世界首个万吨级铸造3D打印成形工厂，其综合集成技术达到行业领跑先进水平。在绿色制造、以人为本方面，员工劳动环境大幅改善，实现铸件生产"五无"，即无吊车、无模型、无重体力、无废砂及粉尘排放、无温差（空调环境），一改传统铸造"傻大黑粗"的形象，让铸造工人更加体面地工作（图9）。

图9　实现绿色铸造

（3）推广意义

铸造3D打印技术具备了解决铸造业转型升级的优势，产业化应用给传统铸造带来颠覆性的变革，为铸造行业的转型升级提供示范作用。

1）提高铸件质量，提升生产效率。采用 3D 打印工艺生产的产品精度高，砂型快速一体成形，大幅缩短了产品的研发和生产周期。生产效率较传统铸造提高约 3~5 倍，成品率提高 20%~30%。

2）设计灵活，节约成本，降低制造难度。3D 打印工艺具有灵活的修改模型设计等优势，对产品设计方案调整、更新迭代，降低砂铁比效果突出，特别适用于内部结构复杂铸件的生产。

3）以人为本，绿色铸造，智能铸造。大幅改善铸造现场环境，降低工人劳动强度；机器换人，人力成本大幅下降；典型智能制造，大幅提高铸造生产的智能化水平。

4）铸造 3D 打印设备可与各类智能铸造装备柔性化组合，形成智能生产线。

未来铸造业发展，将基于 3D 打印技术，结合机器人、工业互联网等技术创新，实现铸造智能生产单元"线"上集成，形成铸造智能工厂"面"上整体解决方案，进而形成"铸造 3D 打印、机器人等创新技术 + 绿色智能工厂"的转型升级路径，推动铸造行业在"体"上的转型升级，引领行业进步。

三、展望

我国铸造业主要以中小企业为主，基础条件相对较差，对于铸造 3D 打印技术的接受度相对较低，还需进一步进行示范推广。同时，铸造 3D 打印装备技术作为一种全新的解决方案，需要进一步的迭代升级，长期坚持，深入推动该技术的发展。

共享装备将以"引领行业进步，推动产业转型升级"为宗旨，依托国家智能铸造产业创新中心，致力于构筑"互联网 + 双创 + 绿色智能铸造"产业生态，重点抓好如下工作：

（1）开展"标准 + 示范"的行业智能制造新模式，建设多家数字化（智能化）示范工厂，带动行业整体转型。

共享装备将进一步实践"铸造转型升级之路 = 铸造 3D 打印、机器人等创新技术 + 绿色智能工厂"，在铸造行业聚集区域建立多家基于铸造 3D 打印技术的数字化（智能化）示范工厂，依托"标准 + 示范"的模式，带动行业绿色智能发展。

（2）深入推进铸造行业工业互联网平台建设，推进企业上云，为行业提供服务，加速数字化、网络化、智能化转型。

共享装备联合软通动力信息技术（集团）股份有限公司（软通动力）、华为技术有限公司、上海汉得信息技术股份有限公司、树根互联技术有限公司等行业知名企业搭建了开放、共享、线上线下相结合的面向行业绿色智能发展的工业互联网平台——共享工业云。平台主要包括创客服务、共享学院、协同制造、供应链管理、远程运维、定制空间、共享商城、软件即服务（SaaS）应用等模块，为创客、行业企业、高校、科研院所、政府、金融机构等提供创意发布、个性化定制、众包、众创、众筹、众扶、远程运维、在线培训、专家咨询、电子商务等功能。下一步将继续深耕铸造行业，帮助行业企业实现数字化、网络化和智能化，提质降本增效，环境安全达标，实现绿色智能转型。

四、主要成果

共享装备铸造砂型 3D 打印技术产业化应用项目得到了国家领导人的鼓励和赞许。2016 年 2 月 2 日，国务院总理李克强莅临共享视察时讲道："工业化最基础的是铸造，（比如）机床是工业的母机。母机的基础是什么？没有铸造，哪来母机的基础产业？你把最基础的产业用最先进的技术改造了，那就是整个产业转型了。"

共享装备先后获批国家首批 46 家智能制造试点示范企业、国家服务型制造示范企业，先后承担 2 项国家重点研发计划项目，3 项国家智能制造专项。在铸造 3D 打印技术领域已申请专利 432 项，其中发明专利 292 项；共获得授权专利 142 项，其中授权发明专利 62 项；获得软件著作权 59 项；发表论文近 300 篇。培养了一支 100 余人的铸造 3D 打印技术专业创新团队。2016 年获得国家发改委批复，同意牵头组建首个国家产业创新中心——国家智能铸造产业创新中心，推动铸造行业绿色智能发展。

案例 9

大型激光选区烧结增材制造装备与工艺

华中科技大学

激光选区烧结技术（SLS）可无需模具快速制造出各种材质的大型复杂构件。华中科技大学团队攻克"SLS 装备大型化"中关键技术难题，研制出面向复杂构件成形的大型激光选区烧结装备与工艺，工作面达 1.7 m，用于大型复杂铸造熔模、砂型（芯）、陶瓷芯的整体快速制造，对改进和提升传统铸造业具有重大意义。

一、导言

激光选区烧结技术（SLS）属于增材制造技术，采用激光逐层烧结粉末，可无需模具快速制造出各种材质的复杂构件。国内外商品化SLS装备的台面较小，无法整体成形大型复杂构件。在国内，如北京隆源最大的SLS装备用于成形树脂砂/熔模料，工作面为 1.05 m×1.05 m；在国外，德国EOS公司最大的SLS装备为专门用于成形铸造砂型（芯）的 EOS INT 750，其工作面为 0.72 m×0.38 m。而要加大SLS装备工作面尺寸，需要解决大范围温度场均匀性、多激光协同工作等系列关键技术难题。为此，该团队通过研发立体多层多点控温和可控降温结合技术，保证成形过程中大范围立体温度场的均匀性；研发出随机扰动拼接和负载均衡分割多激光扫描技术，实现大范围工作场的高精高效扫描，以及大型零件的高强度分割后拼接；制备出SLS铸造熔模的共聚物基粉末材料，提高大型SLS构件的强度。研制出世界上最大工作面 1.7 m×1.7 m 的四激光SLS装备，制件精度控制在 ±0.1% 以内，堆积效率达 1000 cm³/h 以上。与传统铸造工艺相结合，解决采用模具制造复杂熔模、砂型（芯）和陶瓷芯的瓶颈问题，为解决我国乃至世界范围内重要领域中大尺寸复杂构件难加工或无法加工的难题提供了有效手段，对促进我国航空航天、军工、汽车以及船舶领域新产品的研制具有重要意义。

二、数字化方面的自主核心技术

解决的问题包括：设计、工艺、装备、生产、管理等诸多方面数字化技术应用的详细解读，包含技术参数和生产用数据。

该团队对大型多激光振镜扫描系统SLS装备在控制、工艺、软件及装置等方面的共性关键技术进行系统研发，突破"装备大型化"若干关键技术，在此基础上自主研发成功大型SLS装备，以该大型SLS装备为技术平台，在航空航天、汽车等核心领域中推广应用。

1. 装备的设计与制造

（1）装备主体机械结构设计制造

装备主体机械结构采用数字样机技术设计，消除设计不合理带来的装备干涉等问题；通过数值模拟，优化气路分布。优化设计方案后，采用标准件购置，非标准件外协加工的方式，将所有构件和器件组装起来，研制出装备主体机械结构。主要包括以下关键技术：

1）高惰性气氛成形腔，并实现氧、水含量的实时监测和粉尘的控制。在SLS成形过程中，需要将粉末材料加热到接近其玻璃化温度（非结晶性高分子）或熔融温度（结晶性高分子），以防止成形件的翘曲变形，但是粉末材料长时间处于高温状态，极易氧化降解，尤其是在成形腔内存在氧或水分更容易老化。因此在成形腔中通惰性保护气体，严格控制水、氧等的含量是成形高性能大型构件的基础。该团队采用水、氧高精度测量仪实时监测，同时设计和优化气路，研究惰性气体流动状况，高效去除成形中产生的烟尘，维持成形腔中洁净的惰性气氛。

2）高精度、高稳定性的铺送粉系统。成形大型构件时，通常需要上百个小时，例如铺粉层厚为 0.15～0.2 mm，成形 500 mm 高的构件，需要进行 3000 次左右铺粉，只有确保每次铺粉的精度和稳定性才能保证成形件的整体精度。设计下送粉装置，维持粉末均匀输送，减少铺送粉过程中粉末扬起，保证成形腔环境整洁，减少激光在传输过程中的能量损耗；设计高刚度铺粉装置，防止成形面局部不平引起铺粉装置变形，造成铺粉不稳定的问题；高精度动密封送粉缸设计，减少动摩擦，同时防止工作缸、送粉缸移动时粉末泄漏。

（2）多光束协同扫描系统的设计、制造与检测校准装置

传统的单激光或双激光扫描系统随着成形腔的进一步扩大，堆积效率较低。多个激光振镜扫描系统在扫描区域拼合、能量匹配等方面不一致的问题将急剧扩大，存在多激光协同扫描、负载均衡以及几何/功率校准等一系列难题，如果不解决，堆积效率无法线性提高，且构件在多激光器拼合处的性能、表面质量及整体尺寸精度都将得不到保证。受机械安装精度影响，多激光器的工作区域不可能组成一个理想工作平面，且各个振镜扫描系统的畸变及动态聚焦精度也不完全相同，单个激光器扫描系统的调整将影响到其他多个扫描系统。在激光器增加到一定数量后，其调整难度呈几何级数上升，将难以完全依靠人工进行校正，必须依靠机器视觉技术与计算机辅助校正才可能解决这个问题。具体包括：

1）基于机器视觉技术的多束激光扫描与区域功率检测、校正装置研发。该团队设计了一种机器视觉测量装置，能识别多束激光投射在一块可多次使用的树脂板材上的光斑轨迹，根据扫描轨迹的形貌特征可计算出多个激光振镜扫描系统的扫描畸变、平面偏差、对齐误差及动态聚焦误差，并由此自动计算生成全局优化的相关校正参数，辅助人工粗校正或由软件控制进行全自动精校正。

2）多激光光路调准设计。由于机械精度等原因，随着成形面和光路系统的增多，光路系统焦平面与工作面的不吻合状况越严重，单靠机械精度和安装精度仪难以实现多光路焦平面的对准。通过上文所示检测装置可获得整体最优的光路调整参数，来指导光路系统的微调，经过多个迭代调整过程后，可基本确保多扫描系统的拼合精度。然后通过控制软件算法实现最终的高精度几何补偿与功率补偿，实现一个虚拟的高精度、大幅面统一扫描系统。

（3）立体多层加热技术

粉床预热温度场的均匀性是影响 SLS 构件质量的重要因素，粉床预热温度场不均匀会导致构件出现翘曲变形现象，甚至完全无法成形。要实现均匀的正方形大范围预热温度场，必

须采用较为复杂的多层加热技术，而且多层加热装置需要由多个不同加热元器件组成，在装备内部不同空间不同区域的散热情况不同，因此对各个加热源器件分别进行控制，以实现大工作面粉床的均匀加热。该团队采用基于数值模拟方法优化设计的多层可调式预热装置以及基于区域自适应切片的预热温度场模糊控制方法，使整个大型SLS装备的正方形工作面（1.7 m×1.7 m）粉床预热温度场均匀性控制在±5℃以内。

2. 装备的成形工艺与控制方法

（1）多激光振镜扫描系统随机扰动耦合技术

为确保多束激光扫描拼合处的连接质量，该团队采用一种基于多重随机权因子、具备局部非规则性的可控随机扰动曲线动态生成方法来实时设计不同扫描区域间的分割路径。该方法能保证每一层的区域分割路径都是各不相同的随机曲线，从Y、Z两个方向看多个激光烧结区域之间都是犬牙交错的，可以显著提高连接强度，并且对于各种规则或者不规则的实体模型都具有良好的适应性，应力应变分布较为均匀，不会出现分割面形状正好与相邻模型表面完全吻合，导致扫描质量劣化的可能性，以提高最终零部件的强度。

（2）多激光振镜扫描系统负载均衡技术

由于工作面太大，单激光束的聚焦光斑质量和扫描速度无法满足要求，需要多个激光束协同工作来实现大工作面扫描，但简单地将加工区域划分成多个等面积的区域无法实现多个激光器工作负载的一致性，存在几个激光器工作完成后等待另一个激光器工作完成的情况，且对于微小细节，受振镜扫描系统加减速性能的影响，简单划分成多个区域扫描加工效率不一定比单激光器高。因此该团队采用负载均衡方法，以均匀分配各个激光束的任务，达到最高的扫描效率。该方法采取基于切片轮廓快速布尔运算的方法将待成形切片划分为多个区域，通过对工作路径建模实现激光扫描装置的工作负载实时预估，然后针对实体模型局部连续性的特点，提出非线性预测结合二分检索等方法，对各种复杂的实体模型，对每个切片层只需要平均2次以内猜测即可在多激光束装置重叠扫描区域中找到最优化的分割路径，确保激光扫描装置实时负载均衡，提高了堆积效率，且粉床温度场分布也更加均衡，由此可进一步提高SLS装备成形的质量与效率。

（3）多点控温技术

SLS装备工作缸的立体均匀预热是保证构件精度的关键因素之一。在1.7 m×1.7 m台面内各个区域的预热及散热条件差异很大，如果采用单一控温或者分少数几个特征区域控温，整个工作面的预热温度差异将会很大，从而影响构件精度甚至完全无法成形。分析整个预热温度场的预热及散热条件，提取台面内的关键点及特征点，对其预热温度分别进行测量；同时将预热元件进行合理细分，对不同的区域可以进行独立预热。在以上基础上，对各个独立的测温及预热系统进行合理整合，使其又能协同预热，以达到整个预热温度场的均匀性。同时对整个缸体进行保温隔离以及多点预热，保证成形过程中工作缸的立体温度场的均匀性。

（4）受控降温技术

在 SLS 成形过程完成后，一般需要冷却后才能将构件取出进行后续处理，其在冷却过程中如果各个方向冷却速度不均匀，构件将翘曲变形，影响其精度甚至报废。因此，必须摒弃传统的自然冷却方式，对 SLS 构件的整个冷却过程进行监控，对冷却速度较快的方向进行温度补偿，同时对整个 SLS 构件的冷却速度进行调控，保证其均匀冷却，抑制翘曲变形现象的发生。

3. 新材料

（1）用于熔模铸造成形的聚苯乙烯基粉末材料

SLS 粉末材料理化性能不仅影响构件的精度和强度，还影响后续的铸造工艺。针对精密铸造技术对熔模的使用要求，以低分子量聚苯乙烯为主要基体，加入了助分解剂、流动助剂、光吸收剂等助剂，配制熔体黏度较低、灰分少的聚苯乙烯基粉末。通过降低聚苯乙烯材料的分子量，降低激光烧结时材料的熔融黏度来提高激光烧结速率，从而可使 SLS 构件的强度得到提高。

（2）用铸造砂型（芯）成形的酚醛树脂覆膜砂材料

现有的酚醛树脂覆膜砂及其制备工艺都是针对传统模具压制成形方法而开发的，其 SLS 构件（后固化前）的强度偏低，一些精细结构在清粉、转移等后处理工序中容易损坏，而且大型件更容易断裂。主要是由于极短的激光扫描时间内，酚醛树脂无法完全固化交联。为此，该团队在酚醛树脂覆膜砂中加入了环氧树脂及炭黑粉末。环氧树脂的固化活性高于酚醛树脂，炭黑可增加对激光的吸收率，因此可提高在激光极短作用时间内的固化程度，从而提高 SLS 构件的强度。

4. 工艺控制软件

（1）多束激光智能工艺与控制软件

主要针对由于 CAD 模型大型化、高精度化及多激光控制引起的软件架构变化、数据量激增、多光路不易校准等问题，研发出适合多激光的大型 SLS 装备的软件（图 1）。

1）柔性软件架构。基于软件体系结构 + 可装配的软件构件技术，构造可不断演进式发展的大型软件架构。支持 SLS 技术在多年不断发展中对软件技术产生的各项已知与未知需求的实现，确保软件模块接口具备足够健壮的柔性，未来发展的各项新功能、新工艺不会产生软件全局性的变动。

2）多束激光扫描与区域功率检测、匹配、校正算法。多束激光 – 振镜扫描系统对机械、光路的安装、调试带来极大的困难，微小的误差将严重影响最终构件的尺寸精度、表面质量

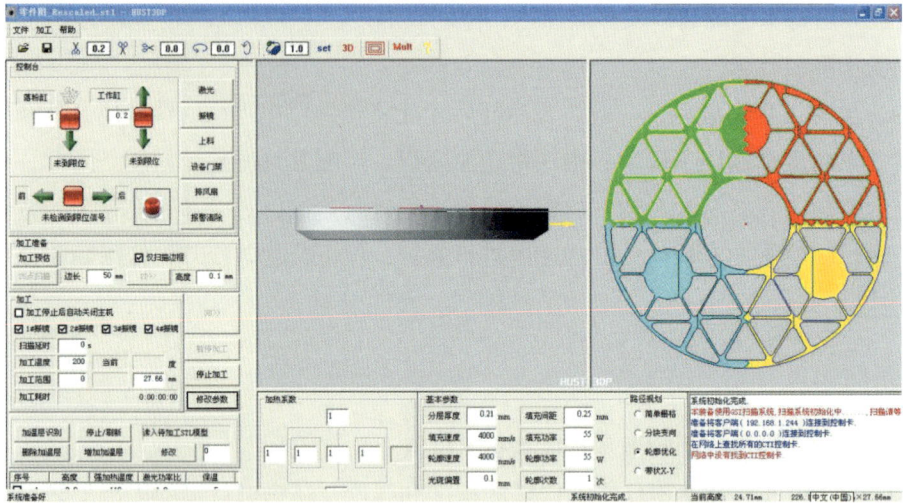

图 1 面向大数据、多激光协同扫描的 SLS 软件用户界面

与连接处的物理性能。为此，该团队引入软件校正机制，在机械、光路基本调试完毕的基础上，基于该团队设计的专用机器视觉检测装置的测量，对多束激光–振镜扫描系统中扫描平面、位置拼合、光斑聚焦缺陷进行软件校正，从而显著提高最终构件的质量，且大大降低了人工进行机械、光路调试的复杂度与工作量。

3）大型三维模型快速拓扑重构与容错分层切片算法。大型高精度的构件需要数百万乃至更多的三角形面片来表示，并且模型在设计时可能会引入多种影响成形工艺的错误。针对现代计算机内存容量巨大的特点，该团队采用空间换时间策略，基于哈希表技术设计一种达到线性时间复杂度的三维模型拓扑重构算法及容错分层切片算法。实现大型高精度模型的快速导入与快速处理，为后序的各项数据处理提供完整、无需二次重构的模型结构与分层信息。

（2）加工过程的智能检测

由于铺粉棍对 SLS 烧结区域的摩擦力因素，SLS 装备在成形过程中存在一定的细节特征损伤问题，构件的细微特征结构有微小的概率被铺粉棍刮伤，如果不及时采取措施，该微小损伤将逐步蔓延导致整个构件的加工失败。这是 SLS 装备的固有特性，只是在加工小型、简单构件时表现不明显。但当构件尺寸增大或同时加工多个构件时，模型体积呈三次方增长，该损伤概率将急剧增大，严重影响构件的整体成功率。采用高温机器视觉技术，在加工过程实时监控激光扫描烧结区域，识别粉床上的烧结区域、铺粉区域与异常区域，当感知到细节损伤（粉末烧结区域与加工区域不重合时）后能实时改变加工工艺路径，回避该细节特征的继续烧结成形，以避免局部的损伤影响全局成形。从而可显著提高大型构件的成功率，并使得装备的无人监控成为可能。

三、经济效益和社会效益及推动行业技术进步的效果

该团队相继研制出 1.2 m×1.2 m、1.4 m×0.7 m、1.7 m×1.7 m 的大型 SLS 装备（图 2），是目前世界上得到实际应用的最大工作面的 SLS 装备，前述 SLS 装备均由该团队产业化基地武汉华科三维科技有限公司实现产品化（图 2）。

随着航空航天、汽车等领域高端装备对性能要求的不断提高，其关键零件向复杂化、整体化方向发展。铸造是复杂金属零件成形的主要方法，但其传统模具工艺难以甚至无法整体成形复杂铸造型（芯）；增材制造可成形任意

图 2 自主研制的 1.7 m×1.7 m 工作面 SLS 装备

复杂结构，但在直接制造金属零件时存在材料种类有限、性能难控制等突出问题。为此，史玉升团队提出基于激光选区烧结（SLS）增材制造的复杂零件整体铸造新思路，即利用工艺优化设计的 CAD 模型，采用 SLS 整体成形复杂的铸造用熔模、砂型（芯）和陶瓷芯，创新铸造过程调控方法，以实现高性能复杂零件的整体铸造。其整体思路如图 3 所示。

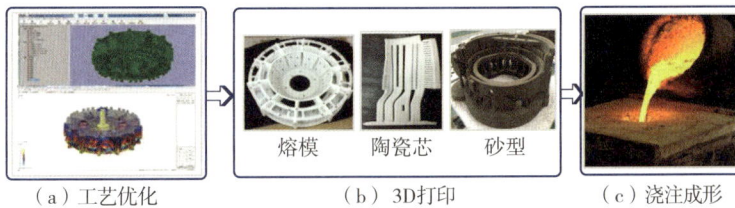

（a）工艺优化　　　　　（b）3D打印　　　　　（c）浇注成形

图 3 高性能复杂零件的整体铸造思路

利用图 3 的思路，该团队创建了高性能复杂零件的增材制造—铸造整体成形成套技术，成功应用于航空航天、汽车等领域的镍、钛、镁、铝、铁等合金复杂零件的整体铸造（图 4），如：多套型号航空发动机和飞机钛合金铸件的整体铸造，多套型号航空发动机和传动系统铝镁合金机匣类铸件的整体铸造，航空发动机高温合金空心叶片的整体铸造，运载火箭液氧煤油发动机及重型运载发动机的高强不锈钢涡轮泵壳体零件的整体铸造，汽车发动机薄壁轻质、高功能集成度（轻量化、功能化）缸体、缸盖的整体铸造等。为传统铸造业的转型升级提供了新的技术手段，对社会经济发展和科技进步起到了显著的推动作用，主要体现在：

（1）由面向工艺的设计向面向性能的设计转变。零件设计过程几乎与其结构复杂性无

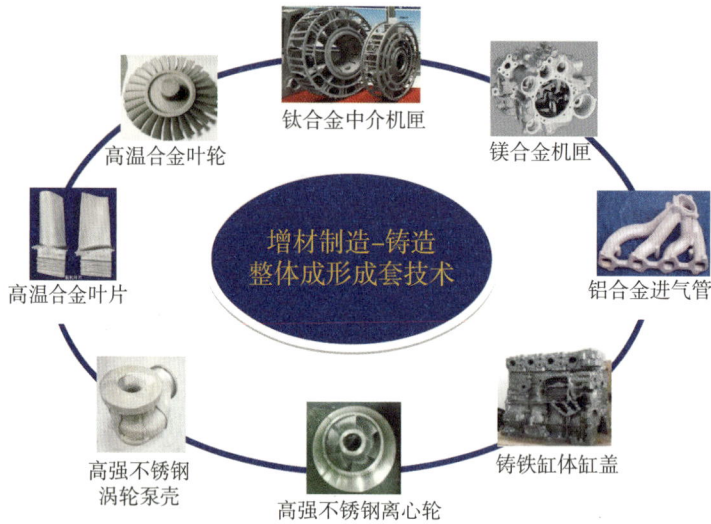

图4 镍、钛、镁、铝、铁等合金复杂零件的整体铸造

关，可实现面向性能的自由设计，这是传统设计方法无法比拟的。设计人员不再受传统铸造工艺和资源的约束，在零件性能最优的理念下，追求"创造无极限"。

（2）由拼接制造向整体或少无装配制造转变。增材制造技术改变了传统铸造工艺对复杂零件分体铸造再拼接的思路，能够整体铸造出复杂金属零件，减少了装备的零件数量和装配工作，不但实现高性能和轻量化的装备设计目标，也使其安全性和可靠性随之提高。

（3）由传统铸造模式向新的铸造模式转变。增材制造技术将改变传统大规模铸造方式单纯追求批量和效率易导致产品供过于求的弊端，实现"设计即生产"和"设计即产品"等个性化铸造模式。

1）熔模铸造案例（图5）。

铸件特点：航空发动机钛合金中介机匣尺寸直径 1.2 m，最小壁厚 3 mm。

应用效果：实现了整体铸造，缩孔缩松缺陷从 90% 降低到 20% 以内，熔模铸造效率较传统工艺提高了 6 倍以上。

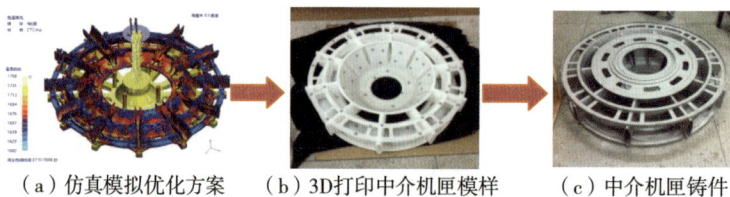

（a）仿真模拟优化方案　　（b）3D打印中介机匣模样　　（c）中介机匣铸件

图5 航空发动机钛合金中介机匣的熔模铸造

2）砂型铸造案例（图6和图7）。

铸件特点：汽车蠕铁六缸柴油发动机缸盖外形最大尺寸超过 1072.19 mm，最小壁厚 5 mm。

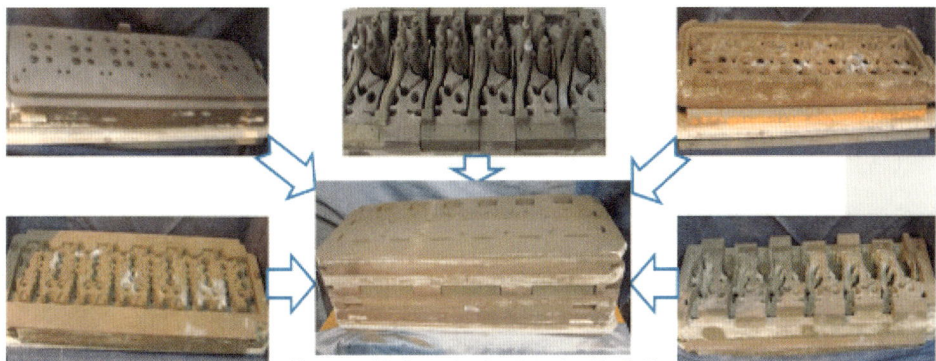

图 6　使用 SLS 装备成形的大型发动机缸盖砂芯
（长 × 宽 × 高：1072.19 mm × 397.42 mm × 221.90 mm）

图 7　铸造成功的六缸四气门发动机蠕铁缸盖

应用效果：铸造周期由原来的约 5 个月缩短至 20 天以内。

四、主要成果

该团队在 SLS 装备、材料、工艺以及应用方面取得的研究成果获 14 项国家发明专利授权，见表 1 所列。共发表学术论文 256 篇，其中被三大索引收录论文 119 篇，相关成果获国家技术发明奖二等奖、国家科技进步奖二等奖、湖北省科学技术进步奖一等奖、教育部自然科学奖二等奖、湖北优秀专利奖，世界最大 SLS 装备入选 2011 年中国十大科技进展，相关获奖情况列于表 2 中。

表1 已获得的与本项目相关的发明专利

知识产权名称	类别	国别	授权号
快速成形自动送粉系统	发明专利	中国	ZL200710053667.8
一种振镜式激光扫描系统	发明专利	中国	ZL200810048011.1
一种粉末材料快速制造系统	发明专利	中国	ZL200710053668.2
用于选择性激光烧结的共聚物基粉末材料及其制备方法	发明专利	中国	ZL200710051795.9
一种尼龙覆膜陶瓷粉末材料的制备方法	发明专利	中国	ZL200610018754.5
一种激光烧结快速制造材料的制备方法	发明专利	中国	ZL200610125222.1
用于选择性激光烧结成形的覆膜砂及其制备方法	发明专利	中国	ZL200710051863.1
一种黏土增强尼龙选择性激光烧结成形件的方法	发明专利	中国	ZL200510020015.5
一种塑料功能件的快速制造方法	发明专利	中国	ZL200310111572.9
一种陶瓷型芯快速成形制造方法	发明专利	中国	ZL201010222794.8
一种金属/陶瓷激光烧结零部件的后处理方法	发明专利	中国	ZL201010192061.4

表2 成果获奖情况

成果名称	奖励名称和等级	奖励时间
复杂零件整体铸造的型(芯)激光烧结材料制备与控形控性技术	国家科学技术进步奖二等奖	2019年
高性能复杂零件的增材/铸造复合整体成形技术及应用	中国机械工业科学技术一等奖	2015年
选择性激光烧结成形装备与工艺	国家科学技术发明二等奖	2011年
世界最大激光烧结快速制造装备	中国十大科技进展	2011年
一种粉末材料快速成形系统	湖北优秀专利奖	2009年
高分子制件选择性激光烧结成形关键技术的基础研究	教育部自然科学奖二等奖	2006年
粉末材料激光快速成形技术及应用	湖北省科学技术进步奖一等奖	2005年

五、当前存在的主要问题和展望

随着构件尺寸的进一步增大,需要设计和制造更大型的SLS装备,并研究其高精高效成形工艺。因此需要设计和研制超大工作面的重型SLS装备,其中需要解决的关键技术难题包括:研究阵列式多激光扫描技术,以满足大范围高精高效扫描;研究多核多工作站大数据并行处理技术,以满足超大型复杂构件三维模型的快速运算处理;研究在线视觉自动测量矫正技术,以保证零件成形精度;研制新型高强度材料,以满足超大型构件的强度;研究超大型

SLS 装备自动化技术以满足超大构件后处理要求。

随着航空航天、船舶、军工等领域重要零件进一步大型化复杂化，要进一步增大工作面尺寸，一次整体成形大型构件，提高堆积效率。但是随着 SLS 装备工作面增大，现有多激光 SLS 装备扫描系统焦距变长，激光聚焦光斑尺寸随着焦距变长而成比例增大，当增大到一定程度时就无法满足成形需求。因此需要在一台 SLS 装备中集成更多的扫描系统来满足更大范围的扫描要求。同时随着构件更大型化，其对应的三维模型数据处理量成级数增加，现有数据处理软件效率极低。为此，需要开发多核多工作站并行处理方法来满足数据快速处理需求。

案例 10

智能化远程服务系统在工业炉设备上的应用

沈阳东大三建工业炉制造有限公司

　　运用精细化管理平台可以帮助企业实现设备状态精细化管理、能耗精细化管理和健康精细化管理，最终实现降低设备能耗、提高设备安全、降低烧损、强化人员管理并减少故障发生的功能。通过精细化管理平台系统可以对铝合金熔化炉运行数据进行实时采集，通过数据分析及预警提高设备自动化控制水平，实现铝合金熔化炉运行状态的实时监控，实时优化设备的运转状态。

一、导言

2015 年，中国政府提出"中国制造 2025"计划，其中"智能制造工程"作为该计划的五大工程之一，具有重要战略意义。"智能制造工程"提出要紧密围绕重点制造领域关键环节，开展新一代信息技术与制造装备融合的集成创新和工程应用。在此国家战略指导下，结合目前国家及客户对安全生产、环保生产、节能生产更为严格的要求，东大三建工业炉制造有限公司以"中国制造 2025"为契机，抓住机遇，在东大三建传统的铝屑前处理和铝合金熔化炉这一铝合金部件生产线上建立了智能化远程服务系统，提升东大三建产品的智能化水平，为客户带来更有价值的产品和服务。

这套智能化远程服务系统的铝合金部件生产线成套设备包含基于安全监控平台的 IDEX® 铝屑前处理系统和基于精细化管理平台的铝熔化炉，可以灵活应用于铝合金部件生产企业，填补了国内市场空白。

智能化远程服务系统（图1）从设备上采集实时数据，通过云平台对数据进行分析和上传到云端，在云端进行应用开发，在手机端和电脑端查看。同时也能够通过云端实现远程协助，根据设备健康状况提供现场服务。智能化远程服务系统包括设备精细化管理平台、现场相关的设备维护服务，以及节能技术改造等，实现系统运行在线优化、异常预测、实时监控、数据分析的一站式服务，帮助企业提高运行水平、降低设备能耗、强化人员管理、减少故障发生，为工业能源系统提供低成本高效的智能化解决方案。

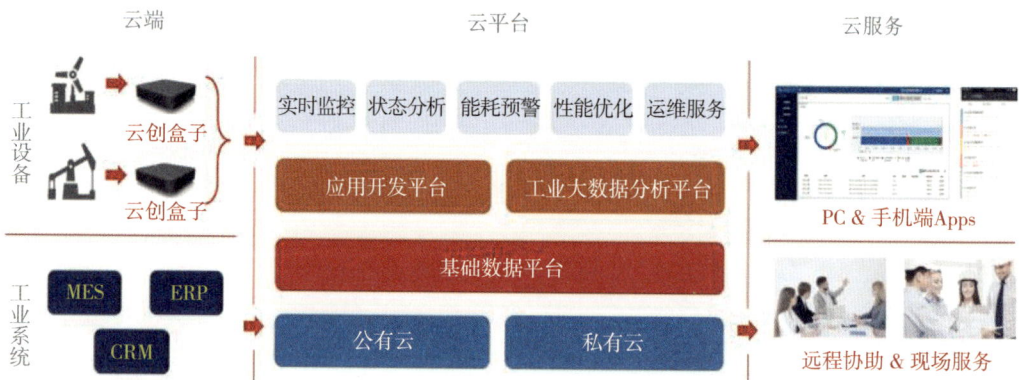

图 1　云创工业系统智能优化平台

二、基于安全监控平台的 IDEX® 铝屑前处理系统

IDEX® 铝屑前处理系统是用于在汽车铝合金零部件加工过程中，采用间接加热方式，将

回转窑中附在铝屑表面切屑液中的水分、油脂等物质去除，回收再利用铝屑的关键设备。作为新型节能设备，IDEX® 铝屑前处理系统采用热风循环型回转窑，采用热风循环量控制回转窑内温度。回转窑由外筒和内筒构成，内筒将再燃炉产生的热气重新引入窑内，在窑内铝屑出口侧喷出，然后逆向流动，与窑内铝屑充分热交换，对其进行加热、干燥。回转窑内产生的烟气，通过循环风机进入再燃炉燃烧掉。在再燃炉内燃烧掉的一部分烟气作为热源再次进入回转窑内对铝屑进行烘干，剩余烟气经旋风除尘器排到大气中。

回转窑特殊的构造和功能使其对密封性及窑内温度精确度要求非常高，传统的监控温度报警的手段并不能完全满足其安全要求。通过对正常工况下的 IDEX® 铝屑前处理系统各部位温度曲线的观察，由于来料不均匀会引起不规则的温度波动，采用普通方法无法判断波动是否属于正常工况。因此东大三建在 IDEX® 铝屑前处理系统上设置了一套在线异常诊断系统的安全监控平台。通过建立针对所有温度监测点的异常预测模型，从设备采集实时的数据，通过云创盒子，对数据进行分析和上传到云端，在云端进行整理分析，客户可以通过手机端或电脑端实时了解设备运行的健康状态，同时也能够通过云平台实现远程协助，根据设备健康状况提供现场服务，发现异常时通过手机端推送至现场操作人员及时解决问题。与控制系统联动，实现 IDEX® 铝屑前处理系统安全无人化操作。

通常情况下可以将 IDEX® 铝屑前处理系统整个工作过程分为几种不同的工况，如正常投料、停止投料、刚刚清扫完成等。而用来检测模型的标准测试数据包括：各温度阶跃变化、各温度趋势剧烈变化、炉压、风机频率、挡板开度等。通过在以上几种工况下获取的标准测试数据来确定 IDEX® 铝屑前处理系统正常运转的数据范围，采用 LSTM（Long Short-Term Memory）模型（图 2）模型系统识别正常工况下，对回转窑入口温度、回转窑出口温度、回转窑压力、循环风机频率、进出料阀状态等进行预测，通过实际运行获得的实际数据与预测值进行对比，结果完全一致。

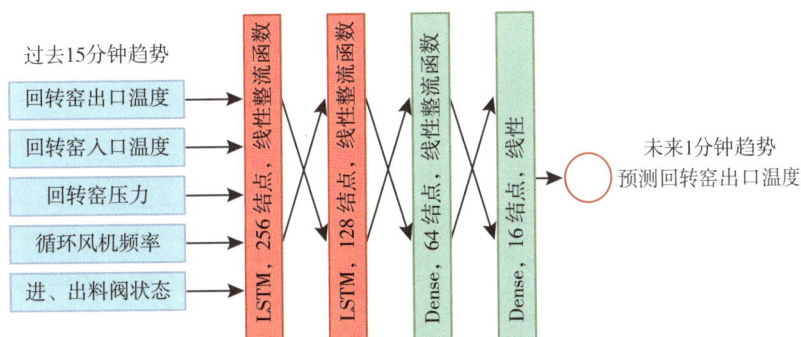

图 2　LSTM 模型建模方法

三、基于精细化管理平台的铝合金熔化炉

铝合金熔化炉在铝合金压铸生产环节中是非常关键的设备，同时也是能耗最大的设备。铝合金熔化炉设备对提高生产效率、降低生产成本、合理利用能源、实现安全生产有着决定性的影响。通过精细化管理平台系统可以对铝合金熔化炉运行数据进行实时采集，通过数据分析及预警提高设备自动化控制水平，实现铝合金熔化炉运行状态的实时监控，实时优化设备的运转状态。

东大三建铝合金熔化炉上运用的精细化管理平台可以帮助企业实现设备状态精细化管理、能耗精细化管理和健康精细化管理，最终实现降低设备能耗、提高设备安全、降低烧损、强化人员管理并减少故障发生的功能。

东大三建铝合金熔化炉精细化管理平台主要分为三大部分：

（1）状态管理。包括状态快照（快速查看设备运行主要参数，分析设备运行状态）、实时监测（远程查看监视设备的运行和控制参数）、操作记录（完整记录和分析现场人员对设备的每次操作）、统计图表（生产数据、能耗数据、报警数据、运行数据的统计分析）。

（2）能耗管理。包括能耗报告（详细分析设备在每班运行的能耗情况，找出优化改进点）、数据记录（记录每班的生产数据和能耗相关数据）、能耗预警（能耗状态实时分析，能耗异常实时推送给现场人员）、异常报警（设备报警实时推送，故障诊断帮助现场人员快速解决问题）。

（3）健康管理。包括智能拍摄（通过现场摄像头，实时查看或追溯现场人员的工作情况）、维护保障（TPM 巡检工单、预防性维护计划、设备维保数据统计分析）、管理设置（能耗预警管理、异常报警管理、人员班组管理）、远程协助（发生难以解决的问题时，随时求助云创专家）。

1. 状态管理

精细化管理平台最核心的功能是状态快照（图 3），与报警系统和预警系统深度整合，自动截取铝合金熔化炉异常发生时刻的全部运行参数，包括温度、压力、燃烧状态、炉门开启状态、塔盖开启状态、甚至 PLC 内部软继电器的状态全部抓取下来，帮助用户快速定位问题点；同时还需计算出上述所有数据的二阶特性，对模拟量而言就是变化率，对数字量而言就是持续时间，从而能够反映设备在这个时刻的动态特性。将这些所有的数据都储存在同一维度下，能够完整地反映出设备在此时此刻的运行状态。在此基础之上，可以继续深度挖掘铝合金熔化炉在发生异常状态之前的运行情况与运行参数的变化趋势，分析问题原因。

图3　状态监测界面快照及状态预测

除此之外，在设备状态快照的基础之上，状态管理功能还可以对设备的运行进行预测（图4）。东大三建采用人工智能的方法代替基于机理模型的传统预测方法，对报警和预警的状态快照数据与状态分析数据进行学习，实现故障诊断和故障预测，可以得到十分好的效果，确保设备安全可靠的运行。

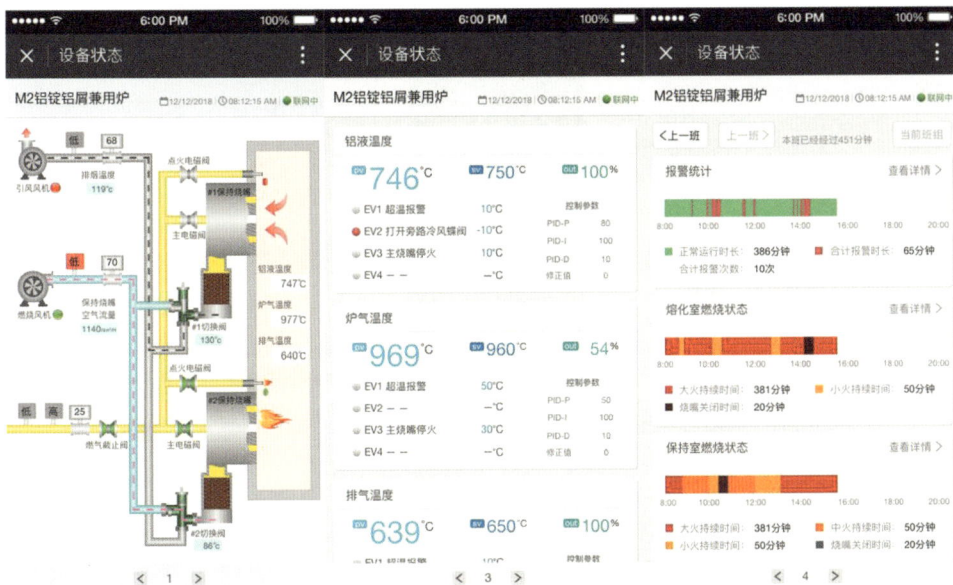

图4　状态实时监测结果

2. 能耗管理

有了设备各个时刻的状态快照，首先能够对设备能耗特点进行分析。针对铝合金熔化炉而言，运行状态实际上都是不连续的，比如塔盖打开的时候与正常熔化保持的时候，就是完全不同的两种状态，影响能耗的因素也不同。所以得到设备状态快照以后，首先要对快照进行主成分分析，识别出各处于什么状态，通过相关性分析降低数据的维度，再针对能耗进行敏感性分析，进行实时能耗计算和监测，通过敏感性分析算法得出影响当前能耗的最大因素，进行有针对性的改善。还可以采用智能学习状态分析法预测未来时段的能耗，并确定主要预警参数。此外还可以对运行参数与运行状态进行实时监测，一旦发现能耗异常的前兆，立即采用多种方式通知现场人员。并且与状态快照深度整合，现场人员能随时查看预警发生时设备的运行状态，及时调整优化运行。图5是故障专家诊断系统，图6是能耗预警报告，图7是异常报警案例。

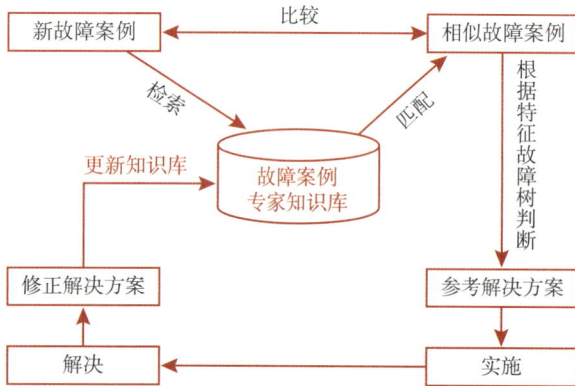

图 5　故障专家诊断系统

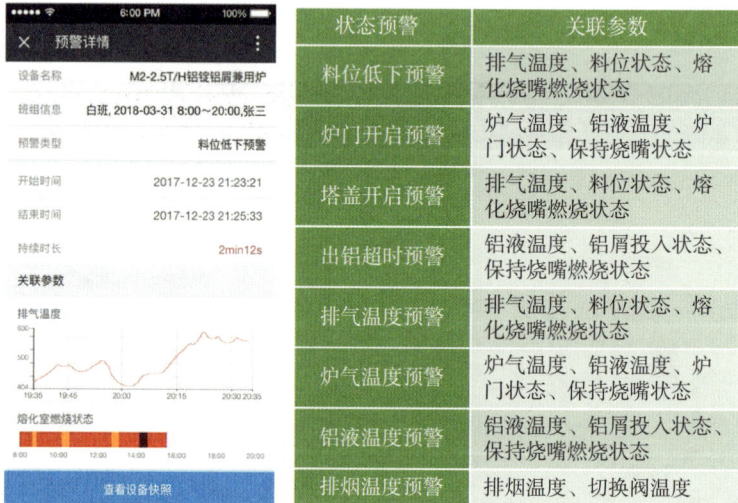

图 6　能耗预警报告

状态预警	关联参数
料位低下预警	排气温度、料位状态、熔化烧嘴燃烧状态
炉门开启预警	炉气温度、铝液温度、炉门状态、保持烧嘴状态
塔盖开启预警	排气温度、料位状态、熔化烧嘴燃烧状态
出铝超时预警	铝液温度、铝屑投入状态、保持烧嘴燃烧状态
排气温度预警	排气温度、料位状态、熔化烧嘴燃烧状态
炉气温度预警	炉气温度、铝液温度、炉门状态、保持烧嘴状态
铝液温度预警	铝液温度、铝屑投入状态、保持烧嘴燃烧状态
排烟温度预警	排烟温度、切换阀温度

能耗异常报警的功能特点主要有：报警实时推送、报警详情记录、报警状态分析、报警原因诊断、快速处理建议、解决方案记录、远程协助支持、实时状态分析、报警预测推送。

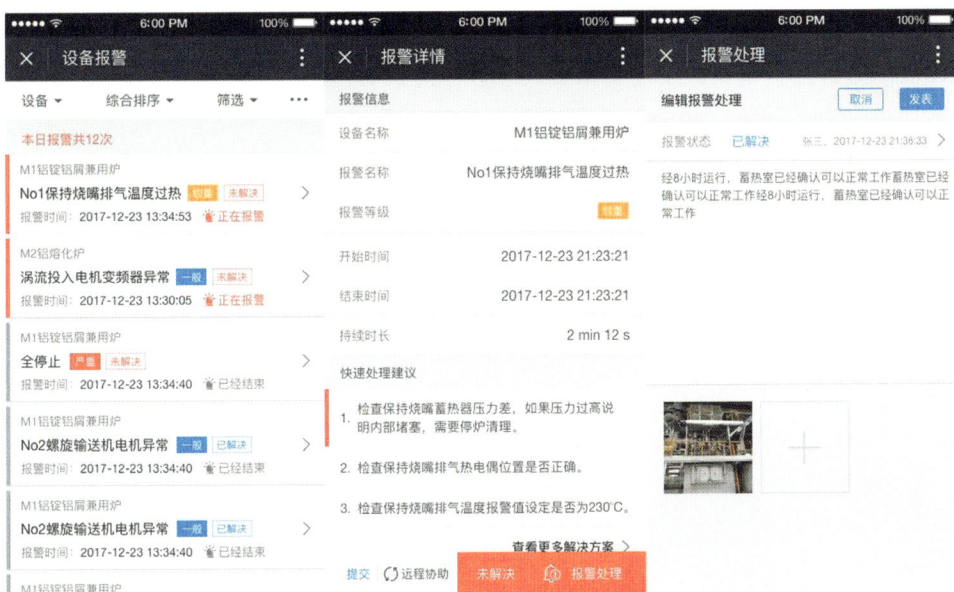

图 7　异常报警案例

能耗管理功能还可以生成能耗报告，能够让客户更直接和客观地了解设备能耗动态情况。主要包括：生产指标（材料投入、铝液产出、燃气消耗、铝液单耗、烧损率、热效率等）；运行指标（运行操作、能耗预警、异常报警的统计、分析与评价）；能耗报告可以自动生成、定期发布，帮助客户全面及时了解设备的运行情况、出现的问题、能耗水平，以及优化空间。

此外还可以全时段、多维度运行能耗分析，帮助客户轻松找到节能点；最后还可以进行同期对比、趋势对比、历史最优运行班组对比，为客户提供运行改进参考与运行考核依据。

3. 健康管理

健康管理主要包括智能拍摄、维护保障及远程协助三部分内容。

（1）智能拍摄的功能特点：手机端可以远程访问现场高清摄像系统，随时了解现场情况；根据设备的关键操作及运行状态，自动拍摄并记录现场状况；报警追溯、操作追溯、事件追溯。

维护保障的功能特点：数字化 TPM 巡检，基于移动端与设备二维码扫描的维修保养，巡检任务和巡检内容自动分配，可以完全代替原来纸制工单巡检方式。点检内容采用数字化管理，便于统计分析与跟踪异常处理。

（2）自动维护计划，根据日期、运行时间、使用次数、设备警报或仪表读数自动生成预防性维护工单推送和执行提醒。

（3）定期检查服务：基于精细化管理平台，东大三建的铝熔化炉设备可以定期为客户设备提供标准化的检查与设备健康评估报告，充分保障设备可靠性与运行安全。

远程协助的功能流程：故障发生后，现场监测人员可填写故障信息，发起申请，远程诊断中心的专家受理申请后首先会进行电话沟通，与历史数据进行比对分析，进行远程PLC诊断，查找故障原因，解决故障，故障解决后还可将解决方案录入专家系统。

远程诊断中心的专家配置都是具有铝熔化系统设计运行经验的专家和工程师；采集记录每台设备每一秒钟的关键性能指标；按照沟通计划安排向监测诊断中心人员和客户发出自动示警信号，这些功能补充了生产企业技术人力的不足，全部故障问题"只需一个电话"。

四、展望

东大三建以"制造强国战略"为契机成功开发了铝合金熔炼设备用智能化远程服务系统，该系统弥补以往设备只监控、显示的功能性不足，填补国内该领域空白。客户可通过这套智能化远程服务系统进行设备的安全预警提高安全性、预测高能耗点，并提前介入进一步降低能耗实现节能减排。

该远程服务系统不仅应用于熔炼设备上，还可用在东大三建的铝合金热处理炉等炉型以及客户车间所有大型及高能耗设备上，实现低能耗、低排放的安全、稳定生产。在未来高智能化管理体系下的设备可实现无人操作，车间只需管理人员在集控室监控画面，正常的故障系统自动处理、恢复，管理者只需查看、核实。一旦出了较大故障时管理人员去现场排查、解决，如遇到棘手问题可通过这套系统联络东大三建，我们可在线查找问题，并根据平台里显示的详细信息进行分析并给出最佳的问题处理意见。

超大型薄壁精密铸造数字化模范工厂

合肥工业大学

我国第一间精密铸造示范工厂于 2014 年在河南安阳正式投产，证明了超大型精密铸造技术手工生产的可行性。然而，能否将该项技术应用于国民经济各部门和产业领域，能否实现批量、规模化生产仍然是一个需要证明和验证的课题。国产首台 / 套超大型精密铸造薄壁精密制造成套生产工厂于 2016 年 10 月正式投产试用，并在此基础上，试制成功了世界首台套全铝铸造新能源汽车车身、车架及核电次级系列化空心叶片等大型精密铸件。

一、导言

该工厂由备砂、涂料、制蜡、制壳、脱化蜡、热工、熔铸、切割打磨这 8 个生产车间组成，设备总计 180 台（套），可生产长度 700 ~ 3000 mm，截面 800 mm × 800 mm 范围内薄壁铝合金超大型精密铸件，设计产能（大型结构件）达 12000 件 / 年。其中，属于国际首创的设备达 108 台（套），可申请发明专利 50 余项。

该工厂还包括废气余热利用和物料循环利用，仅废气余热利用一项，预计每年节约燃气约 500 万标准立方米，可节约人民币近千万元；物料循环利用包含散落砂回收再利用和蜡料回收再利用，蜡料回收率达 95% 以上。

二、主要创新点

2014 年 6 月 17 日，合肥工业大学与安阳强基精密制造产业园签订了"超大型薄壁精密制造成套智能化生产线"研制合同（以下简称"6·17"项目），合肥工业大学成立了"6.17"工程项目指挥部和工程项目组，承建精密制造模范工厂，开展技术方案与施工图设计、设备制造、安装、调试及试生产等工作，由此展开了数字化精密铸造成套自动化装备研制工作。

该工厂可生产长度 700 ~ 3000 mm、截面 800 mm × 800 mm 范围内薄壁铝合金超大型精密铸件。

经过两年多的艰苦努力，国产首台套超大型精密铸造薄壁精密制造成套生产工厂于 2016 年 10 月正式投产试用，并在此基础上，试制成功了世界首台套全铝铸造新能源汽车车身、车架及核电次级系列化空心叶片等大型精密铸件。

三、技术和产品

1. 工艺过程

熔模精密铸造工艺流程见图 1，共有备砂、制浆、制蜡、制壳、干燥、脱化蜡、焙烧、熔铸、割磨及后处理等工部，共计 40 多道工序。工部间的物流转运采用了自动地轨转运车与卷帘门等方式，实现了不同工部间的相对隔离，满足不同的工部环境的相对稳定要求。

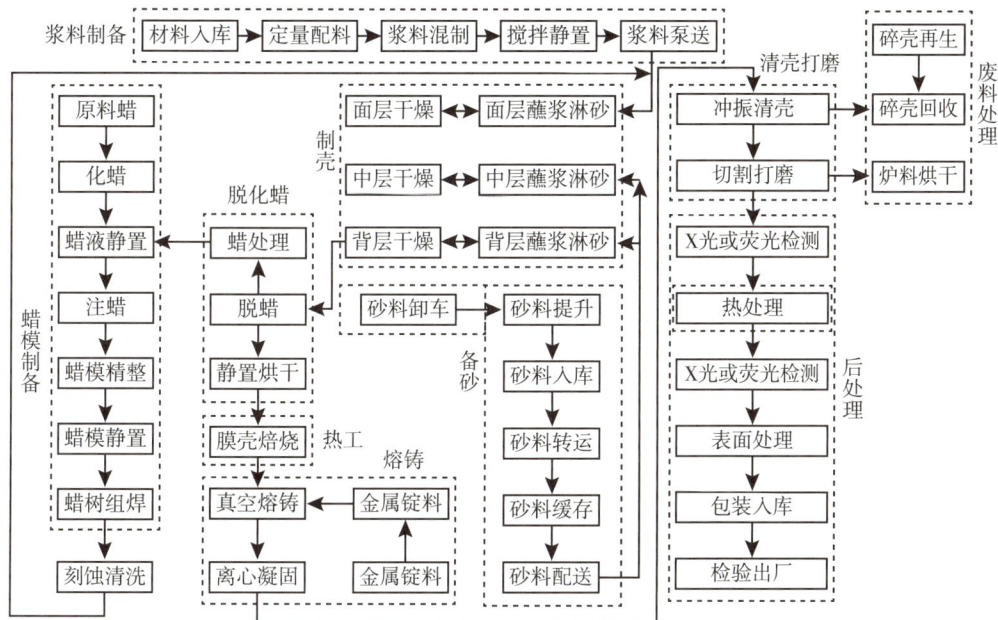

图 1　典型精密铸造工艺流程图

2. 技术特点

数字化精密铸造以系统生态设计技术为核心，制造大型、薄壁、复杂精密铸件以及各类一体化设计成形组件，其核心内容如下。

（1）产品最大限度地突破工艺对设计的壁垒，解放设计思想，解决设计与制造的一体化问题。基于该技术，已经能够解决军品民品产品的大幅减重，提高结构固有品质的产品需求。

（2）工艺以失蜡熔模精密铸造为核心手段实现产品"精""密"的制造技术工艺体系，包括贯穿整个制造流程中的 140 余项专利技术。

（3）装备拥有包括但不限于一系列专利装备：压蜡机、蜡件检测系统、蜡件抗变形物流系统、淋浆淋砂机、模壳风干系统、脱蜡釜、蜡回收调质系统、浇注釜、凝固控制炉、热处理炉。

该技术是目前国内外技术水平最先进的精密铸造工艺，以失蜡熔模成型工艺为核心基础，探索了数百项"微创新"。

3. 工艺核心

工艺核心是"精""密"，"精"体现在产品外观和精确程度，"密"体现在产品内在、品质高低和一体化合成、紧凑、复杂的结构，它包括有蜡型制备技术、模壳制备技术、金属浇注和凝固控制技术等。

该工厂已为我国各国防工业集团制造了大量真"精""密"的优质金属结构零件，成功为航空、航天等行业制造了数百种"不可能"的零件产品，范围涉及近 20 个型号的导弹核心舱段、航天等多项国家重点工程项目。生产的非对称龙骨弹体模型和宇航服骨架分别见图 2 和图 3。

超大型薄壁精密铸造技术解决了"能"够满足小批量精密铸件高成品率生产的问题。生产的铝合金、铜合金、不锈钢、高温合金及铸钢精密铸件尺寸精度均可优于 CT3，内部质量均可全面超越中国 HB963、HB5480 和美国军标 MIL21180 标准。

其中，铝合金产品所实现的武器装备结构的内部质量已全面超越现行美军标 MIL21180 之 E155 的最高质量标准，尺寸精度全面达到美国精密铸造协会（ICI）最佳标准。

图 2　非对称龙骨弹体模型　　　　　图 3　宇航服骨架

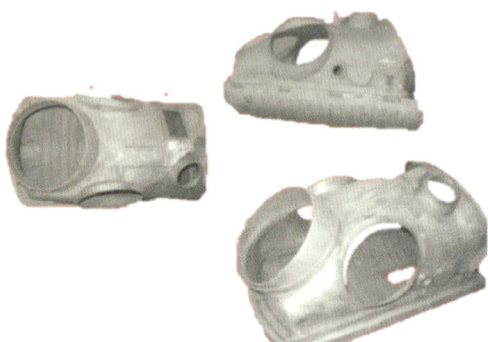

四、智能精铸工厂

该工厂由备砂、涂料、制蜡、制壳、脱化蜡、热工、熔铸、切割打磨等 8 个生产车间组成，设备总计 180 台（套）。

1. 总体方案

按照研制的方式不同，分为定制设备（联合开发）和自制设备（独立开发）两大类，其中定制设备 71 台（套），自制设备 109 台（套）。另外，通用工装 28 种，不少于 1627 套。智能精铸工厂总体方案示意图见图 4。

该工厂设计产能（大型结构件）12000 件/年。

由于工厂定位是试制和小批量生产模式，对设备柔性化提出了很高的要求，采取了大量数字化、智能化手段和措施。

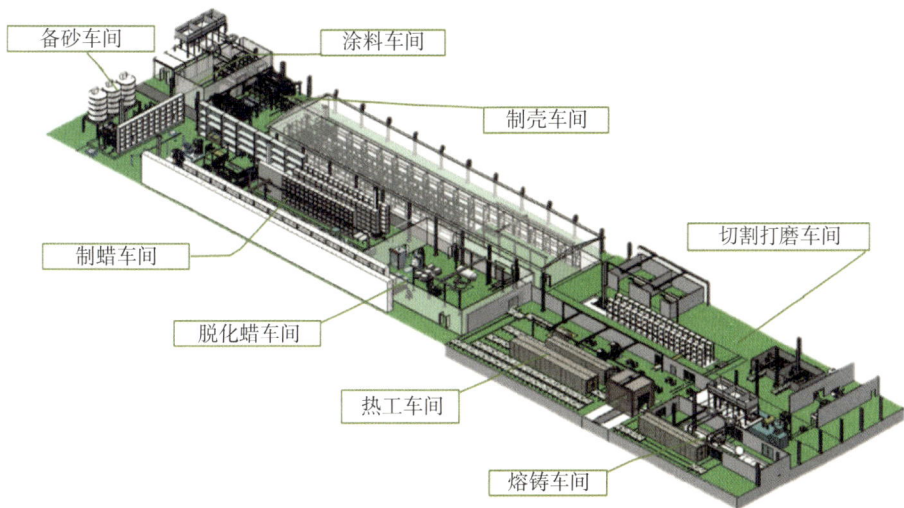

图 4 智能精铸工厂总体方案示意图

2. 废气余热利用

为了充分利用模壳焙烧和预热产生的废热烟气余热，设计选用了 1 台 4 t/h 热水锅炉和 1 台 2 t/h 蒸汽锅炉，热水锅炉用于原料蜡的热水化蜡、制蜡车间的模具加热、工厂的冬季取暖及员工洗澡等；蒸汽锅炉用于脱蜡车间的脱蜡。仅此一项，预计每年节约燃气约 500 万标准立方米，可节约人民币近千万元。

3. 物料循环利用

散落砂回收再利用：通过设置淋砂工位的散落砂溜槽、面砂、过背砂气力输送回收系统，将淋砂过程中的散落砂回收到面砂和过背砂缓存砂库中，实现砂料的回收、循环再利用。散落砂收集系统见图 5。

蜡料回收再利用：通过设置与脱蜡釜连接的蜡料真空水分离、蜡料过滤及冷却设备，将模壳脱出的蜡料再生输送到蜡料静置桶中，实现蜡料的回收、循环再利用，回收率达 95% 以上。蜡处理系统见图 6。

图 5 散落砂收集系统　　图 6 蜡处理系统

五、数字化设备

（1）数字化制蜡系统（图 7）分为主蜡样制备、辅蜡样制备、杆蜡制备及蜡样机器人组焊 4 个单元。主、辅蜡样制备采用液压数字伺服闭环控制技术，由自主设计的专用注蜡机将合格液态蜡料按照设定压蜡曲线（压力、速度等）注入恒温模具中，保证注蜡过程蜡料以层流状态流动，形成合格蜡样。

（2）数字化制壳系统（图 8）分蜡样刻蚀和清洗、沾面浆与固浆、淋砂、干燥及加固共计 7 个工序。对不同规格的工件能够实现自适应、自动数字化调整。每个工件每层模壳均需要在恒温干燥室中进行数字化脉动微风吹拂干燥。

（3）数字化脱蜡系统（图 9）分蒸汽脱蜡釜、蒸汽锅炉、蒸汽储能器及蒸汽排蜡系统、蜡回收再生系统共 5 个单元。其中，蒸汽压力和流量均采用数字化控制技术，确保在 10 s 内迅速稳定建压，实现模壳无损、快速脱蜡。蜡回收再生系统确保蜡料 95% 回收与再生，回收蜡料循环再利用。

（4）数字化加配料系统（图 10）分为炉料喷砂、预热、称重储运、合金料称重及电控系统等 5 个部分。炉料喷砂和预热单元确保金属炉料洁净、无水；数字化称重保证金属炉料重量配比准确无误，合金组分正确、有效；电控系统保证各单元设备运行平稳、可靠，并配备数字化显示。

图 7　数字化制蜡系统

图 8　数字化制壳系统

图 9　数字化脱蜡系统

图 10　数字化加配料系统

（5）数字化模壳焙烧、预热系统（图11）功能是将脱蜡后的模壳进行半陶瓷化硬化处理，经过工艺堵孔、清洗后再将合格的模壳预热到一定温度，然后快速进入浇注工序，其主要作用是在铸件浇注前，让模壳具有一定的初始温度，既提高金属液的充型流动能力，又实现金属液凝固过程中温度场的温度提升，改变传统铸造热动力平衡点，实现薄壁铸造生产。

（6）定量浇注压力凝固单元（图12）分为保温自动浇注、加压控温浇注釜两个部分。保温自动浇注完成金属液的承接、保温储运及定量浇注等工作，定量浇注采用数字化伺服控制气压浇注技术，确保浇注过程平稳、定量精确；加压控温浇注釜保证浇注后铸件在加压小环境下压力结晶、同时凝固，实现大型、薄壁铸件内部组织晶粒细化、力学性能提高。

图 11　数字化模壳焙烧、预热系统　　图 12　定量浇注压力凝固单元

（7）物流仓储系统（图13）包括3套立体式模壳干燥立库，配套恒温与恒湿系统、脉冲风循环系统等。设立模具库、蜡样工装库、水箱库及模壳加固工装库，共计7套立库系统。可实现双面层、多过渡、1个加固层及封浆层的模壳逐层干燥与储运，模具、蜡样、工装等自动储运。将模壳自动识别技术与立库储存技术相结合应用于模壳干燥工序，将模具、工装及蜡样自动化生产与立库运行一体化，均属首创。

图 13　物流仓储系统

六、应用效果和成果

1. 经济效益

该工厂投产后年销售收入超过2亿元，利税近1亿元。未来，随着市场开拓、技术提升及管理水平的提高，产能和效益会继续提高。

2. 社会效益

该工厂的建立将对当地人才队伍培养与就业、结构件轻量化加工与经济发展、精密制造与节能减排等方面起到积极的推动作用。

（1）人才培养、促进当地就业

有利于增加就业。按照产业人力资源规划，科研成果产业化将在未来五年面向社会公开招聘 300 多人，包括技术研发人员、生产工人及管理人员。同时，将根据不同岗位和发展阶段定期组织专业技能培训和管理培训，促进员工个人发展。另外，产业发展也必将带动周边加工制造业用人需求的增加。

（2）结构件轻量化加工促进当地经济发展

当地是我国乃至世界著名的工业生产基地，利用当地原材料资源，发展轻量化结构件精密制造产业，实现当地产业转型升级与增值发展。

该项目不仅能够实现超大型精密铸件的自动化生产，各行业大量传统铸件、焊接件等将被一次成形的轻量化精密铸件所替代，市场需求巨大。项目稳定运营后，每年可拉动基地所在地及周边地区 GDP 较大增长。

（3）节能减排、降本增效

在满足工艺要求的前提下，可以实现原材料的循环回收再利用，砂料经过专用的散落砂回收系统将多余的散落砂料回收输送回储砂斗再利用。蜡料 95% 以上的特制蜡料可通过脱蜡再处理后回收利用。

工业炉所产生的烟气余热再利用，实现节能减排。工业炉的燃气燃烧后产生的烟气余热经过特定的回收管网回收到余热锅炉，经过热交换系统产生蒸汽和热水。通过管道将蒸汽送往脱蜡釜，用于蒸汽脱蜡。将热水送往制蜡工序，用于加热模具和加热化蜡。暖通将热水送往车间供暖系统，用于冬季供暖。

3. 专利

已申请专利 9 项（见表 1），还有 8 项专利已被受理。

表 1　主要研究专利成果

序号	设备名称	专利类型	专利号 / 申请号	状态
1	立式蒸汽脱蜡釜	发明	ZL 2017 1 0549349.4	已授权
2	一种熔模铸造生产中的备砂系统	实用新型	ZL 2016 2 1478472.9	已授权

序号	设备名称	专利类型	专利号／申请号	状态
3	一种熔铸设备连续生产布局结构	实用新型	ZL 2017 2 0823110.7	已授权
4	一种散落砂回收系统	实用新型	ZL 2017 2 0823142.7	已授权
5	一种熔模铸造生产中主蜡样制备单元的生产布局结构	实用新型	ZL 2018 2 0621217.8	已授权
6	一种水爆捞渣回收装置	实用新型	ZL 2018 2 0621942.5	已授权
7	一种移动式蘸浆机	发明	201810394227.7	已授权
8	一种淋砂定位驱动机构	发明	ZL 2018 1 0395314.4	已授权
9	一种带升降旋转功能的翻转机	发明	201810394229.6	实审
10	熔模铸造一体化铝合金车架的制造方法	发明		已受理
11	双工位蜡杆多连杆平移输送机	发明		已受理
12	旋转式多工位蜡模恒温静置机	发明		已受理
13	一种多功能注蜡装置	发明		已受理
14	一种蜡杆夹持抓手	发明		已受理
15	一种熔模铸造制壳用防沉淀浸涂池	发明		已受理
16	一种一体式便捷注蜡机构	发明		已受理
17	一种直线多工位移动注蜡机	发明		已受理

4. 人才培养

已培养专业技术研发人员 60 余人，其中研究生 14 名、博士 1 名。

七、未来发展

数字化熔模精密铸造生产大型、薄壁、复杂结构件的技术突破为国民经济各行业带来了结构件轻量化发展新路径和新出路，产业化前景乐观。但是，有一个现实问题是只有规模系统化生产，才能充分发挥该技术的优越性，而规模系统化生产必然带来新的产业链再构与现有产业链的冲突，这本身就具有很大的挑战。所以，挑战与机遇并存。

传统熔模精密铸造在新形势下也遇到了转型升级的巨大压力，在人工成本居高飙升、降本增效及轻量化压力剧增的形势下，数字化铸造与自动化生产已经成为不可逆转的发展潮流。

镁铝合金铸件射线数字成像智能检测系统

沈阳铸造研究所有限公司

随着镁铝合金铸造技术的飞速发展，镁铝合金铸件的检测要求也越来越高。沈阳铸造研究所有限公司经过长期技术攻关，研发出镁铝合金铸件射线数字成像智能检测系统，该系统通过路径规划，工艺设计，自动获取铸件内部射线图像，利用棒阳极微焦点 X 射线源和数字图像探测器获取高质量图像，图像质量达到胶片水平，同时基于深度学习技术自动识别、评估缺陷类型和等级，降低了检测成本，提高了检测效率和质量。

一、导言

铸造是现代机械制造的基础工艺之一，铸造业的发展标志着一个国家的生产实力。据 2018 年统计，我国年产铸件 4935 万 t，其中镁铝合金铸件占比 14.5%。镁铝合金铸件广泛应用于航空航天、汽车制造、数码 3C 等领域，随着镁铝合金铸造技术的飞速发展，对镁铝合金铸件的检测技术也提出了更高的要求。目前国内的大部分厂家仍然未实现检测的数字化与智能化，检测过程消耗大量的胶片，使用胶片检测不仅成本高、管理困难、污染环境，更为重要的是难以实现检测的自动化与智能化，胶片图像中的缺陷检测仍然需要人工评判，受制于人的主观经验，铸件检测的效率不理想。

为了实现铸件的自动化智能化检测，沈阳铸造研究所有限公司联合多家装备与零部件制造单位，在检测工艺设计、检测装备设计与自动化控制、射线图像处理与智能识别等方面进行了一系列的技术攻关，成功开发出镁铝合金铸件射线数字成像智能检测系统。

二、主要研究内容

1. 铸件射线数字成像检测装备

铸件射线数字成像检测装备主要有机械系统、棒阳极微焦点 X 射线源、数字图像探测器及控制系统组成。

（1）机械系统。机械系统主要由龙门双梁式 6 轴数控伺服机械系统和移动工作组合转台组成（图 1）。工作组合转台可 360° 旋转，旋转精度 ±0.5°，最高承重 500 kg。转台上设

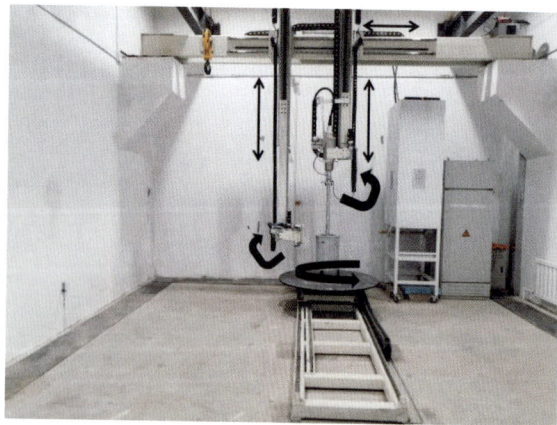

图 1　机械系统

计了能使各种形状铸件摆放的夹具，方便工件的定位。X 射线源和数字图像探测器安装于 π 型臂上，控制方式为数控伺服控制，升降臂为折叠式设计，升降行程 1800 mm，定位精度 0.5 mm。地轨采用封闭式直线导轨，最大行程 4000 mm；射线源、数字图像探测器上装有光电保护，防止撞击；数字图像探测器外壳采用铅板进行屏蔽；数字图像探测器和 X 射线机头均带有 ±15 度旋转数控云台，可以根据需要

调整透照角度。

（2）棒阳极微焦点 X 射线源（图 2）。选用微焦点 X 射线管，焦点尺寸小于 200 μm，可以提高检测图像的灵敏度和清晰度。当检测复杂、筒形零部件如航天航空发动机零部件、中空件时，如果采用标准的微焦点 X 射线管多层透照，则降低检测图像的清晰度，缺陷分析评定困难。如果将射线源深入待测工件内部，则可以实现单壁透照，同时也可以保证焦点离被检测物更近，达到更大的放大倍数。为了满足这一要求，该系统选用棒阳极微焦点 X 射

图 2　棒阳极微焦点 X 射线源

线管，射线源位于棒阳极的顶端，可以深入待测工件内部，检测普通射线源难以达到的区域，获得更好的图像质量。棒阳极微焦点射线源参数如表 1 所示。

表 1　棒阳极微焦点射线源参数

性能规格	参数
管电压	20 ～ 225 kV
管电流	50 ～ 3000 μA
最大发射功率	320 W
靶类型	P3 定向钨靶
光束垂直张角	60°

（3）数字图像探测器（图 3）。数字图像探测器作为新一代 X 射线数字成像技术的载体，其不仅可以获得与胶片图像质量相等甚至更高的数字图像，而且显著提高检测效率、降低检测成本、实现绿色环保检测。

本系统采用的数字图像探测器可达到 127 μm 的像素尺寸和 250 mm×200 mm 的接收面积，每一个像素的几何尺寸仅有几十微米，具有极高的空间分辨率和很宽的动态范围，可以发现镁铝合金常见的分散缩松和针孔类难检测缺陷。探测器最高可承受 320 kV 能量的 X 射线直接照射，工作性能稳定，动态范围可达到 16 Bit（2^{16} = 65536 灰度级），可以

图 3　数字图像探测器

一次性实现透照厚度变化大的工件的扫描成像检测。数字图像探测器具体参数如表2所示。

表2 数字图像探测器参数

性能规格	参数
成像面积	250 mm×200 mm
像素矩阵	1536×1920
极限分辨率	3.9 Lp/mm
AD 转换数位	16 bit
耐压等级	≥ 320 kV
像素尺寸	127 μm

（4）数控系统。数控系统采用中央集成式控制方式，以 PLC 为核心，控制各轴运动，伺服电机以梯形加减速模式设置保证运行平稳；系统具有手动和自动检测两种操作模式；电控设计自带稳压、缺相、磁环、紧急停止、接地等多重保护功能；同时有 X 射线开启警示、操作台和检测室内外急停按钮、X 射线锁、铅门连锁保护、铅门防夹光幕保护等。本系统具有编程模式下的自动检测功能，按照检测工件的编号，通过编程模式形成的控制工艺文件可保存零件编号、各轴运动方向、距离、运动速度和积分时间、电压电流等参数，选择合适的工艺文件，只需一键，即可按照设定的程序进行自动化图像保存和缺陷自动识别。数控系统控制台如图4所示。

图4 数控系统控制台

2. 铸件射线数字成像检测图像处理及缺陷智能识别系统

图像处理系统的作用是利用各种图像处理算法对图像进行变换，使图像更加符合人眼的观察特性，提高缺陷的检出能力。本系统开发的图像处理软件除了常规软件中包括的图像读取与保存、窗宽窗位调节、图像滤波（降噪与增强等）、几何标定、归一化信噪比测量等功能，还增加了以下功能。

（1）ASTM 缺陷参考图谱比对。ASTM 缺陷参考图谱比对功能可以将同一空间分辨率下的参考图像与检测图像进行比较，从而方便人工确定检测图像中的缺陷等级。

（2）HDR（高动态范围）显示。由于现有的显示器技术无法直接将数字图像探测器采集到的 16 位高动态范围图像显示出来，通过 HDR 算法压缩亮度范围，保留图像的对比度、亮度、图像细节等信息，可以一次显示不同厚度下的全局图像信息，避免了繁琐的手动窗宽窗位的调节，提高了检测效率。

图像处理软件界面如图 5 所示。

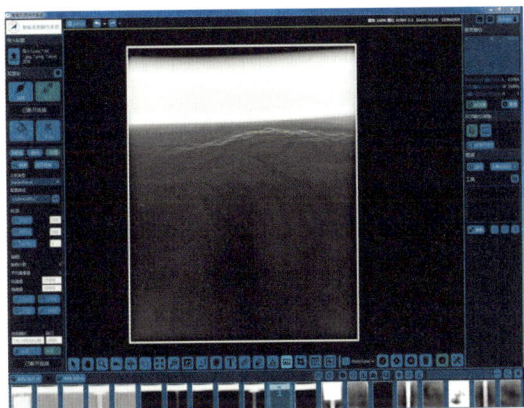

图 5　图像处理软件界面

（3）基于深度学习的缺陷智能识别。利用射线数字成像技术检测铸件缺陷，传统的方式是依靠人工评判，这种方法不仅劳动量大，效率低，而且受人的主观因素影响，常发生漏判和误判。同时，由于铸件结构复杂、薄壁多层、多封闭腔，缺陷种类和形态多而复杂，使得实现铸件射线数字图像的自动识别难度极大。鉴于此，本公司进行了长期的技术攻关，利用本公司长期积累的大量铸件缺陷图像，由经验丰富的检测人员标注，构建完善的铸件射线图像数据集，通过自研的深度学习图像识别算法，有效定位并分割低对比度、小面积、复杂形状的难识别缺陷，准确计算缺陷面积，进而对缺陷等级进行评估。智能识别效果图如图 6 所示。同时，利用自建的大规模数据集和自研的迁移学习算法，当铸件材质、工艺发生变化而导致缺陷形态改变时，仅需少量标注数据即可达到同样的精度，降低对数据量的依赖。

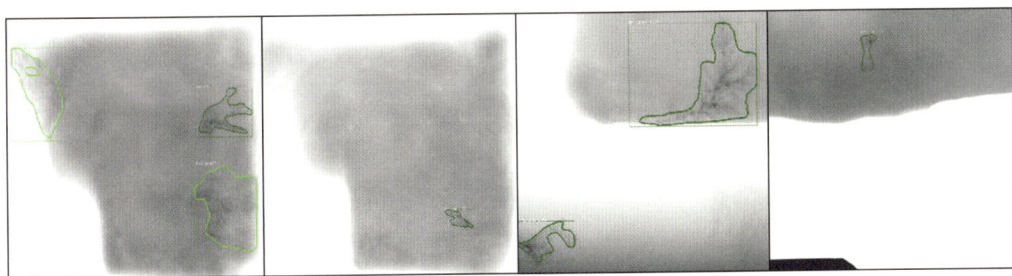

图 6　智能识别效果图

三、主要成果

在该系统的研制过程中，本公司已制定国家标准 1 项，申请发明专利 2 项，软件著作权 1 项，发表核心期刊及国际会议论文 2 篇。

四、经济与环保效益

与国外同类设备相比，每台设备可节约资金 200 余万元，使用该设备可以节约大量的胶片费用，以每张胶片 40 元计算，平均每年可节约胶片费用 240 余万元。同时，该设备可显著降低工人的劳动强度，极大提高检测效率，仅需要以前工时的十分之一。

五、展望

未来的智能射线检测系统的发展方向将会集中在以下几个区域。

（1）硬件系统柔性化。目前的射线检测设备的机械机构大多采用龙门式结构，该种结构虽然结构简单，但存在行走路径长、柔性低的特点，针对此种情况，拟研究基于工业机器人的智能化高精度的检测系统，将待测工件、射线源、数字图像探测器、检测夹具与工业机器人有机结合，打造高效、高精度、高可靠性的机器人在线检测系统。

（2）软件系统智能化。目前的缺陷自动识别和评估只是智能检测的第一阶段，下一阶段的工作应集中于搭建铸件缺陷检测云平台，可在云端进行远程智能缺陷识别，降低用户对高级检测人员的需求；与上游生产工艺数据进行联动，将铸件中缺陷的数据与铸造工艺参数形成闭环反馈机制，赋予铸件射线检测系统更高的智能。

摩托车轮毂智能生产工厂

浙江万丰科技开发股份有限公司

项目通过车间生产加工工艺装备与生产线物流设施的全面自动化建设与柔性智能化提升，形成高强韧铝合金轮毂产品年产 300 万件的车间综合能力。通过工艺装备的数字化、车间管控的集成化和加工 / 检测与生产决策的智能化，实现基于连续流自动化生产和全流程数字化集成的轮毂产品车间智能制造新模式，引领行业智能制造技术发展与应用。

一、导言

按照国家制造强国战略的总体布局和《中国制造2025》的行动部署，积极践行"供给侧改革"，瞄准铝合金车轮产业国家重大战略需求和产业发展制高点，以智能制造为技术驱动，依托项目联合体开展产、学、研、用协同创新，攻克一批对产业竞争力整体提升具有全局性影响、带动性强的核心技术，全面实施智能化改造提升，达到产品不落地、无人化操作的生产模式，建成国际先进、国内首家铝合金车轮混线柔性化生产智能工厂，实现"计划调度、安全环保、能源管理、装置操作、IT管控"五个领域的智能管控，以及企业经营、管理和决策的智能优化和生产一体化协同优化，推动企业从传统的产品供应商向铝合金车轮智能制造解决方案服务商转变，整体技术水平达到国际先进，力争成为全国铝合金车轮产业智能制造的标杆示范项目，形成可复制、可推广的智能制造标准，辐射提升全行业数字化、网络化、智能化水平，推动我国铝合金车轮产业在全球化竞争中抢占制高点。

项目以产品不落地、无人化操作、智能管控为目标，底层定向研发匹配的智能化设备，匹配机器人、流水线、智能物流实现硬件运行。中间层加以物联网、生产执行单元实现自动排产调度。上层实施MES实现数据采集、分析，提升管理平台和效益。

二、摩托车轮毂智能生产工厂

1. 建设目标

建立以机器人应用为核心的柔性化智能加工（铸造、热处理、机加工、喷涂等）单元和自动化物料输送与缓存系统，实现产品的自动化加工、检测与车间的数字化生产管控。运用机器学习和计算机视觉等人工智能技术，实现工件自动识别、设备故障诊断及刀具寿命预测与自动补偿功能。借助基于数字化工厂建模仿真的生产线平衡规划与岗位柔性制造系统搭建，实现轮毂产品混流制造车间连续流自动化生产的高效稳定运行。

借助基于车间物联的制造执行管控基础，通过搭建CRM、SCM/ERP/PLM、MDM、LIMS/MES/APS等企业应用系统的平台化集成，实现车间决策与管控的全流程数字化集成与智能化系统提升，有效推动轮毂产品制造过程具有"自动化、数字化、可视化、模型化、集成化"等"五化"特征的智能化应用。

（1）工厂设计数字化。开展工厂总体设计、工艺流程及布局数字化建模和仿真，实现对原设计系统进行优化改进提升，现已优化整改近60项问题点，减少项目实施风险及损失。使用 3D-max 对生产设备、操作人员模型位置区域搭建分析；使用 Siemens Plant Simulation 分析实体模型间的逻辑关系 – 工艺顺序和生产设备和物流设备的连接关系；使用 UG 等设备软件分析设备加工实现方式及效率。

（2）产品数据管理智能化。一是基于有限元模流分析的三维模型产品设计与仿真，采用先进的铸造模拟成形分析软件，通过模拟铸造的充型、凝固等全过程，预测各种铸造缺陷，优化设计工艺改进；二是基于有限元结构分析及 Hyperworks 的三维模型产品设计与仿真，实现结构分析及设计优化工作，包括强度、耐久性及 NVH 分析，快速实现结构创新、轻量化及结构有效的设计；三是建立产品数据管理系统（PDM），通过西门子 PDM，将三维模型产品设计与仿真产生的工艺过程卡片、零件蓝图、三维数模、刀具清单、质量文件和数控程序等生产作业文档进行封装、储存和管理，实现企业车间现场无纸化管理。

（3）生产管控集成化。以生产管控全要素、全流程集成为重点，开展先进传感、控制、检测、装配、物流及智能化工艺装备与生产管理软件高度集成建设。一是在设备上部署工艺、质量、三级计量及安全监控等智能传感设备，同时对设备 PLC 进行统一规范，使用西门子数据采集软件，实时上传数据至云平台，保证数据上传的速度和准确性。二是 MES 系统对数据进行分析、处理，同时对设备进行相应控制，实现工艺诊断分析及控制、质量诊断分析及控制、设备故障报警分析及控制。

（4）系统协同化。根据产品生产特性及管理模式在立体仓库中部署 WMS，以及新增 PLM，协同 APS 及 MES，通过 ERP 系统实现数据共享。同时，各系统之间及设备层实现横向、纵向高度集成，打破系统间壁垒，提升响应速度。

2. 设计路线

（1）执行层

公司厂房设计成直线型结构，工艺采用线型布局，产品从铸造开始，采用自动化流水线柔性联接各生产设备，做到产品的不落地生产，成品直入仓库。生产状态、设备状态、能源数据、工艺数据、质量数据等采用信息化管理，自动采集、自动分析并传送到指挥中心集中管控。人流、物流分开布局，前进后出。

铝合金车轮生产工艺流程主要分为智能铸造单元（包括熔炼和浇注）、智能热处理单元、智能机加工单元、智能喷涂单元、自动仓储单元，把铝合金车轮生产过程简化为 18 道工序，其中 12 个工序全套设备自动化全新研制，6 个工序原有自动化设备进行改进。设计包括了 169 套机器人系统，AGV 小车 4 台，210 套视觉成像系统，在线监测设备 47 台。

通过岗位合并，减少岗位 15.8%；人工操作岗位减少 82.3%；通过"一个流"布局，在制品减少 65%；通过工艺参数修正，实现混线；通过数据归类分析，需找改进空间，持续提升。通过多道产品视觉识别，消除错加工及漏加工质量风险，通过自动检测，消除各种质量风险。

围绕以下工艺路线图来进行规划（图 1）。

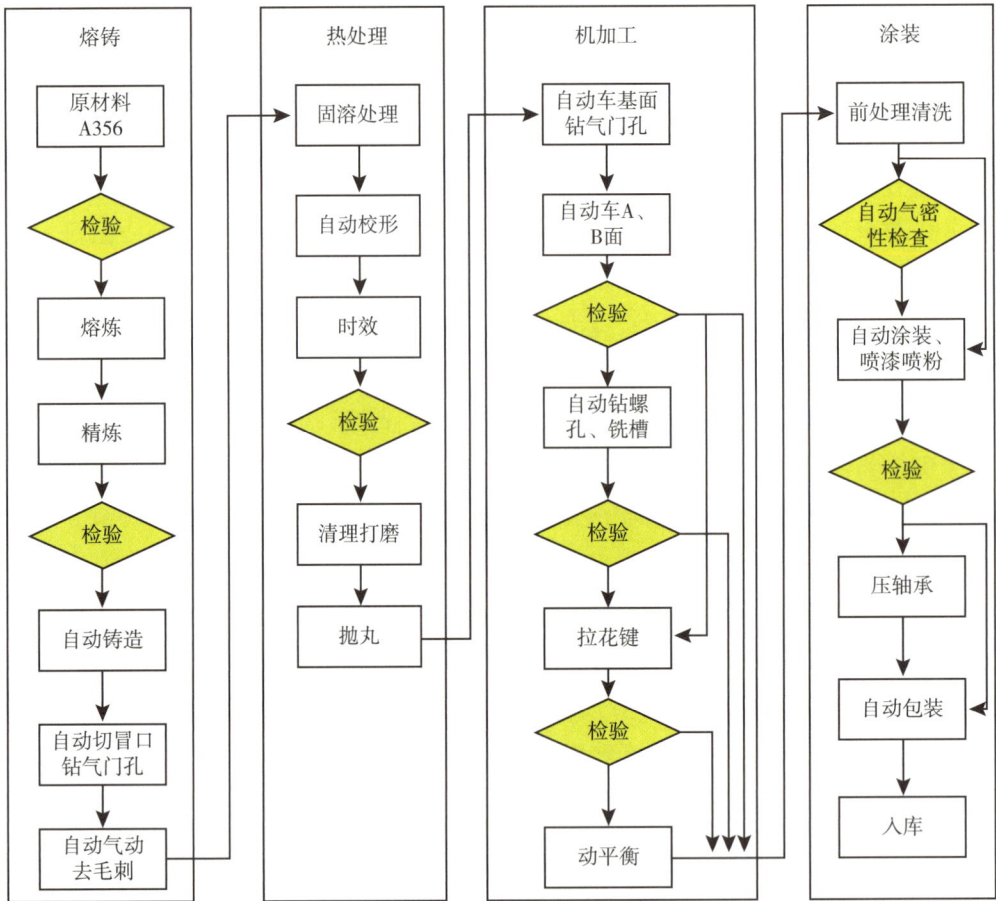

图 1　摩托车轮毂全制造过程工艺路线图

（2）车间技术路线（图 2 和图 3）

围绕铝轮行业提质增效、转型发展，运用智能设备、智能物流、智能系统等现代信息技术，建设以供应链 – 产业链 – 价值链协同优化驱动的一体化生产智能制造示范工程，推动生产和经营管理模式变革，打造国际先进、国内领先的铝轮行业数字化车间。

1）虚拟仿真模拟进行方案验证：工厂通过 Siemens Plant Simulation、3D-max 等仿真技术进行全方面二维及三维仿真运行模拟，验证分析不同约束下的最大产能，发现影响生产产能限制的瓶颈环节，分析设备瓶颈、物流瓶颈及解决方案；验证优化缓存设置及最优库存策略，进行合理交期设置；验证分析生产控制策略，如不同设备特性（如故障率）对生产的影响及策略及不同生产管控策略对产品交期的影响；通过以上模拟组建形成整个生产线体的生产组织分析模型。

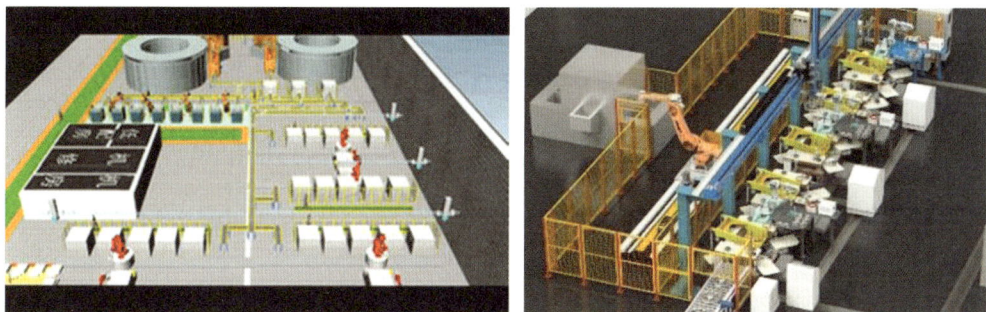

图2　铸造区域自动化生产线

2）优化生产工序，进行智能设备改造升级：依托原传统工厂设备机械化程度进行自动化改造升级，工序设备覆盖面达到100%。设备系统应用数据处理技术、网络通信技术及视觉成像技术，实现自动识别型号自动更换程序工装的柔性混线生产模式，确保一个流生产方式的实现。智能设备自动检测技术融合，设备系统应用激光检测、氦气测漏检测及气动检测技术，实现轮毂产品核心质量数据的自动检测及判定，确保产品生产质量的稳定及一致性。

图3　集在线检测、分拣、缓存、智能转运为一体的输送线

3）智能物流系统导入：智能工厂投入2500 m输送线，56套产品缓存机构，4套AGV、1套立体仓库及WMS物流仓储系统。根据产品特征，协调供应商设计开发特有的物流系统，利用集成智能化技术，使物流系统具备智能识别，智能分拣及智能搬运的能力。实现物流过程中运输、存储、产品上下件、包装等环节的一体化和智能物流系统的层次化。

（3）信息网络架构

采用工业以太网的方案来建设车间的生产网络，充分考虑了网络设备的强度、适用性以及实时性、可互操作性、可靠性、抗干扰性、本质安全性等方面不能满足工业现场的需要。核心机房采用了安全稳定的国家B级机房设计，全网设备采用全热备冗余、光纤双回路方案，极大地提高了网络的稳定性，完美兼容OPTC协议，保障了涉及65000个信息点的实时交互采集。并在此基础上，集成了智慧云共享平台及工业Wi-Fi全覆盖，完美支持移动化协同办公方案。

信息化集成方案：应用系统架构按照纵向方向进行集成，覆盖企业各个管理层面、各个相关部门，实现整个企业的信息化、智能化。

第一层（设备自动化及控制）：主要是实现设备自动化与工控系统的运用，还有机器人的全面推广应用。

第二层（工厂管理层）：主要是工业物联网和 MES 制造执行管理的应用，实现车间管理的信息化。与底层主要通过 OPC/SCADA 进行数据交互。

第三层（企业营运层）：以 ERP 为核心的业务系统层，主要包含了 SCM、PP、MM、QM、WMS 等业务系统，主要是为企业运营管理提供信息系统管理工具。它主要与第二层应用中间件进行数据交互。

最高层（企业管理层）：主要部署智能决策系统，如 BI、移动办公平台等为企业管理层提供决策依据。与企业营运层的信息系统通过 ETL（数据仓库技术）来实现。

3. 科技成果的创新性

铸造专用机器人：针对铸造恶劣环境下对工业机器人的要求，采用了隔热防护和油冷技术，解决了耐高温和耐粉尘等技术难点，开发出系列铸造专用机器人产品。

智能化熔炼单元：采用自动检测温度、智能化配料、成分自动检测、能耗监控、出水量控制等功能，实现烧损率 ≤ 1.5%，吨铝平均能耗 ≤ 60×104 kcal。

智能铸造单元：柔性生产，单件车轮生产节拍 ≤ 5 s，班产约为 6500 件 / 班。同时针对不同的车轮规格，可以通过切换触摸屏内的内容及气门孔定位块实现不同规格车轮的连续生产，可以通过视觉系统自动判定产品型号，发送设备调取程序工装刀具实现连续自动加工，该切换过程控制在 10 min 内。

智能化热处理系统：生产效率提高 3 倍，且固溶过程中无变形，完全取消淬火后校形工序，加热快效率高。

利用数字化和信息化技术、无线传输技术、图像智能识别技术、单件化管控跟踪技术、智能化信息处理技术相结合，软硬件相结合，C/S 模式和 B/S 模式相结合，扩平台扩设备，做到车间无纸化、大屏滚动显示、全标识码扫描识别；做到车间单个铸件的生产、质量实时数据采集和监控；做到车间数据的写实。

采用先进管理模式和计算机技术而构建的面向制造业的精益制造规划执行系统（MES 系统），建立了在 NET 开发平台和基于 SOA 架构的上生产管理套件，采用了先进的设计理念，采用标准规范、跨数据库平台、面向服务、面向对象、组件化、多层架构等领先技术，能帮助企业实现车间现场的计划排产、生产调度、设备、刀具、工装量检具、物料跟踪、质量等全面、高效、协同、智能管理与控制，可以将企业的 ERP 系统和底层的自动化系统集成在一起，解决供应链中的信息断层。

三、主要成果

本项目整体技术处于国际先进水平，形成一系列自主知识产权的创新成果，包括申报《一种轮毂翻板式预清洗线自动传输装置》等专利 20 项，《机加工控制系统软件》等软件著作权 5 项，制定《铝合金车轮 X 射线检测》等标准 5 项。

四、经济效益和社会效益分析

实施本项目后，按年产 300 万件铝合金车轮计算，可产生销售收入约 4 亿元。生产成本将降低 24%，单位产值能耗降低 26%，可以减少标准煤消耗 7160 t。

节能减排，能源利用率提高 26%。项目引进了多项节能和能源回收技术，厂房屋顶采用太阳能采光板。利用太阳能发电、熔炼炉尾气余热回收利用、三级计量建立对工厂能源使用进行管控、污水处理站废水回用。蓄热式烧嘴的使用提高了天然气的燃烧程度，即提高了能源的使用效率又减少了对环境的污染。

能够大幅提高企业的智能制造水平，从而降低员工数量的需求，减轻人力资源的招工压力。生产周期由原 2 d 缩短至 13 h，同时在制品量降低 71%。人工由原先 1000 人缩减为 372 人，降低 62.8%。柔性生产岗位增加 60%。

生产制造运营成本降低。采用氦气代替水完成产品检查，大大减少了水资源的使用，也降低了能源成本。智能熔炼燃气炉的引入使得铝耗同比降低了 3.5%；余热回收系统和环形热处理炉的引入使得能源成本也大大降低。

数据采集系统和监控系统的引入使得管理层能更快速、更准确地得到生产数据，为管理层的决策打下了基础。数据采集覆盖率 100%，可视化率 80%，设备运行监控率 100%，生产自动任务调配率 76%。

产品研制周期至少能够缩短 35%。产品数据管理系统（PDM）、产品全生命周期管理（PLM）和动态虚拟仿真技术的建立让产品数据更加完善和准确，产品动态效果更加立体，大大减少技术人员在研发过程中的建模时间和仿真试验时间。数据采集系统建立，能够让产品试制过程的各种数据快速精确地回馈到产品研发人员的手中，从而发现新产品存在的问题，避免重复劳动和资源浪费，大大缩短了产品的研发周期。

机器人自动化生产保证了产品品质的稳定，不良品率降低约 26%。通过熔炼自动配料，保障铝液成分质量。通过自动化外观检测，消除外观质量漏检风险。通过自动氦检，消除气密性质量漏检风险。通过多道产品视觉识别，消除错加工及漏加工质量风险。通过流水线布局，消除产品磕碰伤质量风险。

五、展望

铝合金质量轻、强度高、成形性好、价格适中、回收率高，对降低车辆自重、减少油耗、减轻环境污染与改善操作性能等有着重大意义。竞争的核心是产品轻量化、高强度化，市场对生产企业的持续降低成本的能力都提出了很高的要求，制造过程中关键工艺和智能化水平直接影响竞争力。该项目的高智能化在降低成本、提高效率、提升产量、降低人工等方面效果明显，极大程度地提升了企业竞争力，值得借鉴。

同时，项目实施产生大量的自主知识产权的核心技术，如铸造专用机器人、智能识别定位技术、非接触式自动检验技术、机器人人机交互系统 V2.0、集成控制技术等核心技术以及先进的工艺技术路线，具有很强的通用性和推广性。

在行业引领方面，该项目已经在浙江万丰摩轮有限公司得到成功应用，发挥引领和示范作用，是我国铝合金车轮行业第一家离散型柔性混线生产的智能制造工厂，也将是我国铝合金车轮行业智能制造的示范和标杆，具有很大的推广应用价值。

综上所述，项目成果的推广应用将有利于推动我国铝合金精密铸件产业的发展，而且还将对我国有色合金材料、装备制造等众多产业的发展起到重要的推动作用，带动产业结构的调整和经济发展。

全流程智能压铸数字化解决方案

北京适创科技有限公司

在工业 4.0 浪潮来临之际，粗放、低效的企业经营模式将难以为继。企业实现跨越式发展，数字化是必经之路。只有在制造业各个领域建立起自主可控的数字化建模仿真平台，才能真正助力"中国制造"早日实现"中国智造"。适创科技在实践智能制造战略过程中，依托自动化、信息化程度较高的压铸行业，全自主研发了基于工业互联网的高性能压铸仿真云计算平台 - 智铸超云，并成为国际上首家提供铸造 CAE 云计算 SaaS 服务的公司。

一、导言

　　制造业是国民经济的主体，是立国之本，兴国之器，强国之基。塑造国际竞争新格局，重点在制造业，难点在制造业，出路也在制造业。作为"制造强国战略"核心建设工程，智能制造正在对设计、生产、管理以及服务产生深远、全方位的影响。智能设计是智能制造的核心，是制造业决胜未来的疆场。而以数字化建模仿真、云计算、缺陷识别为支撑技术而构建的智能制造生态是智能设计技术孕育、发展、成熟的关键。图1是产品设计进化过程。

图1　产品设计进化过程

　　北京适创科技有限公司（以下简称适创科技）适创科技在实践智能制造战略过程中，依托自动化、信息化程度较高的压铸行业，自主研发了铸造过程模拟仿真CAE流动和温度求解器，并成为国际上首家提供铸造CAE云计算服务的公司。在产品质量管控方面，结合工业CT及自主研发的缺陷自动识别系统建立了产品质量及缺陷大数据系统。针对生产过程控制，基于云计算和自动缺陷识别系统采集的生产工艺和铸件缺陷大数据，开发建立了具有数据智能分析、智能决策的生产过程管理专家系统。

　　通过与广大企业共同实施上述解决方案，适创科技不但大幅提升了压铸行业精益生产的能力，还实现了国内铸造行业智能设计零的突破——自主开发了基于CAE求解器和最优化算法的智能设计软件和技术，成为提升铸造行业设计水平的中坚力量。

二、智能压铸－行业的未来

1. 智能压铸数字化解决方案

压铸全称高压铸造，属于近净成形技术，是自动化、信息化程度最高的绿色铸造技术之一。随着新能源汽车和 5G 通信时代的到来，压铸及模具企业在享受时代浪潮所带来的发展红利时，也面临更为严峻的挑战：产品结构日趋复杂，品类日益繁多，技术要求更为严苛，产品开发周期日益缩短。频繁变更的设计需求，使传统制造企业疲于应付、捉襟见肘。在此背景下，越来越多的压铸及模具制造企业在提升自身数字化设计能力方面表现出更为迫切的需求。压铸行业具有实现智能制造所必需的现实条件，图 2 为压铸行业数字化智能制造生态图。

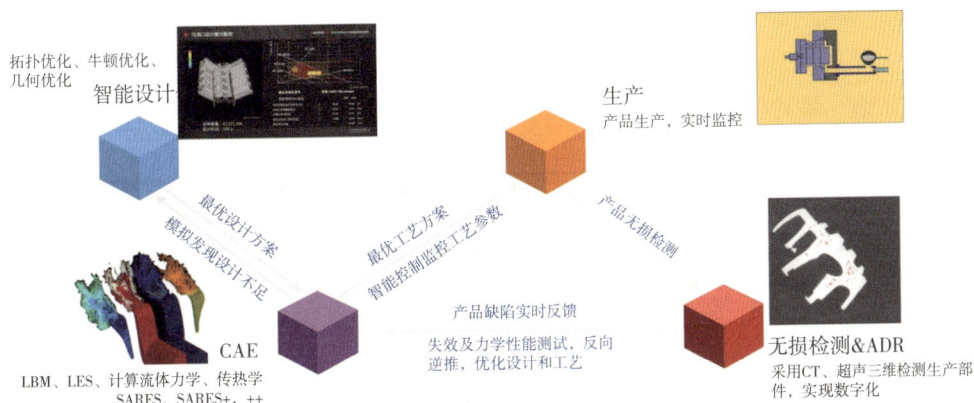

图 2　压铸行业数字化智能制造生态

公司在压铸领域产品线包括：智能设计软件 SARES-D、智铸 CAE 模拟仿真软件 +SARES+、智铸超云 SARES、自动缺陷识别系统 SARES-ADR 以及全流程数字化解决方案 SARES-SOLUTION。

SARES-D：无需经验输入，通过运用拓扑优化、形状优化和尺寸优化等数字化设计技术，SARES-D 可自动完成压铸模具浇口（图 3）、浇道及冷却系统设计。SARES-D 在提高企业设计能力的前提下，大幅降低设计过程对经验的依赖，可实现设计过程的标准化。在新能源汽车和 5G 通信领域不断涌现出的新产品对传统压铸企业的快速设计能力提出严峻考验的背景下，SARES-D 可以对压铸模具设计过程实现颠覆式创新，大幅提升压铸及模具企业的敏捷开发和市场适应能力。

+SARES+（图 4）：智铸 CAE 即桌面版压铸 CAE 软件，通过为企业提供生产过程多物理场的虚拟仿真能力以提升企业盈利水平。实际压铸中，工艺环节众多、工艺参数复杂多变，

浇口智能设计

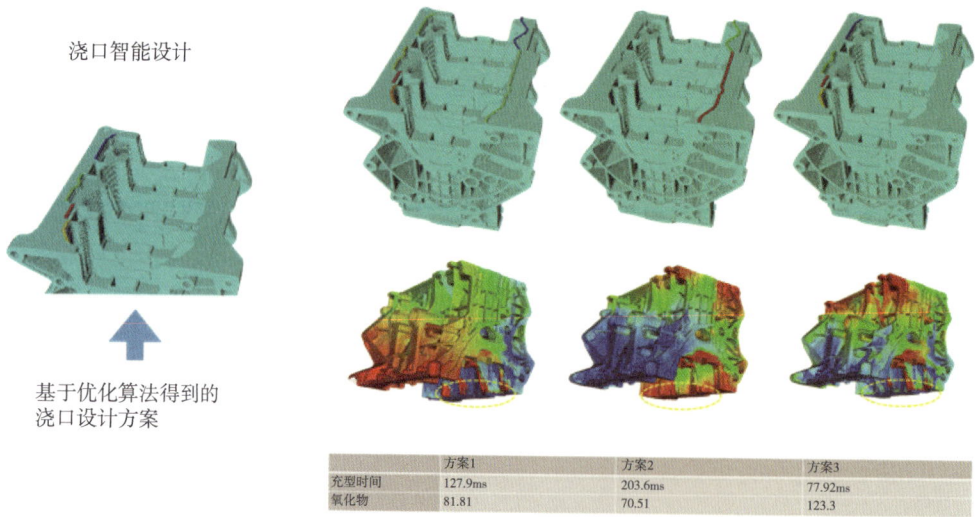

基于优化算法得到的
浇口设计方案

	方案1	方案2	方案3
充型时间	127.9ms	203.6ms	77.92ms
氧化物	81.81	70.51	123.3

图3 压铸模具浇口智能设计

在生产过程中通过合理运用 CAE 技术，则可以分析预测出不同工艺参数对产品质量的影响，从而降低废品率、缩短生产周期、提高模具寿命，最终提升企业效能。

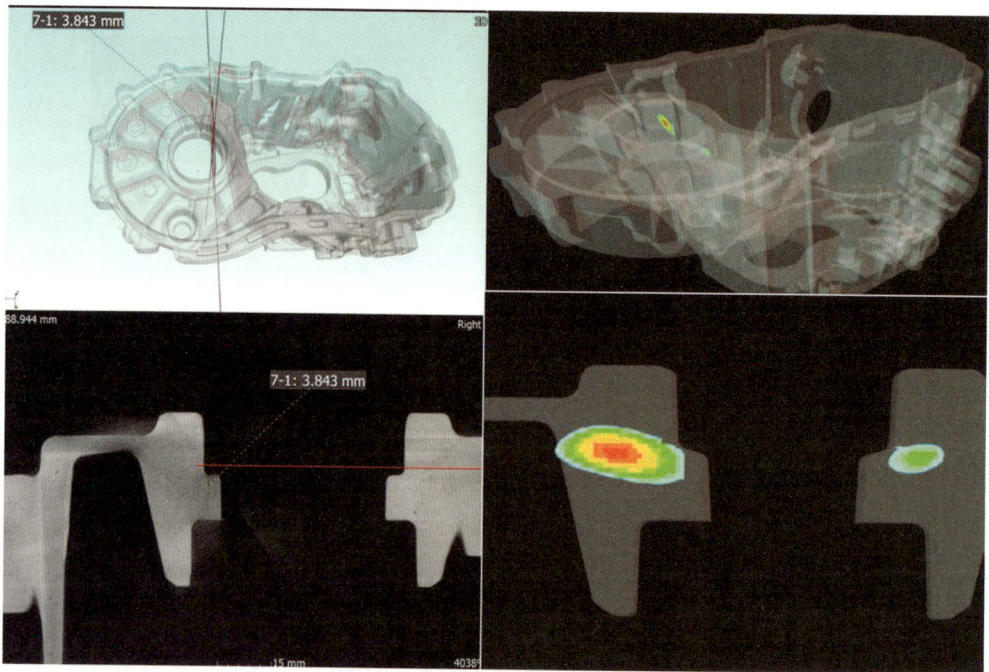

图4 +SARES+ 热节模拟预测和 CT 凝固缺陷对比

SARES：智铸超云是桌面版 CAE 软件的有力补充（图5），是云计算技术在压铸模拟仿真领域的典型应用。SARES 平台的 CAE 核心求解器均部署在以"太湖之光"为代表的超级计算机上，制造企业用户可直接通过网页远程登录 SARES 平台即可按需使用定制化的 CAE 模拟仿真服务。通过将 CAE 计算 SaaS 化，可大幅降低制造企业用户软、硬件采购和维护成本，有力提升中、小规模压铸及模具企业 CAE 模拟仿真能力。

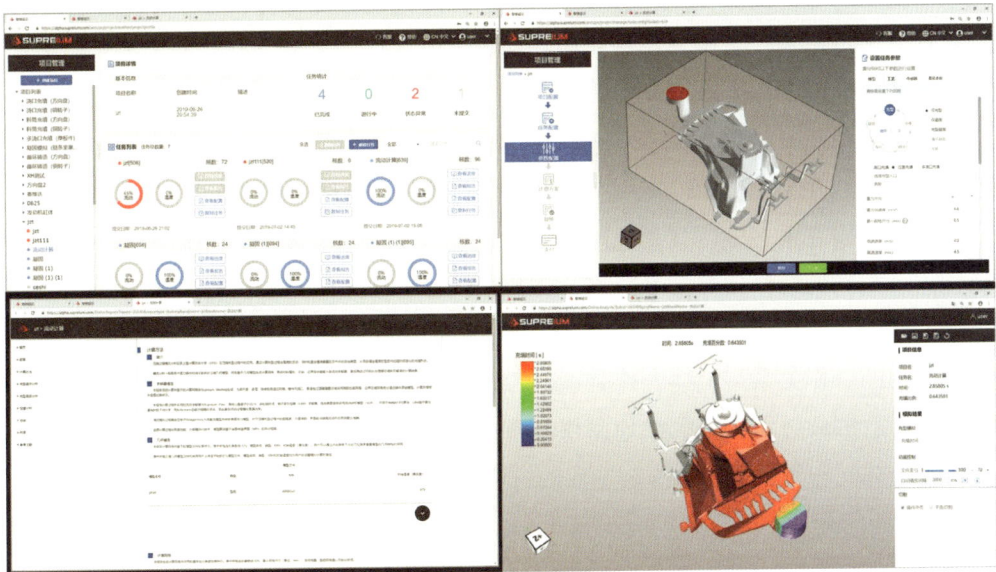

图 5　SARES 智铸超云用户操作界面

SARES-ADR：自动缺陷识别系统（图 6），通过与压铸生产线上 X 射线成像系统或工业 CT 结合，可实时监控并自动识别和标记生产过程的产品缺陷，并根据缺陷的拓扑结构、数量和大小建立三维数字化模型库，为后续设计、工艺优化和智能决策提供数据支持。

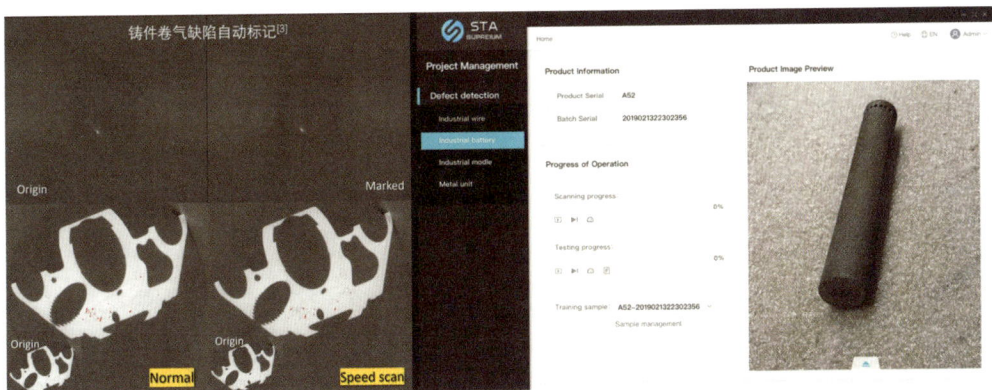

图 6　铸件缺陷自动识别系统

SARES-SOLUTION：全流程数字化解决方案，根据企业实际需求，综合运用上述产品线技术特点，并结合资深行业专家的意见和建议，为企业提供一站式产品开发、工艺优化、质量检测的全流程解决方案。

2. 行业影响力

全流程数字化解决方案为压铸行业上下游企业提供相应的产品和服务。智能设计模块可以为汽车整机厂零部件设计优化和后续压铸工艺和模具设计优化提供技术支撑。CAE 技术特别是云计算技术可以为广大中、小规模压铸和模具制造厂商（约 20000 家）提供模拟计算和工艺验证服务。而数字化生产和品控模块可以为头部压铸企业（约 200 家）的生产线提供实时、在线的缺陷自动识别和生产工艺智能分析和决策。

在智能设计软件 SARES-D、智铸超云 SARES、智铸 CAE 软件的产品开发和推广过程中，适创科技与一汽研究中心、广汽研究院、中信戴卡、通用汽车等国内外知名汽车零部件供应商形成深入、密切的合作伙伴关系。在 SARES-ADR 自动缺陷识别软件开发过程中，适创科技在工业 CT 软硬件集成，缺陷算法开发以及缺陷标准的建立中，与通用电气和宁德时代建立了深入密切的合作关系。上述合作是适创科技数字化智能解决方案顺利落地的重要依靠和保障。未来，适创科技将一如既往地深耕制造行业，通过与行业领导者开展多维度、多层次的深入合作，共同构建服务于中国制造业的自主可控的智能制造硬、软件生态系统。

三、主要成果

当下，智能制造作为下一个战略制高点，纵观德国、美国制造业发展战略，数字化建模和仿真技术能力已然成为竞争的核心，但在 CAE 等核心工业软件严重依赖国外的严峻形势下，如何形成自主可控的数字化建模和仿真软件生态已然成为一项艰巨的任务。在此背景下，北京适创科技有限公司立志于成为中国领先，世界知名 CAE 软件供应商，并在国家智能制造计划推进过程中，努力成为高端 CAE 软件国产化替代的中坚力量，希望与国内一些具有核心竞争力的研发实体一起打造属于我国的自主可控的数字化建模和仿真生态。

智能设计作为智能制造的核心，发达国家制造企业亦刚开始布局，核心算法、技术均在探索研究中，这是我国制造业弯道超车，实现跨越式发展的关键时机。适创科技坚持"模拟驱动""工艺驱动"以及"质量驱动"的智能设计技术路线，基于底层强大的高性能 CAE 和最优化算法，努力实现真正意义上的智能设计，大力提升我国传统制造企业的设计能力。

云计算服务是实现智能制造大数据分析的核心。适创科技通过将 CAE 软件和智能设计软件部署在云端超算，以低廉的价格为广大制造企业提供虚拟制造及智能设计服务，在降低成本的同时大幅提升中小规模制造企业的数字化能力。另外，通过云计算平台采集并建立行业大数据。基于大数据分析，形成结果可预测、缺陷可诊断的在线智能专家系统，同时努力构建产品、工艺设计标准，助力制造企业乃至整个行业提升设计水平。

适创科技在过去的三年里共取得软件著作权 7 项，正在申请的软件著作权 10 项，正在申请专利 9 项，并于 2019 年被中国机械工程学会授予"2019 年度压铸行业创新技术"。

四、展望

未来，适创科技将不局限于压铸作为智能制造技术唯一应用领域。基于强大的高性能 CAE 底层求解器技术和智能设计算法，适创科技可布局的制造领域有航空航天、半导体制造等领域。

航空发动机作为制造业皇冠上的明珠，关键零件如高温转子、涡轮盘、叶片等工作环境恶劣，设计和生产过程需综合考虑材料学、力学、传热学、计算流体力学等多物理场的影响。基于高性能 CAE 求解器和智能设计，通过力学和传热学耦合计算进行拓扑优化，可对涡轮盘等关键零部件结构及其工艺进行智能设计，提高企业虚拟设计能力，大幅降低试制成本。

半导体行业核心的工业软件包括电子设计软件和热设计模拟软件。热设计模拟软件主要针对电子产品体积小、功耗大、散热要求苛刻等问题，通过传热模拟仿真优化电子产品的热设计。电子设备热设计模拟分析所需求解的物理场主要包括电磁场、温度场和流场，基本都在适创科技开发的 CAE 底层求解器覆盖范围内。在未来，适创科技希望通过与半导体行业知名企业深入合作，将自主研发的底层 CAE 求解器与电子设备设计、生产工艺过程紧密结合，通过基于超算的云平台向半导体行业提供模拟仿真分析服务，提升国内半导体行业的设计能力。

案例 15
压铸单元的智能化管理

中国机械工程学会铸造分会

压铸单元智能化管理系统（Smart Cell Management, SCM），是迈向压铸工业 4.0 的重要一步。应用智能技术，建立一个集成控制平台，能够对单元内所有设备数据采集和处理，可以诊断和解决各种意外停机，能够与 MES 或 ERP 系统连通。基于数据分析和先进的算法，可预测潜在的故障停工，改善单元的运行效率。

一、导言

为适应工业 4.0 及物联网等大趋势，目前压铸界也在对人工智能、自学习机制、预测分析及虚拟现实的可能性等给予了很大关注。首先在压铸中哪个场合使用哪种技术才能发挥最大作用，工业 4.0 如何帮助压铸工艺提高竞争能力，持续提供稳定、优质及低成本的产品则是压铸界需要考虑的问题。

压铸单元的智能化管理，可能是当前实现压铸工业 4.0 最具潜力的基础内容之一。统计表明，压铸单元由周边设备引起的生产中断比率高达 47%。每一次生产中断需要相关人员进行研判，利用相关经验及知识查找中断原因。在生产重新开始之前，往往需要管控某一过程，也可能需要一个接一个的重新设定单元内每一个设备，耗时冗长。单元化智能管理将会消除或在很大程度上改变这种状况，使单元正常运行时间大大增加。

智能化单元管理的目标是使用合适的通信技术，将单元内各个设备的数据同时传给整个压铸单元的控制平台，操作者可以单点操作，如图 1 所示。通过对数据的分析，单元管理系统能够通知操作者故障位置及原因。在任何中断后，系统能够保证使各个周边设备尽快回复生产状态。

单元管理系统数据收集，可以结合具有期望状况的特定单元趋势数据及广泛的业界数据。利用这些数据，单元管理系统能够预测潜在的故障和规划保养避免昂贵的突然生产中断。单元管理系统的数据分析能力及生产参数优化能力，能够使压铸企业从提高生产率及延长总体正常运行时间等方面受益。SCM 单元管理系统的目标是将单元循环时间缩短 40%，正常运转时间（含计划停机维护时间）达到 100%，铸件废品率降低至 0%。

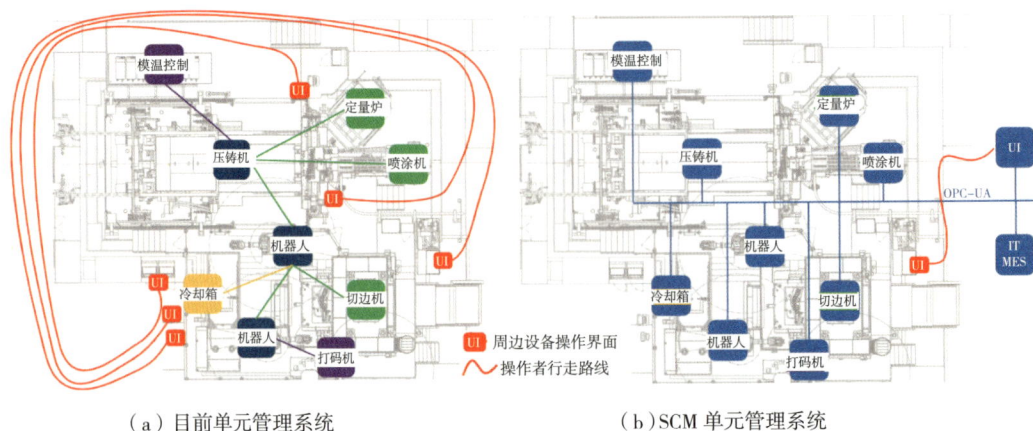

（a）目前单元管理系统　　　　　　　（b）SCM 单元管理系统

图 1　调试或维护压铸单元时操作者行走路线

二、开始点

当前许多现代化或智能化工厂几乎完全自动化，典型的例子是汽车生产线，几乎没有任何操作人员和人工指令，完全融合 IT 技术。相比之下，压铸单元还不能完全无人化，并且经常需要人工指令，与 IT 系统仅有少量融合，每天会发生多次故障，这是目前大部分压铸单元的状况。压铸单元的智能化管理，可以迅速改善压铸单元的运行状况，很快提升压铸生产水平。因此，将压铸单元智能管理作为实施智能化压铸生产的起始点。

1. 数据集成的挑战

智能压铸单元管理系统需要将单元内分散的各种周边设备数据集成到一个中央系统，是单元管理的大脑。一旦具备各单点信息，便可以开始了解和推断单元运行状态，并能够采取前瞻性控制。但全面的数据集成牵涉单元内所有的周边设备，每个单元可能配置不同，每个周边设备可能由不同厂家制造。因此，单元管理系统的实现要求接口和数据格式标准化，以及标准的数据传输协议。这需要在不同制造商之间进行协调、共同工作，目前已向德国机械制造商协会（VDMA）提交了相关文件。

2. 与智能工厂功能相结合

单元的中央管理系统使其与 MES 或 ERP 类似的高层软件互连成为可能，将压铸活动带入智能工厂的整体战略，有助于在更加综合的方式下自动规划和管理压铸活动，消除生产瓶颈，避免生产延误，见图 2。

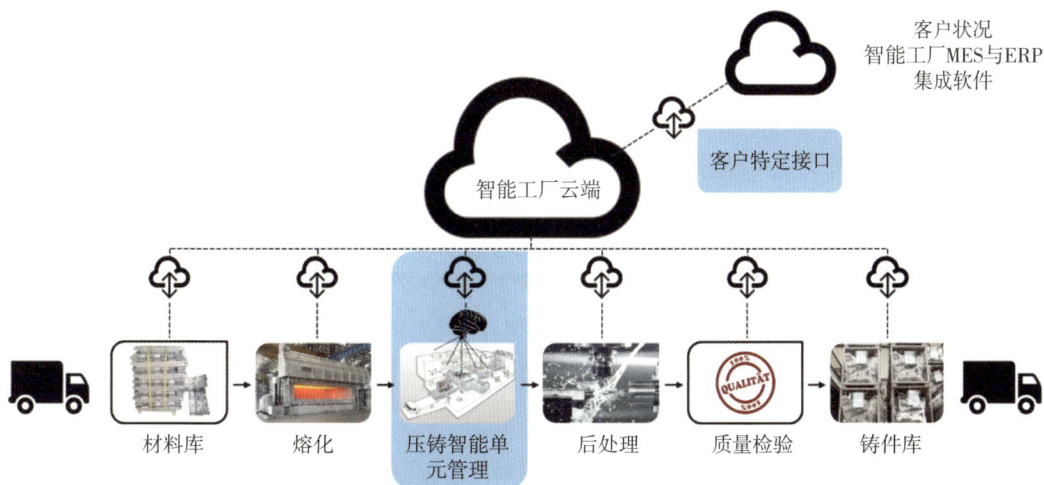

图 2　压铸活动进入智能工厂的整体管理系统

三、使用数据改变生产率

建立整个单元的中心数据库是应用 IoT 的第一步，有助于使用很多新工具改进生产，预测维护功能是一个例子。

1. 意外故障停机

实践表明一个意外停机经常导致 30 h 的生产损失，包括故障初期和关机、人工检查诊断发现问题，如图 3 所示。即使对于经验丰富的操作者，也需要理论分析和测试研究的过程，除非是一个能够确切识别的单元内特定原件失效。之后是备件要求，备件可以从备件库提取，或者向周边设备制造商订购，或许还需要有经验的维修或服务工程师确认问题点和修复。最后，各个周边设备需要重置或重启回复正常生产。

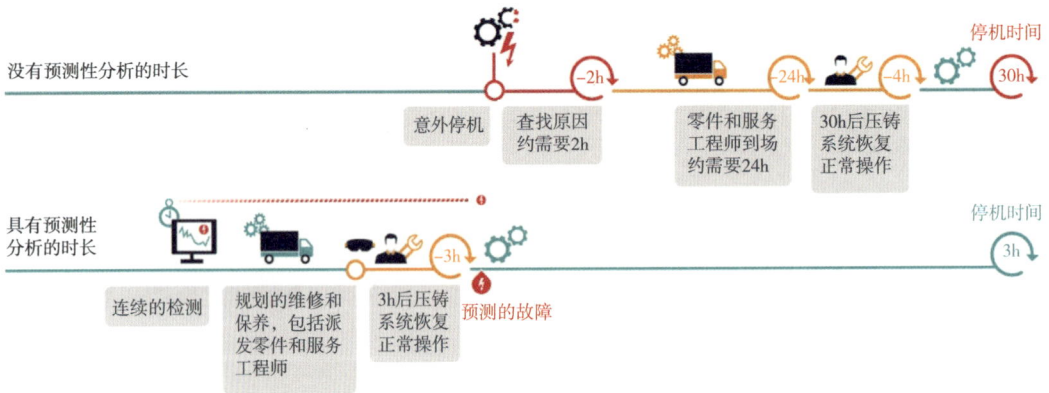

图 3　预测分析能够降低非计划停机

2. 预测分析如何避免意外停机

单元管理系统也将压铸机与周边设备等同管理，对单元内所有设备进行数据采集和分析，如图 4 所示。中央控制系统目前能够给出机会避免昂贵的意外停机，使用传感器，从单元的各个部分采集数据，将数据存储在中央数据库并使用先进算法监测不良或低于标准的运行状态。对运行状态的智能分析是关键因素，包含以下两个方面。

（1）历史状态分析

预测性分析识别运行模式及异常状态，通过单元数据发现单元内某一或某些部分未能在应该达到的状态下运行。预测性分析可以鉴别某一特定参数正在变化，例如某一油缸的功率或油缸的移动速度变化，但油压及流量保持不变，这说明油缸发生磨损。订购新油缸及根据生产情况安排适当时间进行维修，及时更换油缸，避免对其他相关零件可能造成损坏及长时间的突然生产中断。这样，通过在恰当时间的计划停机维护，消除了通常可能需要几天时间的突然停机的风险。随着时间推移，基于实时数据，关键零部件的生命周期能被更精确地预测，更多的意外停机将被避免。

（2）与工业规范比较

可以选择将数据存储到企业系统中或传输到云端，通过将数据传输到云端，预测分析能够将数据与期望的工业规范进行比较。这一级别的分析能够提供另一层次的信息，帮助铸造企业一直确保最佳的生产状态。如果单元运行状态低于其他具有相同周边设备的单元，就需要深度研究每个设备或装置的运行状况，找到阻碍其在最好性能状态下运行的原因。

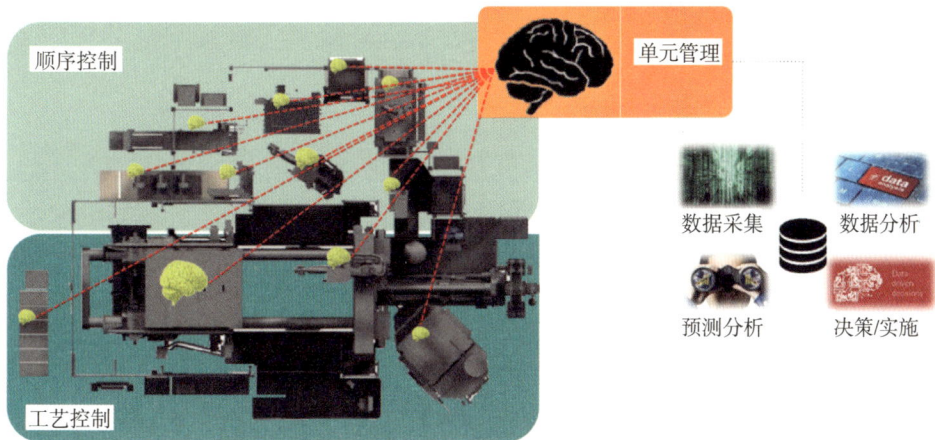

图4　单元管理系统将压铸机与周边设备等同管理

四、深层工艺知识的重要性

预测分析在提高生产率方面具有明显的优势，其深层工艺知识至关重要。如果先进的算法包含了每个应用的工艺过程场景，依据深层知识可进行复杂的规划。它能够学习按优先顺序处理潜在问题，知道某个零件的磨损对单元运行仅有微不足道的影响，而另一个零件的磨损将会造成严重后果。与 MES 或 ERP 连通，预测性分析能够自动订购零件和规划维修保养，这进一步向单元 7 天 24 小时运行的目标提供保障。

五、结论

工业 4.0 技术正在以不同的方式进入压铸业，必将对压铸生产产生促进作用。布勒公司选择智能化单元管理作为起始点，目前开始进入试用阶段。预测分析的功能性试运行包括首批 4 个部件（稳态阀、压射缸、蓄能器及增压缸），后续将跟进 6 个其他部件进入试运行。智能化单元管理系统总体试运行达到预期效果，显示出良好的应用前景。

案例 **16**

智能制造技术在汽车零部件生产企业的应用

中信戴卡股份有限公司

通过 DMS 项目实施对企业生产管理流程进行重组和优化，促进企业生产管理水平的提高，使生产管理活动的业务信息化、自动化、数字化，从而推动生产管理的科学化，带动工业的现代化，实现建立"透明化工厂"的目标。通过制造企业管理模式的提高带动制造工厂生产效率的提高，生产质量的提升，达到降低生产成本的目的，通过智能制造提高未来的核心竞争力。

一、导言

随着制造业再次成为全球经济稳定发展的驱动力，世界各主要工业国家都加快了工业发展的步伐：从美国的"制造业复兴"计划到德国的"工业4.0"战略，再到中国的"制造强国战略"，制造业正逐步成为各国经济发展的重中之重。先进制造技术正在向信息化、自动化和智能化的方向发展，智能制造已经成为下一代制造业发展的重要内容。

中信戴卡作为国内领先、国际综合竞争优势明显的汽车零部件企业，在多元化发展的框架下，推动生产装备智能化及生产过程自动化，完善建立现代化智能生产体系，推进智能制造技术的全面应用，是促进企业自主创新能力不断提升的必经之路。目前具备了全面推进智能制造的基础。

二、实施方案

1. 总体方案

建设中信戴卡的智能工厂，逐步形成数字化装备制造、智能化信息管理、高端化模具研制、绿色化能源工程的综合制造服务能力，将为公司从制造业向"核心制造＋综合服务"转型提供支持，为公司的发展提供广阔的发展空间，进一步加强中信戴卡国际竞争力，使得信息化、智能化成为企业不可模仿和超越的竞争优势。

中信戴卡DMS智能制造系统是中信戴卡独创的戴卡数字制造系统，是中信戴卡铝车轮生产制造的核心系统，是戴卡实现智能制造目标的初级阶段。涵盖了自动化升级改造、铝车轮二维码、MES、物料条码等各子系统，并与ERP等管理系统紧密集成，是现代工厂信息化发展的新阶段，也是工业生产自动化达到一定程度之后的更高层次。是在自动化、信息化的基础上，利用物联网、智能服务计算、大数据等新兴信息技术，进行统一的资源协调、优化管理和经营。清楚掌握产销流程、提高生产过程的可控性、减少生产线上人工的干预、及时正确地采集生产线数据，以及合理的生产计划编排与生产进度。并加上绿色智能的手段和智能系统等新兴技术于一体，构建一个高效节能、绿色环保、环境舒适的人性化智能工厂。

针对实际情况，中信戴卡聘请斯坦福大学和上海交通大学专家，给戴卡做智能制造规划咨询。并在戴卡铝车轮一号线实施DMS项目。通过DMS项目实施对企业生产管理流程进行重组和优化，促进企业生产管理水平的提高，使生产管理活动的业务信息化、自动化、数字化，从而推动生产管理的科学化，带动工业的现代化，实现建立"透明化工厂"的目标。通过制造企业管理模式的提高带动制造工厂生产效率的提高，生产质量的提升，达到降低生产成本的目的，通过智能制造提高戴卡未来的核心竞争力。中信戴卡Dicastal–DMS平台主要包括生产管理、质量管理、物料管理、设备管理、可视化管理、系统集成、生产报表管理、系统权限管理。

2. 主要研究内容

中信戴卡智能工厂是自主集成创新的智能制造系统，是为实现工厂智能化、数字化进行服务的，其生产主要的工艺流程如图1所示。

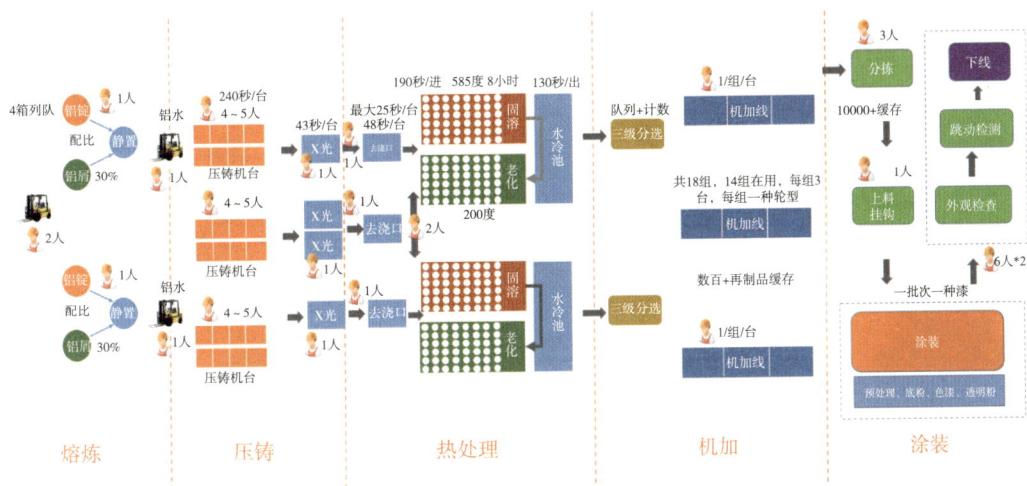

图 1　工艺流程

工厂层面解决了物流、搬运、部分简单重复劳动的自动化，按照数字化及智能化需求，增设自动化设备、物流线、机器人及数据采集点（图2）。

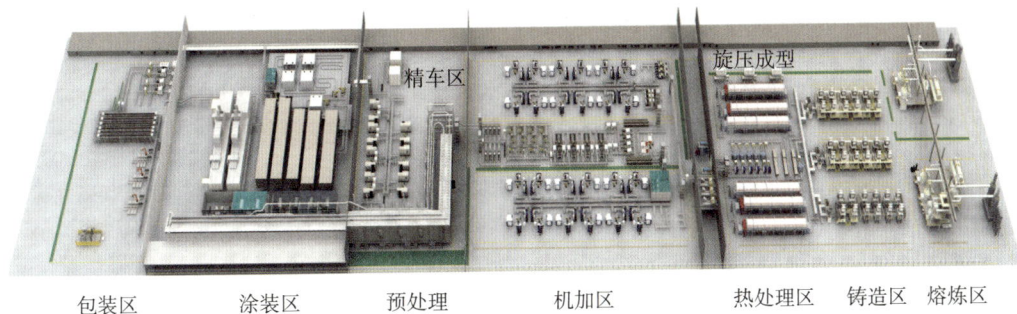

图 2　工厂平面图

通过引入激光技术、新材料应用技术、精细动作自动化生产技术、视觉技术、光学技术、激光线扫技术等非接触式精密检测技术替代人工检测技术及5G技术、DTU技术，实现数据高效、低延时的无线传输信息化技术解决目前自动化瓶颈，将人的参与程度降至最低。

应用各项技术解决精细动作的自动化需求，并规避检测过程中的人为不可控因素，持续推进自动化工作，为应用好"数字"打下基础。

通过数字化技术将各单体资源组合，实现正确的信息在正确的时间以正确的方式传递给正确的人或设备，从而做出正确的决策。事前检验系统机物互联、大数据决策系统人机互联、闭环调整系统机机互联。

3. 主要创新点

（1）生产＋检测联动技术：铸造闭环调整。X光－压铸机台闭环管控，减少人为干预，模糊控制转变为精细控制，工艺控制区间缩小。

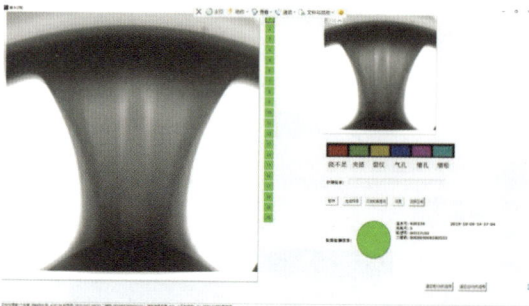

图3　X光无损探伤人工智能识别技术

（2）X光无损探伤人工智能识别技术（图3）。业内首例AI智能识别缺陷技术，提高单机每天通过量，减少人为干预，规避人为不稳定因素导致的漏检，漏检率降低，终端采集＋5G＋云端识别，精准量化评判，最终可实现各工厂取消X光检查员。

（3）智能设备监测应用（图4）。通过多种灵活的方法获取生产现场的实时数据

图4　智能化装备

（方法包括：串口连接、网络直通、CAN总线等方式），利用TCP/IP协议、Modbus协议对设备数据进行采集，并将采集的压力、温度、流量等数据存储于历史实时数据库以及SQL数据库，通过有效的信息传递手段，帮助企业管理层通过反馈信息作出科学和有效。

通过不断提升生产线的自动化与智能化水平，逐步实现了熔炼、铸造、热处理、机加工、涂装等工序关键设备的智能化，目前智能化装备占生产线所有设备的总数已达79%以上。

（4）数据采集无线化。河北省首家5G通信技术应用的工业制造企业，完成生产线5G信号覆盖，实现X光结果云端远程评判及光学尺寸反馈，5G私有化部署，数据不出园区，提高安全等级。

三、实施效果

铸造闭环调整的应用使 X 光 – 压铸机台闭环管控，人为干预减少 60%，模糊控制转变为精细控制，工艺控制区间由 40 s 缩小至 10 s 稳定生产过程，废品减少 40%。X 光无损探伤人工智能识别技术应用，单机每天通过量提高 40%，减少人为干预规避人为不稳定因素导致的漏检，漏检率降低 80% 以上。总体检验自动化率 50%，减少 10%～20% 操作人员，产品周转时间缩短 50%。

四、展望

通过搭建专业云平台，为细分领域提供一站式解决方案，可以实现生态圈内企业共同分享经验，优化整体资源配置效率。

细分领域大数据中心，为行业提供整套解决方案；制造过程完全实现可视、可控、可预测；生产过程非常顺畅。

数控静压造型生产线

国机铸锻机械有限公司

　　静压造型生产线采用的静压造型法是目前已知的最先进的湿型砂造型工艺，通过对型砂进行气流预紧实和多触头高压压实而造出精美的砂型，砂型经过翻转、下芯、合箱等工序后注入铁液从而生产出精美的铸件。静压造型生产线广泛应用于汽车、能源动力、机床、重型装备和泵阀等铸件的生产。随着科学技术的发展，结合生产的实际需求，先进的技术越来越多地应用在铸造静压造型线上。

一、导言

国机铸锻机械有限公司自 1999 年设计制造静压造型线以来，截至目前已有 20 年的历史。前期的静压造型线由于受技术的限制，即使有更好的思路让生产线功能更强大，但苦于市场上没有相应的技术做支撑从而难以让思路变为现实。近些年科学技术得到快速发展，先进的数控技术越来越多地应用到静压造型线上。数控式钻气孔机代替了液压油缸驱动形式，使钻气孔速度更快，位置更准确；砂型及其硬度的在线检测相当于给静压造型线装上了智慧的眼睛；双浇注机浇注让静压造型线的效率发挥到最佳；落移箱机专利明显节约生产线的节拍时间；能源管控系统让整条生产线的各时段的能耗得到科学的汇总和分析，指导操作者如何做到最节能且效率最高，这些都体现了数控静压造型自动线给实际生产应用带来的好处。静压造型自动生产线见图 1。

图 1　静压造型自动生产线

二、数控静压造型线的主要创新点

1. 拥有专利技术的落移箱机

经典的静压造型线方案布局中一般会配置一台落箱机，其主要用途是将从造型主机推送过来的造好砂型的砂箱接过来，然后将下箱降落到下芯段，将上箱转移到上箱段。

普通的落移箱机（图 2）是有一个抓取下箱的开合升降机械手和一个上箱转运车组成。升降机械手从顶位（接箱位）接到下箱后下降至底位，开合机械手打开，把下砂箱放到台车上，然后升降机械手再升至顶位，给上箱转运车让开空间，上箱转运车转运至接箱位等待接上砂箱。造型线每做一个生产循环，落移箱机就要做一次以上动作，此种形式的落移箱机接下砂箱和接上砂箱两个动作必须各自完成以后才能进行下一个动作，占用时间较多，影响造型线的整体生产效率，像砂箱内尺寸为 1200 mm × 800 mm × 350/350 mm 的静压造型线最高生

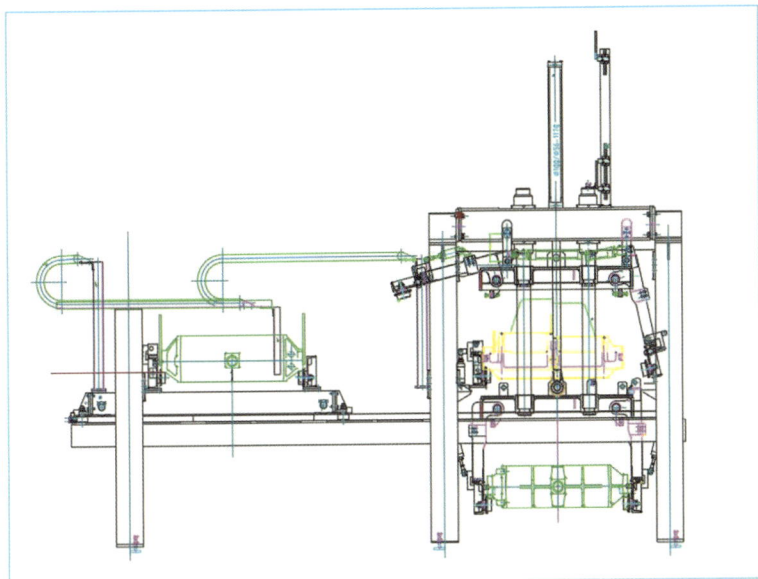

图 2　普通落移箱机

产率基本维持在 100 整箱 / 时。

　　为提高静压造型线的生产率，改进落移箱机的结构，缩短其动作循环节拍是行之有效的办法。由此设计出了上箱转运车穿过下箱机械手的四导柱形式的落移箱机，该结构将原来的两根导柱改成四根导柱，两根导柱的间距大于上箱转运车的车体宽度。连接四根导柱的下箱机械手在顶位接到下箱后，机械手降至底位把下砂箱放在台车上，机械手在下降的过程中，通过数控编码器控制计算下降的高度，只要下箱机械手下降到不妨碍上箱转运车的高度时，上箱转运车即可转运至接箱位，不需要下箱机械手升至顶位，这样就减少了机械手上升这个动作，从而节约了整个动作循环的时间。该结构的机械手不需要开合，是个固定式的机械手，减少了故障点。静压造型线通过此数控落移箱机减少了整个循环的生产节拍，静压造型线生产率提高到 120 整箱 / 时，比原来的结构提高了 20%，给铸件生产带来实实在在的效益。拥有国家技术专利的落移箱机见图 3。

图 3　拥有国家技术专利的落移箱机

2. 数控钻气孔技术

静压造型线通过气流预紧实和多触头高压压实造出表面光洁、硬度高的精美砂型，但由于其硬度较高而带来了浇注铁液后砂型排气不畅的问题，砂型排气不畅很容易造成铸件产生气孔缺陷。为解决这个问题，最初采用操作工手持手电钻钻出排气孔的办法，但这种模式劳动强度大，且人工钻出的气孔位置和深度都不好把握，一不小心就会把精美的砂型钻坏，钻坏后还不容易被发现，浇注铁液后就产生废品。更重要的是人工钻孔存在较大安全隐患。

由于人工钻气孔存在诸多弊端，开始研制机械设备钻气孔机。第一代液压驱动自动钻气孔机问世，该设备有 X、Y、Z 三个轴组成，每个轴都是通过液压油缸驱动，比例液压换向阀控制油缸的动作。X、Y 轴可以带动钻头到达砂箱长度方向和宽度方向的任意位置，具体尺寸通过编码器控制；Z 轴带动钻头升降，在砂型上钻出一定深度的排气孔，深度可以根据需要任意设定。

液压驱动的自动钻气孔机代替了繁重的人工劳动，提高了工作效率，但在使用过程中发现钻头在移动时有时找不准位置，导致偏差太大，甚至钻头由于找不到位置而停止工作。究其原因，主要是因为钻头的位置取决于油缸活塞杆停止的位置，油缸是通过液压油驱动的，液压油是液体，有很大的弹性，活塞杆在从运动到停止的过程中由于惯性很难精确地停下来，即使停下来，过几分钟后由于油缸和换向阀都存在液压油的泄漏，位置会随之改变，设备故障由此产生。问题会催生新的技术，伺服数控钻气孔机研制成功，该设备一改液压油

图 4　伺服驱动数控钻气孔机

驱动油缸的运动形式，改为伺服电机驱动，避免了由于液压油的弹性以及泄漏带来的位置不准的缺点。X、Y 轴的伺服电机通过内置的编码器计算，能够快速准确地找到设定的钻头位置，偏差最大 $\pm 1\,\mathrm{mm}$，平均钻孔速度为 3 s 一个。数控钻气孔机一经出现，很快替代了原来的液压驱动钻气孔机，目前被广泛使用。伺服驱动数控钻气孔机见图 4。

3. 砂型及其硬度在线检测

静压造型线生产的一个突出特点就是效率高，单工位静压造型线生产率高达 120 整箱 / 时，亦即每小时可以造出 240 片砂型，这么多砂型难免偶尔会出现不合格的坏型，比如硬度

不够、砂型缺陷等，如果不能及时发现，坏的砂型就会经过下芯、浇注，最后生产出废品，造成生产成本的增加。尤其是一些生产工艺复杂的铸件，比如发动机的缸体、缸盖，需要结构非常复杂、造价较高的砂芯，一旦生产出废品将给企业带来较大损失。

为避免由于坏型带来的损失，最佳的途径就是及早发现不合格砂型，通知后续工位不再对坏型进行喷涂、下芯、浇注。砂型及其硬度检测机器人（图5）的出现解决了这个问题。该设备将特制的砂型硬度检测仪及3D扫描仪配置在一台小型机器人上，根据每种模具的特点设定几个容易出现问题的硬度检测点，机器人带动硬度检测仪对设定好的位置进行在线检测，机器人会及时将测量数据传输到造型线上位机中央控制系统，如果测量值低于最低标准硬度值，系统会及时发出报警，通知下芯工位以及浇注工位不需要再对该砂型做相应工作。机器人配置的3D扫描仪会对整个砂型进行扫描，并将扫描结果与合格砂型做数据比对，一旦砂型有缺陷，比如缺肉，机器人同样会发出报警。该设备的在线使用可以最大限度地减少造型线因为砂型的不合格而带来的废品。

图5　砂型及其硬度检测机器人

4. 多台转运车的联合使用

砂型浇注完铁液后需要冷却，根据每种铸件的生产工艺要求不同而冷却时间各异，配置的冷却线排数有多有少，一般为3~5排。但是对于高生产率的静压造型线，加之铸件的冷却时间较长，就需要排数更多的冷却线。国机铸锻为山东一家美资企业设计制造的单工位120整箱/时静压造型线，铸件的箱内冷却时间需要3 h，为此设计了7排冷却线。

浇注好的砂箱通过冷却线转运车转运至各冷却线，一般的冷却线两端各配置一台转运车就能满足生产需求。但对于以上所述多达7排的冷却线，为在生产节拍内完成整个动作循环就要动一番脑筋，从浇注线到第7排冷却线距离长达约12 m，如果采用一台转运车转运，其最高速度达2000 mm/s，对于满载型砂和铁液的砂箱来说显然是太危险了，一旦出现急停或其他故障砂箱很可能侧翻，一千多度的高温铁液洒出，后果不堪设想。

既要保证安全又要满足生产节拍，为此采用了多台转运车接力的设计，两端各采用三台转运车，冷却线之间增加两台中间转运车，共计八台车联合共同完成砂箱的转运。其中1号车负责浇注线到一号冷却线的转运，2号车负责二、三、四、五号冷却线之间的转运，3号车负责六、七号冷却线之间的转运。两个中间转运车安装在冷却线内部，分别负责一、二号冷却线和五、六号冷却线之间的中间转运，冷却线内的所有砂箱最终都经过一号冷却线回到捅箱工位。此种设计将冷却转运车的运行速度降至最高 500 mm/s，安全系数大大增加，运行更加平稳。要想实现 8 台转运车按照指令有条不紊地运行就不像两端各用 1 台转运车那样简单了，这需要大量的连锁数据信息，计算好各自的运行排序，不能重复转运也不可提前或滞后运行。生产过程中有的铸件冷却时间较短，这样就不需要 7 条冷却线，选择其中几条就可以了，严密的电气控制程序可以实现冷却线的选择和模式切换以满足生产需求。经过实际生产验证，此种方案布局完全可以安全、高效、稳定运行，非常适合冷却线数量多的造型线，值得推广应用。多台转运车联合转运的冷却线见图 6。

图 6　多台转运车联合转运的冷却线

5. 双浇注机浇注

国内大多数静压造型线车间的实际生产效率与静压造型线自身的生产率有较大差距，比如自身生产率为每小时 100 整箱的静压造型线实际生产基本在 60 ~ 70 箱，究其原因主要是受下芯、浇注等工位的影响，其中浇注是重要瓶颈。

在浇注段配置一台浇注机不能满足静压造型线满负荷生产，配置两台，浇注能力又有点过剩，为了节约投资很多铸造企业选择了一台。当然一台自动保温浇注炉可以满足静压线的满负荷生产，但其太高的投资让铸造企业望而却步。

是否可以尝试双浇注机浇注？答案是肯定的。在山东的国机铸锻用户现场，两台浇注机一字排开前后布置在浇注段上，当后面一台浇注机换包的过程中，前边一台浇注机基本快浇完了，后一台浇注机换包完毕开始浇注静压线从前浇注机范围内推送过来的待浇砂箱；在前台浇注机换包的过程中，后台浇注机基本快浇完了，前台浇注机换包完毕开始下一轮浇注。两台浇注机紧密配合，从电炉过来的铁液通过一个大的中转包，及时地将铁液分发到两台浇注机的浇包内，一个中转包铁液刚好装两个浇包的铁液使用量。整个浇注过程在时间上要做好周密的安排，从电炉中何时出铁液，铁液多长时间能运到浇注机倒包位置都要计算好，形成一个闭环，各个环节按照节拍有序进行。

双台浇注机搭配浇注明显提高了静压造型线的综合生产率，120整箱/时的静压造型线实际浇注铁液高达118箱，让静压造型线的效率发挥至98.3%，这在行业内是非常罕见的。

细算一下经济账，的确多配置一台浇注机就要多投资部分资金，但是多了一台浇注机增加的产量，带来的经济效益早已远远大于投资成本。单台浇注机按照每小时浇注80箱计算，两台可达118箱，每小时即可多生产38箱，每天两个班生产，每班8 h，每天产量就多出608箱铸件，经济效益显而易见。目前这家铸造企业3条静压线全部采用双浇注机浇注（图7）。

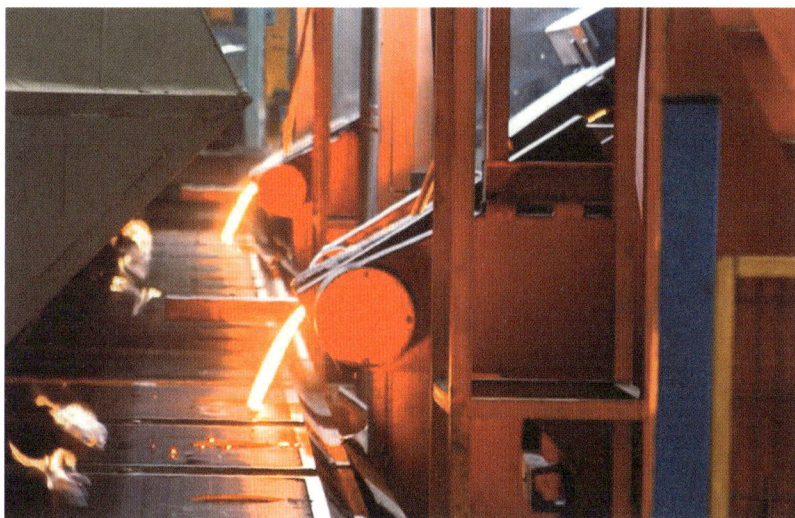

图7　双浇注机浇注

6. 能源管理系统

节能、减排是工业发展的主基调，铸造企业对静压造型线的节能需求也越来越高，国机铸锻针对静压造型线的特点依托 Schneider Ampla 软件二次开发形成 FMF-EMS 能效管理系统，用以实施能源计量管理的目标，这是国机铸锻在静压造型线上实施数字创新的又一力作，属于国内首创。

能源管理平台主要实现各类能源数据的分散采集、集中管理和数据统计与分析，帮助用户全面掌握配电、水、压缩空气、原料供给、能源动力系统的能源消耗状况，计算和分析各种设备能耗标准，监控各个运营环节的能耗异常情况，评估各项节能设备和措施的相关影响，并可通过 WEB 把各种能耗日/月/年报报表、数据曲线、分析结果等发布给相关管理和运营人员，分享能源信息化带来的成果，结合节能措施建立更有依据更有效果的节能体系。

每个采集点配置带 RS485 通信（MODBUS RTU 协议）的智能仪表。针对电力仪表，通信线已接入端子排，直接在端子排引通讯线缆到网关。

　　能源计量是节能减排量化数据的体现，起着举足轻重的作用。同时作为一种管理工具和手段，利用能源计量数据的采集、诊断、分析，实施有效管理，科学准确的计量数据能够指导企业能源的利用，由此达到节能降耗的目的。此外能源计量还是一种工艺手段，一种测量技术，帮助企业节能，建立科学合理的节能流程，为今后的企业节能提供科学准确的基础条件。FMF-EMS智能能源管理系统可以满足用户在生产过程中对能源的规划、计量、分析、调度等进行实时监控的需要。

　　能源计量系统是以帮助企业合理计划和利用能源，降低单位产品能源消耗，提高经济效益为目的的信息化管控系统。可以显著提高设施与能源利用效率并降低成本。

　　在静压造型线上针对其能耗点，比如液压泵站、减速电机、压缩空气、冷却水等处利用计量仪表和安装在配电柜的电能表，通过网关、交换机等，组成基层数采网络，实时采集能源介质信息。并通过网线接入车间以太网网络，最终接入中控室服务器，软件将所有数据信息进行处理分析并做统计，形成各类数据表，为管理者提供决策依据。能源管理系统体系结构见图8。

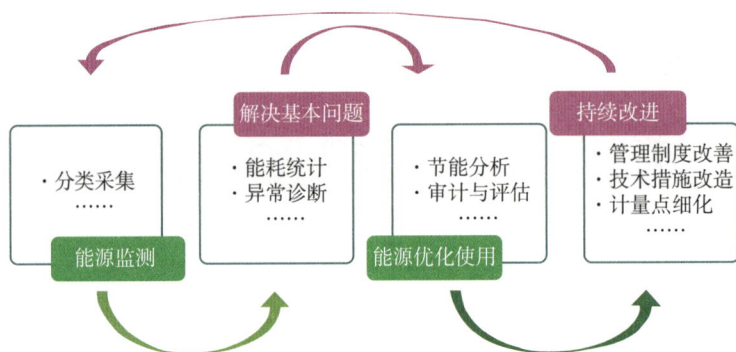

图 8　能源管理系统体系结构

三、主要成果

　　国机铸锻设计制造的数控静压造型线已形成砂箱内尺寸从 800 mm × 700 mm 到 2600 mm × 1300 mm 的全系列产品，根据用户的不同需求可设计制造单工位和双工位静压造型线，最高生产率可达 200 整箱 / 时。

　　以数控静压造型线为载体，该产品已获得 2018 年的中国机械工业科学技术奖二等奖和 2019 年的全国铸造装备创新奖。专利获得情况如表 1 所示，同时，技术标准的研究制定和发布情况见表2。

表1 专利获得情况

序号	申请或授权专利等名称	申请号或批准号	申请/批准国别	备注
1	浇注机同步装置	ZL 2011 1 0082603.7	中国	发明
2	带导向和检测的液压缸	ZL 2010 2 0597141.3	中国	实用新型
3	造型线砂箱移箱装置	ZL 2012 2 0552699.9	中国	实用新型

表2 技术标准的研究制定和发布情况

序号	技术标准的名称	标准类型（国际/国家/行业）	阶段（研究制定或发布）
1	静压造型机	行业标准	发布
2	造型机安全要求	国家标准	发布
3	全自动浇注机	行业标准	发布
4	铸造用机械手	国家标准	发布

通过对数控静压造型线的研制，培养了机械、电气、液压技术设计工程师和现场调试人员三十余人。

四、展望

静压造型线自20世纪80年代末问世以来，至今已有约30年的历史，国内从2000年前后才开始设计制作静压造型线。经过多年的发展，静压造型线技术已趋渐成熟。

品质最好的静压造型线产自于德国，但其高昂的价格直接削弱了购买者的热情。论性价比，国产静压造型线当属最高了。国产静压造型线的性能与进口线相比虽然尚存些差距，但差距在逐渐缩小，在实际生产中使用性能并无明显差异，只是在细节上比如设备的外观、管线的整齐度、设备的加工精度等方面进口线略胜一筹，故障率略低一些。

将来的静压造型线会在数控一代的基础上向智能化、无人化方向发展，机器换人将是大势所趋。在能耗和排放方面也会更加绿色、环保、节能。我们应对静压造型线的未来发展充满期待。

智能高效黏土砂静压造型及自动浇注成套生产线

昆格瓦格纳（青岛）机械有限公司

我国铸造产业发展迅速，是名副其实的铸造大国，但不是铸造和铸造装备强国。随着国家铸造产业升级及环保要求，高端铸造装备的需求越来越高，尤其是铸造装备的数字化、自动化、智能化。昆格瓦格纳（青岛）机械有限公司是一家全球高端铸造装备成套提供商，其技术水平、产品质量始终走在行业的前列。近几年，通过持续创新和研发，推出高效静压造型线、全自动倾转式浇注机等智能铸造装备。

一、导言

全球制造业正朝着数字化、自动化、智能化的方向发展，2011 年德国提出的"工业 4.0"，2015 年中国正式提出"中国制造 2025"，标志着 10 年内完成从制造业大国迈向制造业强国伟大构想的决心，也是中国追赶世界制造业的数字化、自动化、智能化、网络化进程的坚实一步。"中国制造 2025"和德国"工业 4.0"虽然是中德两国于不同时期提出的，但都是为了增强国家工业竞争力，以面对新一轮的世界竞争，在世界工业发展中占领先机。德国工业历经三次工业革命，数控系统技术在德国已经比较成熟。德国制造在全世界都代表着优秀的产品质量，其制造业名列世界前茅，也是全球制造装备领域的领头羊。中国有很多地方需要向德国借鉴和学习。

青岛华通国有资本运营管理（集团）有限责任公司（简称青岛华通），为提升中国铸造装备及制造业水平，于 2014 年收购了全球铸造装备领先企业——昆格瓦格纳德国有限公司（以下简称 KW 公司）。KW 公司成立于 1907 年，从最初为铸造生产厂提供简单的工艺装备到现在生产的智能化静压造型线、全自动浇注机等成套铸造设备。1966 年中国从国外引进第一条高端造型线即选用 KW 产品，至今已有 150 台套 KW 造型线、浇注机、混砂机等设备投入使用，为中国汽车、工程机械、农机、液压等行业提升铸造水平提供了有力支持。

青岛华通收购 KW 公司以来，致力于为中国铸造、中国制造提供优质产品和服务，不忘初心、牢记使命，消化、吸收、转化德国技术到中国，迄今转化率已达到 60% 以上。

KW 产品与同行产品相比，具有性能稳定、可靠、节能、智能等特点。

二、数控一代静压造型、自动浇注生产装备典型案例

1. 全自动静压造型机 KW MASTER ECO 150

KW MASTER ECO 150 是一款高效静压造型机（图 1），其结构特点是利用旋转的工作台，上下砂箱交替造型，配备世界上最先进的 TWINPRESS plus 高压多触头双面压实技术，为复杂、多样、异形、多品种等铸件生产提供了良好的压实工艺，整个生产过程完全自动化、智能化。

双面压实技术是对传统静压造型技术一次颠覆性的技术创新，是将传统的气流预紧实 + 单面压实工艺提升为智能调整的双面压实工艺，省去了气流预紧实系统。该项技术的应用，结合 KW 独有的压力分区技术，可实现铸造工艺参数如压力、行程、硬度、砂用量等参数

自动可调，充分满足铸件工艺要求和智能化生产的需求。该机型在砂箱尺寸为 1000 mm×800 mm 时，造型速度可高达 150 型 / 时。

（1）开发研制了新型的压实工艺方法——TWINPRESS plus 双面压实造型技术。

传统的压实工艺为：气流预紧实加多触头静压造型，该工艺生产的铸型为从型腔面的背面进行压实，其铸型硬度分布为从型腔面至型腔背面依次增加（即型腔背面硬度最高），而工艺要求希望砂型的硬度为型腔面硬度最高，型腔背面硬度最低，便于砂型透气。而且传统压实方式使其砂型侧面或边角处的硬度不易达到工艺要求的硬度值，造成铸件黏砂或废品。

图 1　KW TWINPRESS plus 双面压实技术造型主机

KW 双面压实技术的原理是：将型板及型板框设计为上下两部分组成，压实采用型板主动压实方法，并非静压压头直接压实，完全改变了其传统的压实工艺过程。这样的压实工艺形成的铸型，砂型的硬度分布与传统工艺形成的铸型正好相反，即：型板面的硬度最高，而型腔面至型腔背面硬度依次降低，正好符合了铸件形成的工艺要求，生产的铸件质量高，废品率低。KW 双面压实过程示意图见图 2。

从 2015 年起，该项技术已经在世界各地 KW 造型机上全面推广使用，我国目前有 12 条线使用此技术，用户反映良好。

（2）研制开发了压实行程参数和压实压力参数智能调整系统。KW 公司在双面压实工艺控制方面进行了研发，其压实的压力、反挤压的行程都是数字可调，可根据不同的型砂参数、铸件的工艺要求进行设置或调整。保证造型的各项参数达标，确保砂型质量稳定一致。

（3）采用双面压实技术，还可以达到节能、降噪的效果，有效节能可达 30%。主要原因基于以下几点：首先，

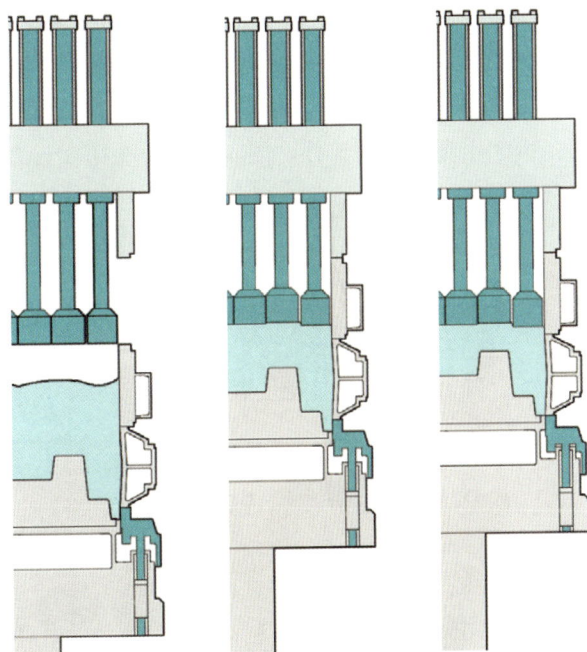

图 2　KW 双面压实过程示意图

不需要气流预紧实，省去了传统的气包、气源及气源处理系统；其次，造型不需要气流预紧实，造型机最大的噪声源就没有了，工况环境大大提高；最后，与传统的工艺相比，达到同样硬度的砂型，所需要的系统压力远远降低。一般传统工艺采用系统压力为 11 MPa，而双面压实技术工艺只需要 9 MPa 即可满足要求。系统压力降低，能量消耗就降低（图 3），设备承受的载荷和冲击就减小，设备使用寿命就会延长，同时设备的结构就可以进一步优化。比如砂箱，由于每次冲击的压力降低了，完全可以将其优化，降低重量，因而设备的成本就会降低。所以说，使用了双面压实技术的静压造型线是真正的绿色环保高端铸造装备。

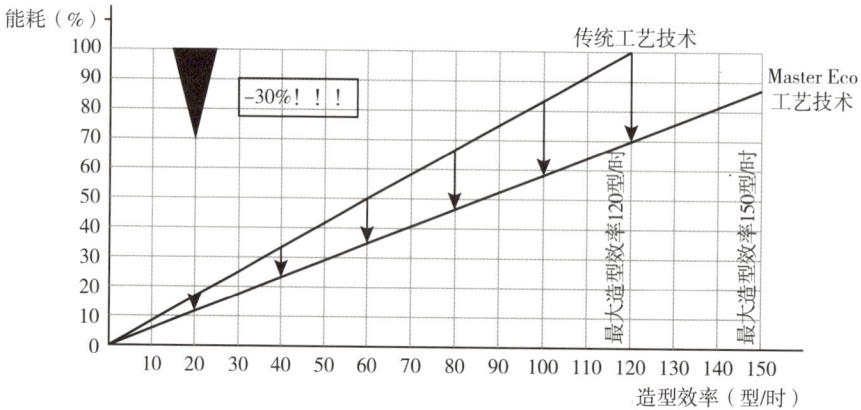

图 3　能量消耗对比试验结果

（4）开发了多触头分区压实系统。该技术将多触头分配到不同压力区内，根据不同的工件要求，选择不同的压力分区和压实力，每个分区中的多触头压力可分别调整，不同压力区的挤压时间也可分区调节。其最大的特点就是提供给用户多种参数调整的手段，结合工艺要求，生产出高质量的铸件。图 4 为多触头压实设备，图 5 为 KW 多触头压力分区示意图。

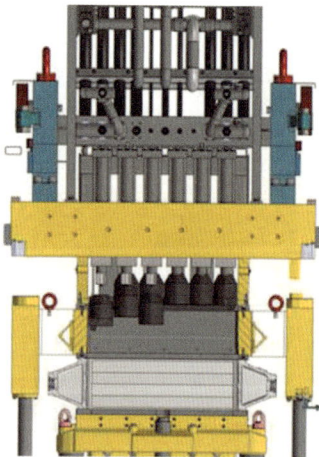

图 4　多触头压实设备

图 5　KW 多触头压力分区示意图

（5）研制开发了参数预置、远程控制和监控系统。

造型机的参数可以预置、调整和存储。造型生产过程中，可以事先预置参数，在生产中调整参数，也可在不同产品切换时，利用存储的相应产品参数调取直接使用，无需预置和调整，设备可自动完成；设备在控制系统中配备了远程控制和监控的软件和硬件，通过调制解调器利用当地的局域网连接互联网，就完全可以对设备进行远程诊断和故障排除。这项技术在 KW 公司所有设备中全面使用，极大地方便了用户，缩短了维修服务时间、节省了成本。此项技术也为管理者提供有效的管理帮助。图 6 为 KW MASTER ECO 150 造型线。

图 6　KW MASTER ECO 150 造型线

2. MAX 系列倾转式智能浇注机

近年开发了第三代智能浇注机，该机可以和熔炼、铁水转运、造型线生产工部的设备实现数据交换、互锁和同步，实现完全自动生产，是智能化铸造工厂的必备产品。目前在世界上已经有 40 余台运行，中国自 2017 年以来有 15 台三代产品投入生产运行，很多用户是选择该产品代替老式的浇注机，并用于生产高端铸件产品，如球墨铸铁缸体、缸盖曲轴、车桥产品等。图 7 为 MAX 系列智能浇注机。

图 7　MAX 系列智能浇注机

（1）研发了智能集成控制系统。该机通过 PROFIBUS/PROFINET 与外部系统实现信号的交换，即同时可与铁水转运机构、造型线系统的信号通信和数据交换、并能跟踪和同步造型机的生产节拍，完成自动浇注，无需人工参与。

（2）开发研制了数字化的自动称重系统。根据倾转式浇注机的特性，采用四套称重系统集成的功能，可实现静态及动态的称重。即可在铁液转运、浇注过程中完成称重，称重精度高达 ±0.5%。另外，浇注机还可在获取铁液时及时和熔炼铁液转运工部进行通讯，告知所需要铁液量。例如：在浇注结束阶段，最后只剩 3 箱需要浇注，此时浇注机即可发讯铁液转运系统，下包铁液只需取三箱铁液量即可。这项功能是最大限度地有效利用铁液量，减少浪费、降低成本。

称重精度的提高，可以大大节省铁液用量。据统计，按照常规的一条造型线的生产量，每箱节省 1~2 kg 铁液计算，每年可节省 400~600 t 铁液，其价值可达 500 万~750 万元，这仅仅是统计的直接节省成本。

（3）研发了自动对焦、同步浇注系统。该机可以通过此系统准确地找到浇口位置，并实现浇注机和造型线的同步功能。在不影响造型线的正常生产情况下，浇注机可根据造型线给出的数据实现自动浇注和追踪。即自动浇注机在换包、浇注过程中不影响造型线的生产率，无需任何人工干预，完全可以实现自动化生产。与传统的人工浇注方式相比较具有灵活、智能、高效等特点。同时该机可实现随流孕育。在浇注过程中随浇注随孕育，并对孕育剂进行定量浇注。生产球磨铸铁件也无需转包操作，大大节省操作环节和时间，提高了整线的生产率。

（4）研发了虚拟转轴自动旋转系统。该系统的研发成功，可保证浇注过程中浇注机浇注高度是恒定的，即无论浇包处于什么角度进行浇注，从浇包铁液出口至型腔面的高度为定值，确保了每一箱的浇注状态是一致的，从而保证了产品质量的一致性。图 8 为 MX 系列智能浇注机，图 9 为某大型汽车铸造厂使用现场。

图 8　MX 系列智能浇注机图

图 9　某大型汽车铸造厂使用现场

三、主要成果

KW 公司始终重视产品研发和技术革新，在德国设有全球研发中心，产品均具有自主知识产权，通过自主研发或同全球科研院所合作研发新产品、新材料、新技术，并取得丰硕成果，在世界范围内先后获得专利有 90 多项，内容涵盖双面压实、称重加砂、高精度造型、脱模、浇注等。

四、展望

（1）铸造作为我国工业的基础行业，其装备制造业一直发展水平不高，尤其是高端装备制造同发达国家相比，差距仍很大。这几年虽然有所投入和研发，但因企业发展自身限制及认识程度不够，其发展的速度比较慢，真正的高端智能化工厂或车间不多，需要行业加大宣传力度，并提供多方面的支持，企业自身需要充分认识到，未来装备的数字化、智能化是发展方向，需要连续不断的投入和更新，才能保证企业发展的生命力。

（2）铸造装备的未来发展空间广阔。我国目前铸件的产量位居世界第一，远远大于德国和美国，铸件的出口量也越来越大，但其装备制造的水平和出口量与其不相称。未来需要提升的方面很多。比如：装备的可靠性、先进性等。

（3）铸造装备某些关键零部件还需要依赖进口。如液压比例系统、伺服系统、密封系统等。这些都是数字化、智能化的关键部件。需要国家或行业加大投入，在类似这样的领域有所突破。其数字化装备的进程会向前推进一大步。

（4）近几年，很多企业通过参股或并购一些发达国家的生产制造商，通过引进学习、国外培训、技术转化等方式，加快装备制造技术的提升和发展，是一条有效途径。

IMPRESS-PLUS 精密高效智能冷室压铸机

力劲集团上海一达机械有限公司

为实现寄予压铸件的以铝代钢，以铸代锻的新时代专业要求，必须要有高性能、高重复精度，数字化、智能化、网络化的高效率压铸机，力劲集团深耕压铸机研发及制造，采用 p-Q^2 技术，综合精密压铸件的技术标准，兼容智慧工厂管理的工艺规范和精益生产之全新生产模式的管控要求来规划 IMPRESS-PLUS 系列的性能参数，研发制造满足新时代要求的高效智能环保好用的新一代冷室压铸机，促进压铸行业的整体发展。

一、导言

压铸技术发展至今已有 160 年的历史，由最初的铸字机到现在的卧式冷室压铸机，压铸机经历了重大的改革。近年来，随着汽车行业、通讯网络的发展，加上我国全面实施"制造强国战略"的大好形势，压铸机正朝着大型化、智能化、网络化、单元化的方向发展。力劲集团研发的 IMPRESS-PLUS 精密高效智能冷室压铸机，集智能压射系统、智能工艺辅助、SPC 质量监控系统、远程监控维护、智能调模、自动换模系统及伺服节能技术于一体，展示压铸单元自动化、数字化、智能化、网络化实现智能制造，提供成本效益平衡的高效生产解决方案。

二、IMPRESS-PLUS 精密高效智能冷室压铸机的研发

1. 智能压射技术

智能压射技术：采用 PLC、比例伺服阀、位移传感器组成的闭环控制系统，来实现压射过程的精准控制（图 1）。操作人员通过人机界面输入各段压射速度，在射料时，控制系统发出压射指令给控制器，控制器根据位移传感器反馈的实际位移数值及外界条件，进行运算，控制伺服阀在各段中阀芯开口度的大小，实现压射速度的控制。为实现压射速度的精准控制，在压射油缸的全行程细分若干个位置检测点，在油缸有杆腔出油口处设置伺服流量阀控制油缸活塞杆运动速度，在油缸有杆腔油端部设置磁感应位置传感器，压铸机首次射料压

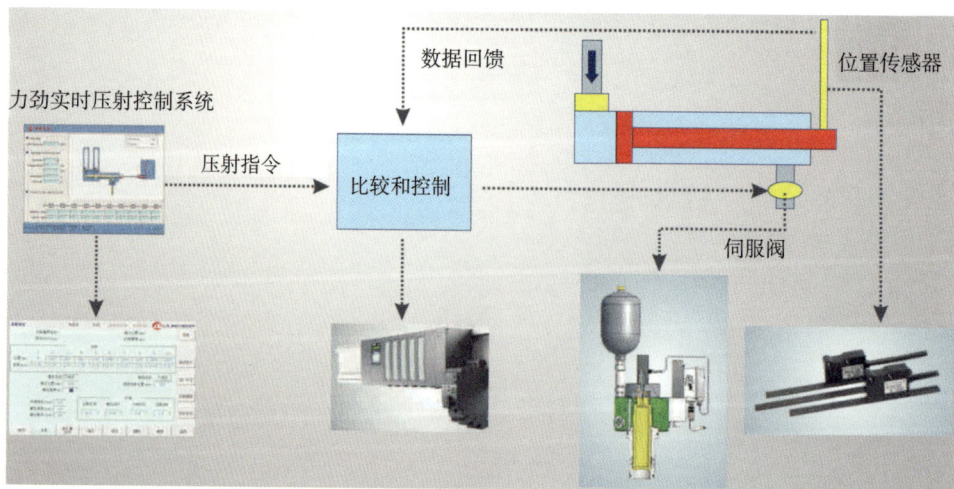

图 1　智能压射系统

铸前在控制界面中直接输入各位置监测点所要求达到的压射速度。射料压铸时，控制器通过0～10 V电压控制信号控制伺服流量阀阀芯开口度的大小，使压射油缸出口的液压油流量通过伺服流量阀得到精准控制，从而实现压射运动速度的精准控制。磁感应位置传感器反馈实际压射时的位置信号至控制器，控制器根据压射油缸活塞杆通过该位置的时间以及所经过的位移可计算出通过该位置的速度，再与设定速度进行运算比较，根据比较结果，实时微调整控制信号控制伺服阀阀芯开口度的大小，使实际压射速度与输入的压射速度相同。实现压射速度可控功能。

智能压射技术可实时控制冷室压铸机压射全过程。其硬件系统配置采用西门子高配 PLC控制器 +12 寸西门子显示屏 + 伺服阀，可实现全闭环控制，实时采集、追踪，实时调整，保证实际值与目标设定值的一致（程序执行周期最快 0.5 ms）。通过多段速度设定，可实现慢速段的匀加速、过渡速度，快速填充、匀减速、压射末端刹车功能，客户可根据产品工艺要求任意设定（图 2）。多段速度控制主要为了满足压铸件的工艺要求，压射过程可分为慢速启动段、匀加速段、过渡段、填充段、减速段、增压段等。可根据铝液在压射室及型腔中的状态，分段调整压射速度，避免困有气体和卷入气体，造成铸件缺陷。

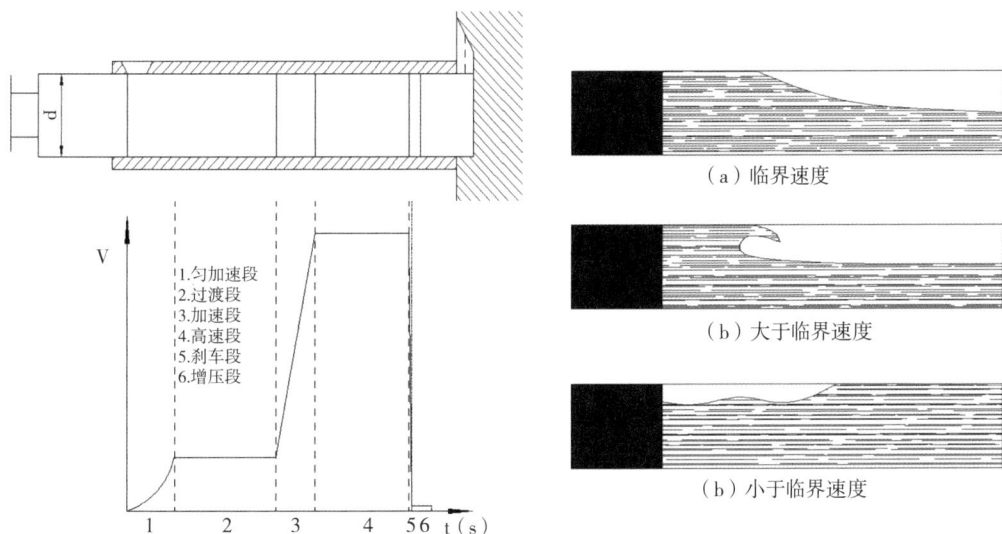

（a）临界速度

（b）大于临界速度

（b）小于临界速度

图 2　多段压射（理论）图

2. 智能工艺计算

压射工艺参数智能计算：压铸机的压射过程中，压射冲头的速度、位移及其位置点的参数值的计算工作，通常由人工计算。智能化计算的工作，是将冗长而繁琐的人工计算，由机器自动计算所代替，其计算所得的数据与人工计算是相同的。通过 $p-Q^2$ 图技术自动绘制压铸机的 $p-Q^2$ 动态性能图，并自动计算出所需工艺位置，通过设定增压储能压力自动计算铸造压力，并根据输入的铸件总投影面积计算增压所需的锁模力，操作人员只需通过人机界面输入浇注质量、合金种类（密度）、冲头直径等基本参数，系统可以模拟计算出匀加速、过渡速度、快压射速度等速度值和速度切换位置，以方便工艺调整、对比。参考临界速度可以有效降低卷气概率。

3. SPC 质量监控系统

SPC 质量监控系统具备位置、速度、压力三种参数曲线显示功能。通过实时检测、记录及异常报警输出、品质监控等功能，可为客户的产品品质提供有力保证。当出现品质异常时，能有效帮助客户进行品质追溯分析。同时，丰富的特征参数预设功能，范围包括慢速、快速、料饼厚度、快速切换点、铸造压力、建压时间、循环周期、加速时间、模温、料温等 10 多个关键品质参数，并拥有强大的参数存储能力，可存储压射曲线 2000 条、特征参数 30000 条，便于日后工艺重复再现，缩短试模时间，提高生产效率。此外还具备品质监控、不良品分拣功能，在一定时间范围内能有效进行品质追溯，为客户产品提供品质保证。

4. 远程监控维护及远程管理

IMPRESS-PLUS 具备强大的网络功能，可以通过以太网、Profibus、Profinet、串口、USB 口，实现数据收集、数据导出、网络监控功能，使设备能更好融入工业 4.0 平台，与客户 MES 系统无障碍对接，实现设备的远程运维及远程管理（图 3）。

图 3　远程管理网络

5. 智能调模技术

压铸机从整机功能分为合模机构、压射机构、液压传动、电气控制以及安全防护。其中压铸机合模机构的作用主要实现合开模动作、锁紧模具及顶出产品。压铸机合模机构包括动模板、定模板及尾板及调模机构，调模机构固定在尾板上，具体包括液压马达及齿轮组件等。

调模机构通过液压马达带动齿轮组件，使锁模柱架的尾板和动模板沿拉杆作轴向运动，从而达到扩大或缩小动模板和定模板间距离。之前的调模机构设计、制造多采用手动调模方式，即凭操作人员经验判断调模后锁模力大小是否合适。由于采用人力凭经验控制，调模完成后锁模力的大小无法客观精确控制，经常发生锁模力过大或过小的情况。锁模力过小会造成压射时飞料，存在较大的安全隐患；而锁模力过大会引起机器的锁模力长期工作在额定负荷之上，容易对设备造成损伤，缩短使用寿命。针对上述问题，由力劲集团自主开发的压铸机智能调模系统，包括锁模油缸、调模马达、方向阀、PLC、压力传感器和调模电眼（图4）。

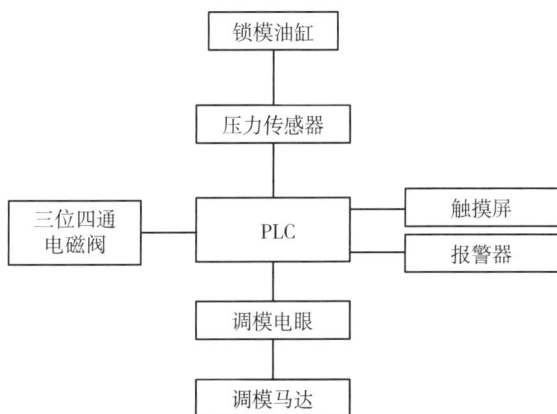

图 4 调模系统

通过压力传感器测得此时实际的锁模力，即锁模油缸内压力值，PLC 将收到的压力值与压力预设值比较，如果实际的锁模力大于压力预设值，称为模厚状态，相反则称为模薄状态。通过收到的压力值与压力预设值的差值获知调模马达需要转动的圈数和方向。PLC 设置所述调模电眼的监测阈值，该监测阈值与调模马达需要转动的圈数相对应，随后 PLC 驱动调模控制油路上的方向阀打开，系统供油给调模马达使得调模马达顺时针或者逆时针转动，此时调模电眼用于监测调模马达转动的圈数（环形位移量），当调模马达转动的圈数达到监测阈值时发送信号通知 PLC，此时 PLC 驱动调模控制油路上的方向阀关闭，至此完成一次智能调模。在一次智能调模结束后，压力传感器可以再次测试实际的锁模力并发送给 PLC，PLC 将收到的压力值与压力预设值比较，如果二者相等，则 PLC 驱动报警器声音提示调模结束，如果二者仍然不等，可以再重复智能调模。

力劲智能调模系统与传统手动调模控制系统、手动操作调模方式相比，压铸机智能调模系统，通过压力传感器测得实际锁模力，根据实际所需锁模力大小做一次自动完成调模，调模完成后报警提示，并可后续多次微调。由此，通过此套智能调模技术，可将调模目标锁模力始终限定在机器的额定锁模力之内，并有足够的锁模力保证压射时不飞料，这样既消除安全隐患，又保证机器在额定负荷下工作，延长机器的使用寿命，同时使得智能调模操作更加方便、快捷（图5）。

6. 自动换模系统

自动换模系统具备一定高效性，利用液压模桥、头板定模顶出机构、模具自动夹紧、模具顶杆自动连接松开等机构的配合，能够快速完成模具更换工作，缩减机器的非工作时间，提高机器的稼动率，提升机器的月产出量（图6）。利用自动模具锁紧装置，能够针对模具，自主开启夹紧或者松开工作，降低人工劳动强度，提升换模效率。利用头板模具推出装置，能够在短时间内迅速完成拆卸模工作。通过中心旋转顶出装置，能够实现顶杆与模具的快速连接和拆卸。使模具设计标准化、模块化，满足顶杆快换的匹配性，促进标准化管理，以实现高效率生产。利用机械式液压模桥，对模具起辅助支承与安装定位功能，使模具实现快速定位安装。

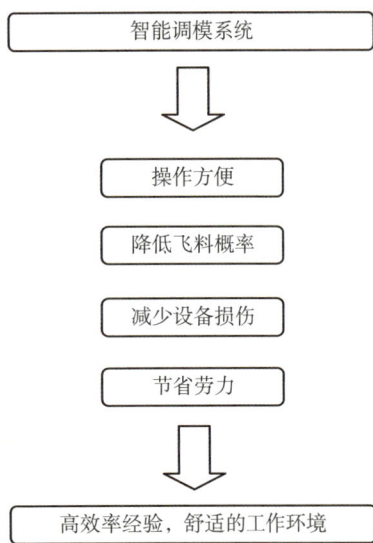

图5　智能调模系统优点

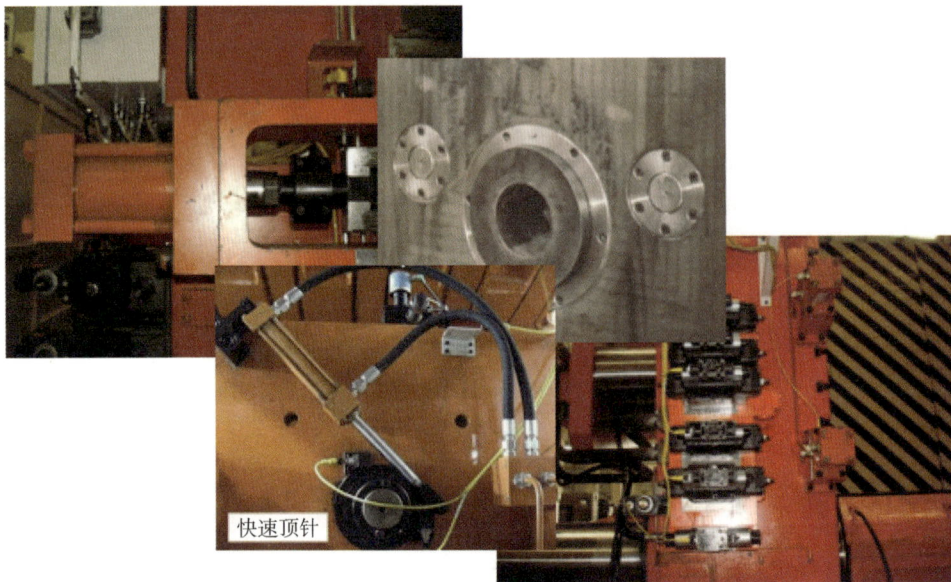

快速顶针

图6　自动换模装置

7. 智能电动安全门控制技术

智能电动安全门控制技术，采用无上轨的机械结构包括固定安全门支承、活动安全门、直线导轨、伺服电机、同步带等，直线导轨的滑块安装固定在安全门支承上，活动安全门悬挂于固定安全门支承与直线导轨的滑块配合，由伺服电机驱动同步带传动，主机 PLC 集成控制安全门与压铸机的联动，实现生产的自动化（图 7）。

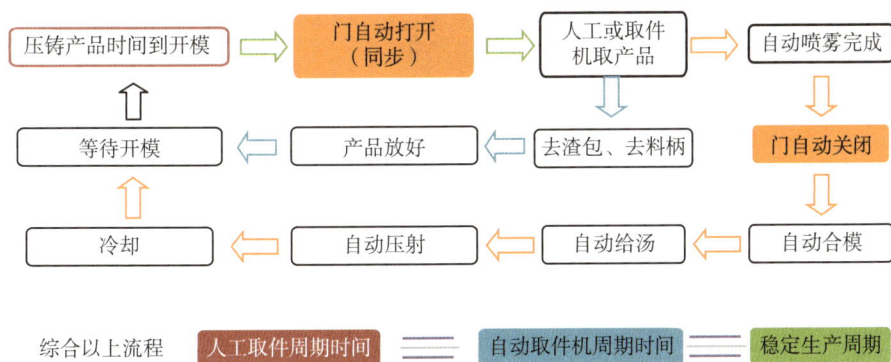

图 7 智能电动安全门生产流程图

本技术的效果在于：

（1）采用伺服电机驱动。采用自润滑滚珠式直线导轨副和伺服电机驱动、同步带传动，可靠的稳定性及低摩擦阻力，磨耗少，运动速度快而平稳，控制精确无撞击，有效降低能耗，提高机器循环时间，更环保，更节能。

（2）通过 PLC 编程，智能安全门与压铸单元实现自动化联动，安全快捷。

（3）更换模具方便顺畅。无上轨结构，模具安装区域不遮挡，更换模具方便顺畅，操作空间大，进一步缩短了压铸机的换模时间，提高压铸机的利用率。

8. 伺服节能技术

伺服节能技术是 IMPRESS-PLUS 精密高效智能冷室压铸机液压控制系统的主要技术之一，IMPRESS-PLUS 精密高效智能冷室压铸机主油泵采用伺服油冷电机驱动，油路组件上装有压力传感器，在油缸处安装位移传感器，控制器根据压力反馈信号、位置反馈信号、压力设定信号、位置设定信号、速度设定信号，进行综合运算。根据计算输出控制伺服电机的转速，从而控制液压泵的输出流量，以进行压力、速度、位置数字化的控制（图 8）。

节约能耗：一般压铸机电机有 80% 的时间都是空载，因而传统不能变速的定量油泵浪费很多能源。而 IMPRESS-PLUS 精密高效智能冷室压铸机配置了可变速伺服油泵，只在有需要时动作，在生产初期即可显著节省能源。伺服油泵的快速反应亦可缩短空循环时间，从而有效地减少整机的消耗功率，比普通压铸机平均耗电量节能 50% 以上（图 9），油液冷却水量节省 40% ~ 50%。

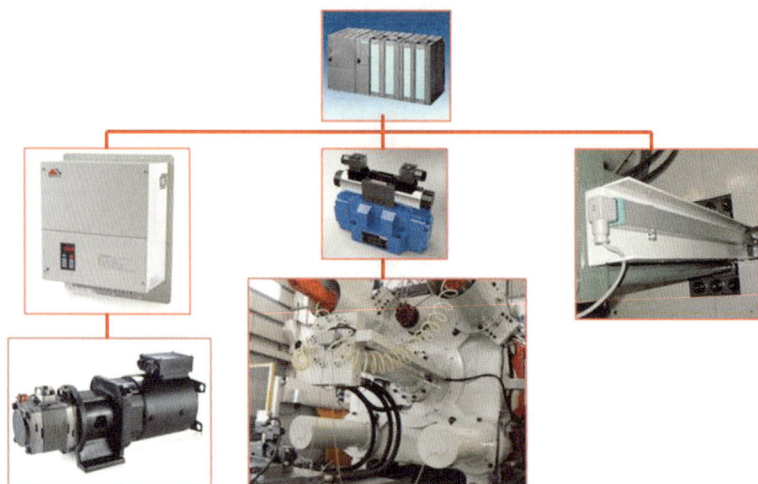

图 8 伺服节能系统

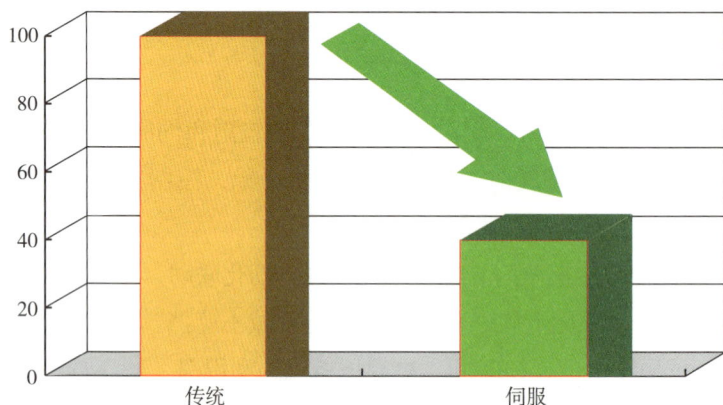

图 9 电能耗对比图

首次将油冷伺服控制器与伺服电机应用到冷室压铸机，用以替代原传统三相异步电机，并将原驱动器风扇冷却升级为油冷驱动器，增强了设备的环境适应性，解决了在高温、多粉尘压铸环境下容易发热、污染、堵塞等问题，保证压铸机稳定工作。同时，通过与驱动器、电比例流量阀、电子尺、压力传感器的硬件配置和程序软件配合与调校，可进一步提高开合模的精准度。当开模接近设定位置时，伺服电机转速成线性下降，使之到达位置时模板不会"过冲"，能在准确的位置停下来，性能稳定、可靠。可达到以下技术指标：

（1）开模重复精度高，精度可控制在 ±2 mm。有利于提高取件机的夹取准确率，减少因开模位置精度导致取件问题停机的次数，提高自动化效率。

（2）可任意设定开模位置，提高生产效率。绝大多数产品在满足取件的情况下，可通过缩短开锁模行程来减少 1~2 s 循环时间。

伺服节能技术节能效果非常明显、控制精度精确、空循环时间缩短，生产效率提高，更有利于与周边设备自动化的配合。

三、应用效果

压铸是实现大批量高效率的一种金属成形工艺，压铸行业的发展与汽车行业、通信行业密切相关，近年来随着我国汽车行业的轻量化要求，以铝代钢、以铸代锻，有色金属的大量运用，压铸行业发展迅速，未来会有更好的发展前景。当今社会，人们对汽车要求趋于高性能、低污染、低能耗等。汽车重量对能耗经济性起着决定性作用，新能源汽车的重量决定了续航里程，汽车降低能耗的途径主要有改进系统和减轻汽车重量，而使用轻质材料制造汽车零部件是减轻汽车重量的有效途径。压铸镁铝合金具有高强度比、良好的耐蚀、良好的导电导热性及良好的铸造、加工等性能，因镁铝合金压铸件优异的性能及高效率的生产特性，使其成为汽车轻量化的首选。现镁铝合金压铸件的发展趋势是朝着大型、复杂、薄壁和高精度、集成化方向发展。

力劲集团 IMPRESS-PLUS 精密高效智能冷室压铸机压铸的产品具有尺寸精度和表面光洁度高；强度和表面硬度高；形状复杂、壁薄；成形效率高等特点。并且该 IMPRESS-PLUS 精密高效智能冷室压铸机具有实时性、高响应和重复精度高的特征，可在精确的时间间隔内，完成压射参数的测量、计算，以及控制量修正。同时，该设备还实现了对压射过程的多级编程和智能计算与分段，可在实际参数与设置值存在偏差时，通过控制量的自动修正，将误差控制在预定的范围内。与同行业其他企业生产的压铸设备相比，力劲集团研制的高精密高效率冷室压铸机整体性能处于国际先进水平。

主要功能指标：

1）智能压射：①实时性保证高响应和重复性，可在精确的时间间隔内，完成压射参数的测量、计算，以及控制量修正；②闭环控制增强工艺能力和稳定性；③多级编程，自动修正，将误差控制在预定的范围内；④智能计算及分段并可实现工艺参数报警。

2）智能调模：系统可以自动调整设定锁模力。

3）模具快换：更换模具时机械自动化装置代替人工操作。

4）伺服节能：液压系统根据实际需要调整电机转速，控制油路的流量大小，从而实现节能。

5）智能电动前安全门控制：无横梁结构设计，提高生产效率，降低劳动强度。

其关键核心技术指标包括：①实时控制周期 1 ms。②慢速至快速转换位置重复精度 ±1 mm。③铸造压力控制精度 ±2.5%。④慢压射速度 0～0.7 m/s；最大空压射速度 ≥ 8 m/s；

速度调节精度 0.01 m/s。⑤开锁模位置精度 ±2 mm。⑥自动生成工艺参数，压射速度及位移。⑦伺服节能 50%。⑧实际锁模力控制在设定锁模力的 ±5% 偏差范围内。⑨换模时间缩短 50%。

四、主要成果

目前，相关技术已获得多项国家技术发明专利或实用新型专利：《压铸机安全门》《压铸机控制系统》《压铸机调模系统》《顶针杆夹紧装置及其压铸系统》《用于 PLC 的输出装置、压铸机及注塑机》《流体循环控制系统及压铸冷却装置》。

五、展望

随着节能与环保呼声的日益高涨，压铸行业也已被推到风口浪尖，而作为生产装备的压铸机则应是环保、节能、高效、稳定、智能的压铸生产引领者，为此，压铸机制造企业应向压铸企业提供符合时代发展的清洁生产装置，为"绿色压铸"提供技术支持。因此，本项目主要针对现有冷室压铸机压铸精度不高这一主要问题开展相关研究，突破冷室压铸机在实时控制、智能调模、精密制造、节能与高效生产方面的技术不足，进一步提高国产冷室压铸机的性能指标和市场占有率随着信息化技术的推进以及数字化技术的应用，冷室压铸机也呈现出更新换代之势，越来越多高新应用技术让冷室压铸机的自动化技术、数字化技术、智能化技术、网络化技术得到了更进一步发展。依照当前的发展态势来看，冷室压铸机将会向着更加精密化的程度发展，自身参数的更新、技术的融合都会让其在应用过程中实现生产效率的提升，让其所生产的产品往精、实、密高品质压铸件提升，达到更高技术要求的应用效果。此外，也正是因为自动化程度的提升，冷室压铸机应用过程中将会实现更为高效的工作效能，智能化的压铸机、自动化的压铸单元，网络化的生产管理将会在人力成本节省方面展现优势，这都让应用企业的利润空间得到拓展，实现企业生产效能和成本节约的双重发展效果。

高效智能压铸单元

广东伊之密精密机械股份有限公司

　　压铸行业的工作环境十分恶劣和危险，随着汽车、5G 通信、建筑材料等行业的迅猛发展，带动压铸机朝着超重型方向发展，人工操作劳动强度大，智能压铸单元是解决高强度、高难度、高危险的最佳方案。所谓智能压铸单元是指通过计算机数控技术、通信接口技术和网络技术，将压铸机及周边辅助设备有效地联动起来，在联动的过程中将压铸生产最大程度实现自动化生产，用机器操作替代人工操作，降低人工劳动强度和成本，提高生产效率。

一、导言

压铸行业的工作环境十分恶劣和危险。压铸生产过程中产生的金属粉尘和雾气对人体危害性极大，压铸机周围的环境温度高达 50℃以上。随着汽车、5G 通讯、建筑材料等行业的迅猛发展，带动压铸机朝着超重型方向发展，压铸件的重量越来越重，人工操作劳动强度大，有的工作甚至无法通过人工操作实现，智能压铸单元是解决高强度、高难度、高危险工作的最佳方案。所谓智能压铸单元是指通过计算机数控技术、通讯接口技术和网络技术，将压铸机及周边辅助设备有效地联动起来，在联动的过程中将压铸生产最大程度实现自动化生产，用机器操作替代人工操作，降低人工劳动强度和成本，提高生产效率。

智能压铸单元是以压铸机为中心，配套给汤机、取件机器人、喷涂机器人、保温炉、制品检测装置、冷却装置、油压切边机、去渣包装置、锯断装置、激光刻印机、产品输送带、废品输送带、镶件输送装置、镶件恒温装置、真空机、模温机、高压点冷机、通风除尘设备、X 光探伤检测装置等周边辅助设备，组成可联动实现全自动化生产的压铸单元。

二、智能压铸单元设备

1. 智能压铸单元技术标准的建立

智能压铸单元技术标准的建立分四个阶段。

（1）压铸生产由手动操作向全自动化转型

压铸行业的现状是很多的压铸件生产企业自动化程度低，大部分的工作是靠人工完成的。压铸生产环境十分恶劣，越来越多的人不愿意从事压铸工作，迫使压铸企业向全自动化生产转型，要使压铸生产实现全自动化，对压铸单元的组态尤为重要。压铸单元组态的原则是根据压铸件的几何形状、模具设计特点、企业的发展战略进行组态。

压铸单元的基本组成是由压铸机、定量炉（或给汤机＋保温炉）、取件机（或取件机器人）、喷涂机（或喷涂机器人）、产品检测装置、产品输送带、安全围栏组成（表 1）。压铸单元可根据生产自动化的需求，可以扩展高端配置，如冷却装置、油压切边机、去渣包装置、锯断装置、刻印机、废品输送带、镶件输送带、镶件恒温装置、真空机、模温机、高压点冷机、通风除尘设备、X 光探伤检测装置等周边辅助设备（表 2）。

表1　2500吨压铸单元的基本组态表

序号	设备名称	数量	单位	序号	设备名称	数量	单位
1	2500 t 压铸机	1	台	5	取件机器人	1	台
2	电保温炉	1	台	6	产品完整性检测	1	套
3	给汤机	1	台	7	产品输送带	1	台
4	喷涂机器人	1	台	8	安全围栏	1	套

表2　压铸单元的扩展组态表

序号	设备名称	数量	单位	序号	设备名称	数量	单位
1	废品输送带	1	台	12	纯水机	1	台
2	镶件输送装置	1	台	13	中间水箱	1	套
3	镶件恒温装置	1	台	14	通风除尘设备	1	台
4	冷却装置	1	台	15	真空机	1	台
5	油压切边机	1	台	16	储气罐	1	个
6	去渣包装置	1	台	17	配比压送机	1	台
7	锯断装置	1	台	18	滴油机	1	台
8	刻印机	1	套	19	快速换模系统	1	套
9	模温机	2	台	20	X光探伤仪	1	台
10	高压点冷机	1	台	21	热成像仪	1	台
11	高压模冷机	1	台	22	视觉系统	1	套

2500 t 压铸单元的基本组态图，如图1所示。2500 t 压铸单元的基本组态平面布局图，如图2所示。

（2）压铸生产由全自动化向数字化转型

现有的压铸单元的薄弱点是压铸机及其配置的辅助设备各有各的控制系统，实现自动化生产靠各种设备的点对点的IO信号接口连接，如果设备发生故障，操作员或设备维修人员别无选择，只能从每台设备上开始检查故障发生的原因。通常每台设备是需要归零的，操作员需要将压铸单元内的每台设备手动归零，操作繁琐。每台设备的工艺参数数据分散且不能相互交换和共享，操作员收集数据、分析数据和处理数据的难度，找到解决问题方案的难度大。

识别并解决压铸单元中存在的薄弱点，其关键是在压铸单元上安装更先进、运算速度更快、数据存储量更大的中央控制系统。一键归零按钮配上中央控制系统，很轻松地实现压铸

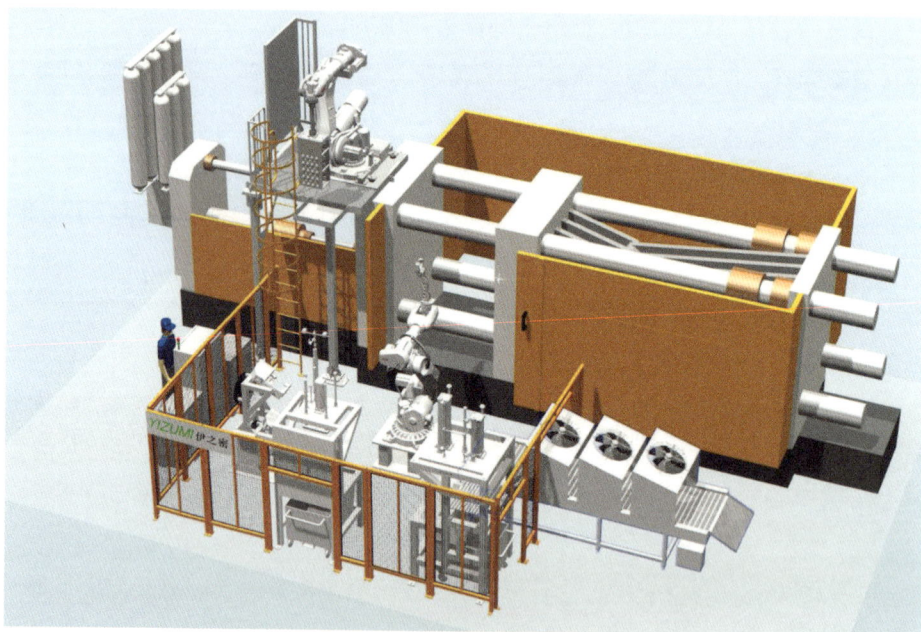

图 1　压铸单元的基本组态

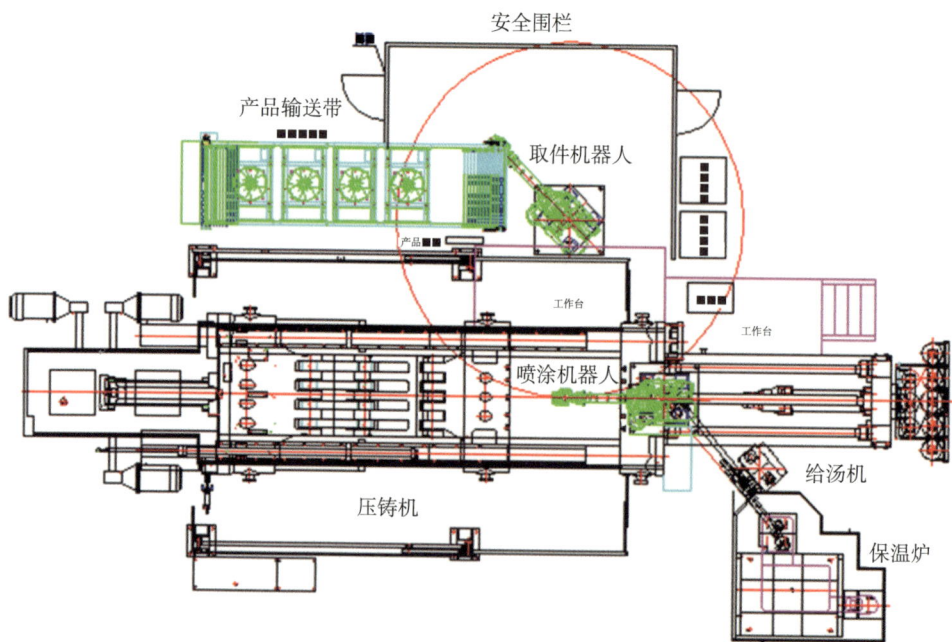

图 2　压铸单元的基本组态平面布局图

单元所有的设备自动归零，免除操作员手动归零和重新启动的烦恼。中央控制系统能够收集压铸单元所有设备的工艺参数，处理工艺参数的偏差，提供改进生产工艺参数的信息。中央控制系统可支持压铸单元可视化操作，压铸单元的各种设备故障信息、解决故障方案、维护保养信息、工艺参数等都在显示屏上显示，能轻而易举地找到问题的原因和解决方案，压铸单元的自动化程度显著提高。

中央控制系统在压铸单元中起着"大脑"的作用，它集成在压铸机控制系统中，直接与压铸机的辅助设备，如取件机器人、喷涂机器人、打码机、给汤机等以通信接口的方式进行连接，如图3所示。中央控制系统通过通信连接的方式与周边辅助设备的IO信号接口数据、工艺参数、设备故障信息、产品可追塑性、设备维护保养等进行数据交换、监视和控制，中央控制系统的用户界面指令清晰明了，故障信息位置判断准确，配置压铸单元各设备的不同周期内的维护保养功能。生产过程的所有信息和数据都存储在中央控制系统的数据库中，轻松地实现压铸件品质的可追塑性。

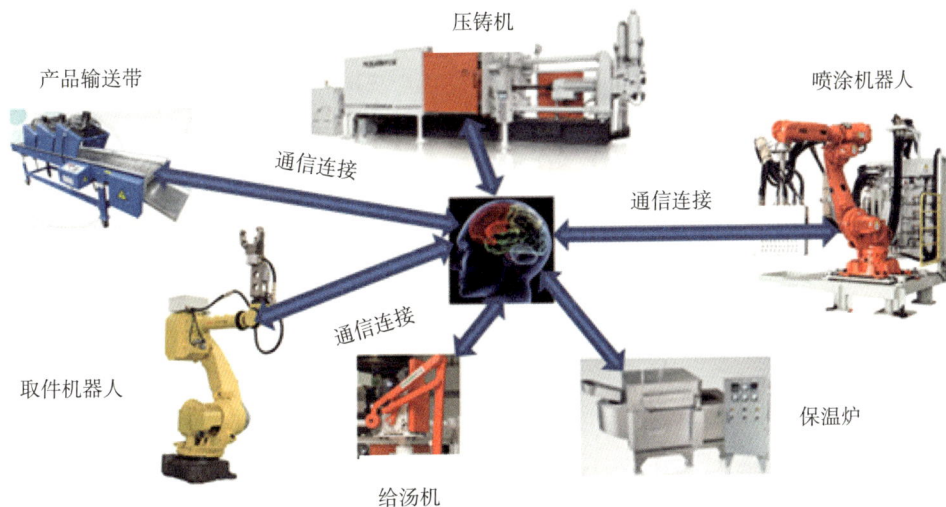

图3　中央控制系统与辅助设备的通信连接图

数字化压铸单元的另一个优势是压铸单元在全自动化生产过程中突然发生生产中断情况时，所有设备的故障信息都保存在中央控制系统中，可集中显示，系统还会提供中断原因和排除方法，极大地缩短了故障的排除周期。

现阶段，对压铸件品质具备可追塑性是压铸行业的普遍要求，特别是汽车行业、5G通信行业、航空航天等行业，要实现压铸件品质可追塑性，就需要记录并保存大量的生产数据，迎接大数据的到来。

（3）压铸生产由数字化向智能化转型

工业4.0的概念最早出现在德国，其宗旨是提升制造业的智能化水平，在网络系统和物联网+的技术基础上建立具有适应性、资源效率及大数据处理的智慧工厂；工业4.0是以智能制造为主导的第四次工业革命，充分利用了信息通讯技术和网络空间虚拟系统相结合的方法，将制造业向智能化转型。在此前提条件下，压铸生产向智能化转型已成为压铸行业发展的必然趋势。

智能压铸单元利用网络化数控技术、高速实时以太网通信技术、信息接口技术、智能故障诊断技术和 MES 技术等，以压铸机为核心，配合给汤机械手、下料机械手、喷涂机械手、保温炉、智能化售后服务管理、数字化铸造 MES 等子系统，开发集先进压铸技术、机器人技术、传动技术、网络化数控技术、物联网技术、YFO 服务软件、ERP 软件、知识建模处理技术和制造执行 MES 等先进技术于一体的高端智能压铸装备。目前，压铸企业使用的智能压铸单元按照网络结构分为局域网智能压铸单元和互联网智能压铸单元。

局域网智能压铸单元是由数字化压铸单元、显示器、输入设备、服务器、以太网络、操作系统软件、MES 系统软件等组成，如图 4 所示。

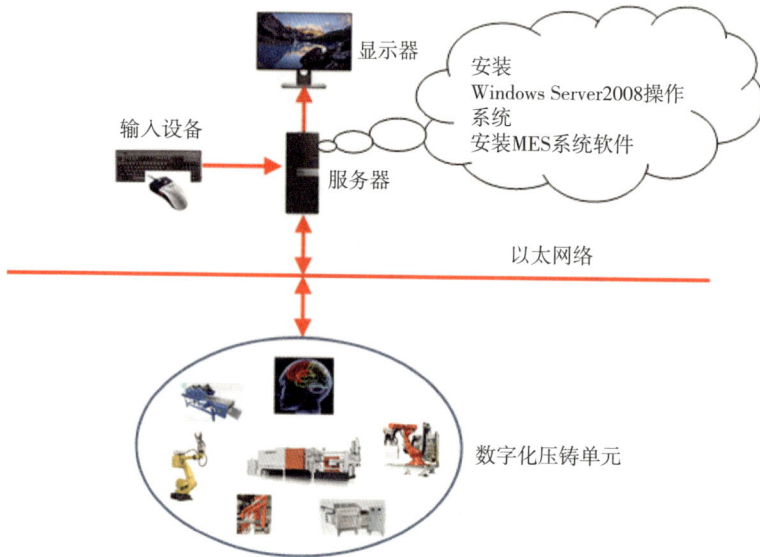

图 4　局域网智能压铸单元

互联网智能压铸单元是由数字化压铸单元、显示器、输入设备、IOT 模块、4G 或 5G 网卡、互联网云平台、电脑、ERP、手机 APP、YFO、操作系统软件、MES 系统软件等组成。

（4）智能压铸单元技术标准的建立

智能压铸单元研发的目标是压铸生产过程，从接到生产订单、制订生产计划、下达生产任务、从铝液熔化到压铸件成品产出，全程实行自动化控制，生产效率高，产品质量稳定。同时需要利用数控系统，可视化系统将压铸机主机与辅助设备的生产动作同一控制，形成高集成度，控制信号统一的高效控制系统，从而优化压铸单元整体的响应精度及速度，提高生产效率。为了实现该目标，压铸行业必须建立智能压铸单元技术标准，稳步推进压铸行业与工业 4.0 接轨。

智能压铸单元技术标准有：①通讯接口标准；②数据接口标准；③压铸过程工艺参数标准；④ MES 平台技术标准；⑤设备间信号接口标准；⑥智能服务标准。

2. 智能压铸岛工艺过程研究与方法

在智能压铸单元设计过程中，为保障压铸单元快速、高效、安全地运行，在程序设计中对各个动作的触发信号和互锁信号进行严格审核，保证设备运行流畅，不发生动作冲突。整个压铸单元外围安装安全防护围栏，与外围物流通道和人行通道隔开，保证人员和设备安全。为压铸生产过程配备包括自动化装置在内的成套设备，一般分为两种不同层次的配置。

（1）基本配置

压铸机基本配置保温炉、给汤、取件、喷涂和输送装置设备，就能实现压铸单元的自动化生产，再增加一些与压铸机运行相关的配置，如：压射过程实时控制、压射冲头和压室的润滑，在模具型腔内铸入镶件、锁模力检测及自动调模、压铸件局部缺陷检测与判定等，这些都是与压铸运行一个循环周期内的程序有关，组成的一个自动化功能较为齐全的压铸单元。当压铸生产过程采用了相关的工艺性装置时，则主机的程序还需要与这些工艺性配置衔接。

（2）高端配置

在压铸单元的基本配置中增加镶件输送带、镶件恒温装置、模温机、真空机、打码机、去渣包装置、高压点冷机、切边机、料柄锯床、抛丸机、去毛刺机、压铸件重点部位在线检测装置、工序间的传送、空气净化装置、快速换模及夹持，安全护栏等，形成高端配置的自动化生产流程的压铸单元，在这个压铸单元内可以实现无人操作的生产方式。压铸单元的配置比较复杂，很难限定在一个标准的模式，应根据生产的实际操作需要进行选择，达到性价比合理配置即可。

3. 智能压铸单元专用数控系统

为了实现对智能压铸单元各设备的良好控制，需要开发智能压铸单元专用网络化数控系统。智能压铸单元专用网络化数控系统，除了能够很好控制压铸机的工作外，还能够对周边的给汤机、取件机器人、喷涂机器人和保温炉等实施有效的控制。专用数控系统不仅要求具备常规的 PLC 控制功能，还必须集成运动控制、人机界面 HMI、网络通信等众多功能。因此智能压铸单元专用数据接口标准和技术路线选型是关键。为了实现压铸单元的智能化管理，对数据接口标准化尤为重要，设置统一的数据格式和传输协议，不同的周边设备制造商根据数据接口标准生产相适配的周边设备，但是目前压铸机周边设备的数据接口并不符合通用性的要求。

4. 智能压铸单元服务管理系统

现阶段，国内压铸行业售后服务的模式采用传统的人工模式。对于电话或者电子邮件中解决不了的问题，通常都需要派工程师到现场。压铸行业的客户通常遍布在全国及全世界各地，这无疑对压铸企业售后服务的能力和水平提出了更高的要求。对于一些大型的压铸行业客户，压铸机制造商通常采取直接派驻维修工程师常年驻扎工厂的方式。而对于很多分散的小客户，厂家难以派驻维修工程师驻厂，因此与大厂相比就往往得不到更好的技术支持和服务保障。为了减少厂家售后服务的成本，进一步提升售后服务的质量和水平，提出了利用先进的信息化技术进行智能售后服务的概念。利用智能远程售后服务管理系统，可以做如下的售后服务管理工作：①远程故障诊断；②远程软件更新维护；③远程数据采集；④远程工作统计。

基于物联网的售后服务管理系统。即售后服务软件在云计算平台上。利用已经建成的云计算平台和售后服务应用软件为用户提供账号、密码等。用户公司登陆云服务器，就可以对其全球销售的压铸机进行智能远程售后服务管理。运营方运维整个云服务器和售后服务软件，并根据服务量收取一定的服务费。

5. 智能压铸单元的 MES 系统

制造执行管理系统（MES）是企业 CIMS 信息集成的纽带，是实施企业敏捷制造战略和实现车间生产敏捷化的基本技术手段。工厂 MES 系统是近 10 年来在国际上迅速发展、面向车间层的生产管理技术与实时信息系统。MES 系统可以为用户提供一个快速反应、有弹性、精细化的制造业环境，帮助企业降低成本、按期交货、提高产品的质量和提高服务质量。适用于不同行业（家电、汽车、半导体、通讯、IT、医药），能够对单一的大批量生产和既有多品种小批量生产又有大批量生产的混合型制造企业提供良好的企业信息管理。

由于 MES 系统具有鲜明的行业和应用特征，因此本项目面向数字化压铸车间的需求，开发行业专用的 MES 系统，形成智能压铸车间，如图 5 所示。实现压铸过程远程监控、物料管理、压铸岛任务分配、压铸件产品追溯、生产过程统计等功能。

MES 系统上可连接 ERP 系统，下可连接数字化压铸单元，是实现企业信息化和自动化相融合的重要信息化管理软件系统。MES 系统可实现对从订单下达到产品完成整个的生产过程进行优化管理。其重要使命就是实现企业的连续信息流，协调和控制整个生产过程中的材料、人员、能源和设备，从而优化作业，降低成本，提高质量，缩短制造周期，通过运用现代企业管理技术、信息技术、网络技术和集成技术，实现对整个信息流、物流、业务流的有效规划和控制，提升快速响应能力，提高企业的核心竞争力。显然，智能化压铸单元组成的压铸车间，必然需要通过高效的信息化手段加以管控。而信息化又需要压铸单元装备和数

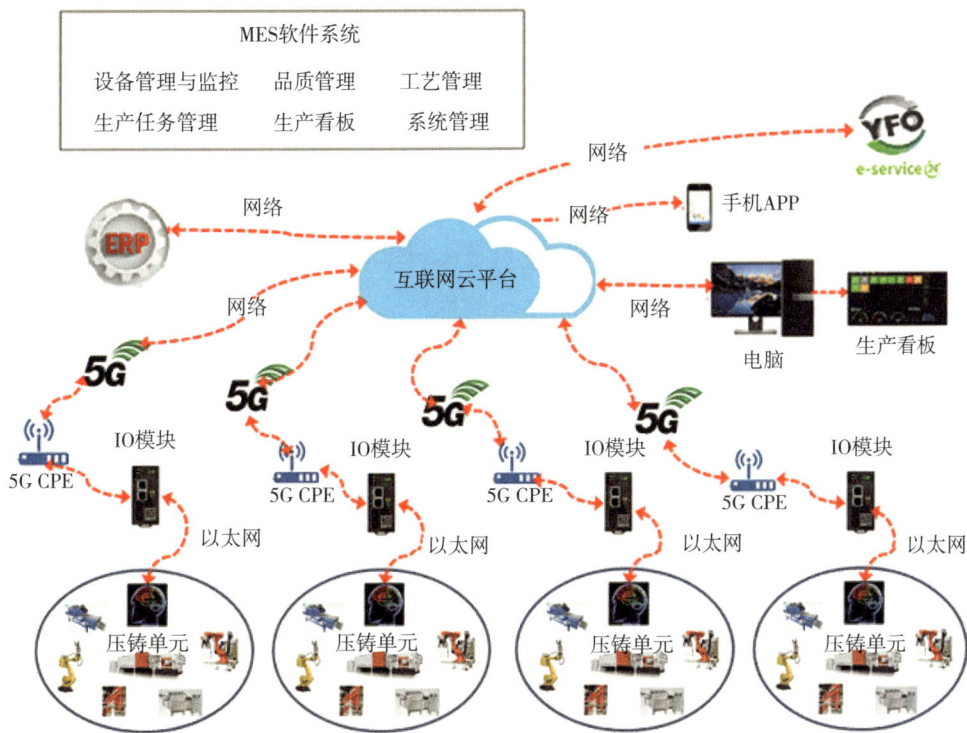

图 5 智能压铸车间

控系统具备良好的信息化接口，实现信息化、自动化和智能化的融合。因此智能压铸单元是在压铸机基础上进行自动化和信息化全面升级的高端机械装备。数字化压铸车间是由智能压铸单元与后台智能化 MES 管控系统组成的一体化解决方案。

三、主要成果

在智能压铸单元的研发过程中，吸收消化国内外先进技术，通过持续的技术攻关和自主创新，取得了大量技术创新成果，并有效地应用于公司的产品中，具体成果如下。

（1）实时控制技术

DM-ARC 实时控制冷室压铸机系列，采用嵌入式闭环控制系统、高频响伺服阀以及高分辨率位置和压力实时检测，集成系统硬件及软件技术，实现高稳定性与高一致性的压射控制、匀加速慢压射、高速末端刹车功能，压射速度 $\geqslant$ 8 m/s，增压建压时间 $\leqslant$ 15 m/s。适合汽车发动机缸体等高精度铝镁合金制品的压铸成形。

（2）智能在线品质监控技术

压射过程中，压射曲线自动记录并智能对比，出现异常及时报警，确保大批量产品品质一致性和稳定性，避免因工作状态变化而产生大批次品。适合生产汽车摩托车零部件、通讯电子产品等。

（3）伺服泵系统节能技术

根据压铸机负载大小，通过控制伺服电机转速和扭矩，精确控制动力系统的输出，可有效降低能耗。与定量泵压铸机相比节能 35%~70%。

另外，在学术方面发表高质量论文 3 篇，申请发明专利 3 件，实用新型专利 5 件，计算机软件版权 2 件。

四、展望

具有自主知识产权的高效智能压铸单元，集成各辅助设备的生产动作要求于同一个控制系统，这有利于控制信号的统一，提高响应速度及精度，从而提高生产效率。提高我国压铸制品加工技术及装备整体自动化水平，有利于提高压铸件企业生产率，减低劳动成本，增加企业利润，对推动压铸制品应用产业如汽车工业、电子电器工业、包装工业、建筑材料工业等重大产业的可持续发展有重要意义。

更为重要的是可以帮助压铸企业建立起面向复合型机械装备的自动化与信息化融合的系统集成标准。通过这些技术标准的实施，有助于帮助企业建立起统一的技术平台，降低企业产品研发的风险，加速产品开发的进度，方便企业的售后服务与维护。

双联压铸岛自动化项目

广州德珐麒自动化技术有限公司

　　随着汽车工业的快速发展，汽车正向多端化、高效化、柔性化的方向发展。对压铸行业设备的精度和效率的要求不断提高。双联压铸岛自动化项目采用多个6轴机器人协同作业，满足压铸产品不同工序的生产要求，实现在整个生产过程中的智能化和无人操作。模块式仿形喷雾、渣包机、静音锯床、去毛刺等设备及关键功能部件技术，引领技术发展和改变了大型零部件压铸后的生产模式。

一、导言

近年来，随着汽车工业的快速发展，汽车正向多端化、高效化、柔性化的方向发展。对压铸行业设备的精度和效率的要求不断提高。我公司设计生产的双联压铸岛自动化项目采用多个 6 轴机器人协同作业，满足压铸产品不同工序的生产要求，实现在整个生产过程中的智能化和无人操作。各设备及关键功能部件技术，引领技术发展和改变了大型零部件压铸后的生产模式。

二、双联压铸岛自动化项目

广州德珐麒双联压铸岛自动化项目，该系统项目是目前国内首套设备。由两台进口 2500 t 压铸机与 7 台机器人及周边设备组成的一个柔性压铸岛。通过模块切换，可同时生产缸体、减震塔等其他零部件。仿形喷雾、快速取出、去渣包、工件淬火、刻标、锯料柄、精冲整形、在线去毛刺等，全工序生产过程无人参与，完全实现智能化和自动化。利用机器人技术、自动化技术、物联网技术，实现压铸岛的智能化、自动化和信息化。机器人之间相互协同通信作业，所有生产过程由终端控制系统负责协调调度，实现压铸产品的信息化、网络化生产管理。

下面介绍的项目包括：
- 整体布局与工艺流程。
- 压铸机周边设备部分。
- 机器人 3D 定位系统部分。
- 取件机器人与锯床、冲床部分。
- 去毛刺旋转台与去毛刺机器人部分。
- 控制系统。

1. 整体布局与工艺流程

本自动化项目采用两套 2500 t 压铸岛并联安装生产，可实现多个产品不同工序的生产要求；具有机器人仿形喷雾、产品检测、去除渣包、产品淬火、刻标识别码、锯料柄、精冲整形、在线去毛刺等功能（图 1）。

整体由以下设备组成：宇部 2500 t 压铸机、仿形喷雾机器人、产品检测装置、渣包机、水箱、打刻机、输送线、机器人 3D 定位系统、锯床、精冲机、去毛刺旋转台、去毛刺机器

双联压铸岛自动化项目工艺流程

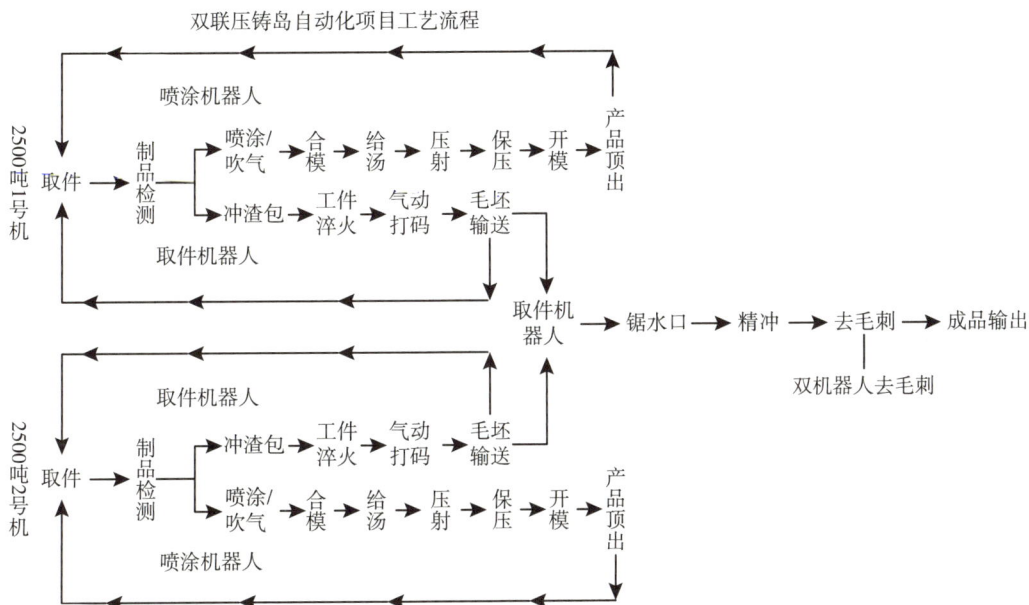

图1 双联压铸岛自动化项目工艺流程

人、取件机器人、安全围栏、控制设备等。

2. 压铸机周边设备部分

机器人仿形喷雾采用模块化设计，可根据产品形状更换模块实现机种快速切换；独立的控制系统保障了设备的稳定性和快速清洗冷却模具。

压铸机取件采用机器人和通用取件手抓，平稳、快速抓取产品（图2）。

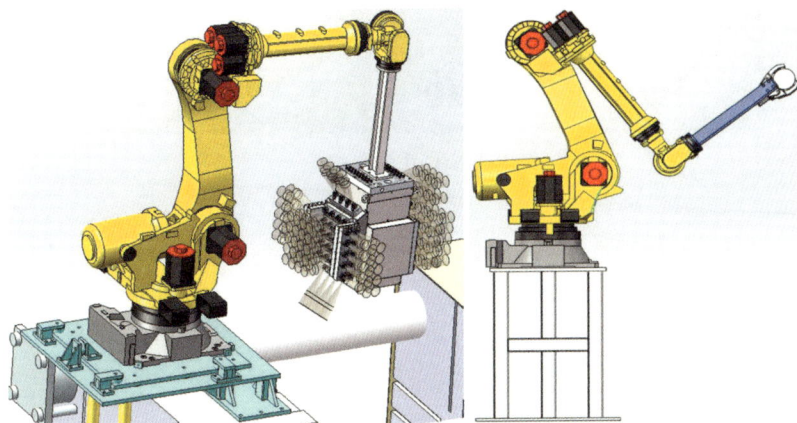

图2 机器人喷雾

渣包机采用优质钢材加工成形，整体牢固、平整、美观；可以实现产品5个表面的渣包去除。水箱整体采用优质不锈钢加工成形，保障设备长时间使用不易生锈；在更换产品时安装相应的定位治具。打刻机打刻识别码字迹清晰，识别率高，在更换产品时安装相应的定位治具。输送线采用优质不锈钢链板，保障设备长时间使用不易生锈、磨损（图3）。

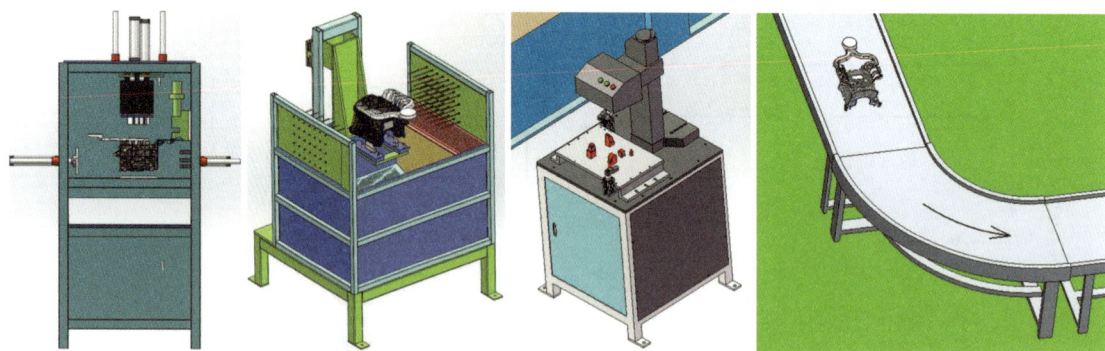

图3　周边设备

3. 机器人 3D 定位系统部分

3D定位系统采用高清晰镜头、可变光源，可以实时抓拍产品在不同位置的状态；实现取件机器人精确抓取（图4）。

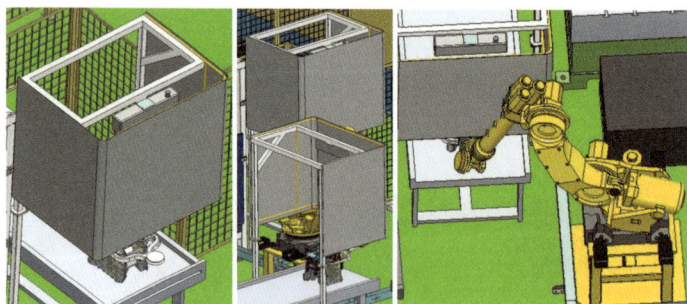

图4　3D定位系统

4. 取件机器人与锯床、冲床部分

3D定位系统抓拍产品位置后，取件机器人精确抓取产品放置在锯床里，锯床锯除料柄。锯床锯除料柄后，取件机器人切换手抓抓取产品放置在精冲机里，冲出披锋、整形产品。取件机器人再从精冲机抓取产品放置在去毛刺旋转台上；由去毛刺机器人去除多余毛刺（图5）。

图 5　取件机器人与锯床、冲床

5. 去毛刺旋转台与去毛刺机器人部分

图 6 为去毛刺旋转台与去毛刺机器人。

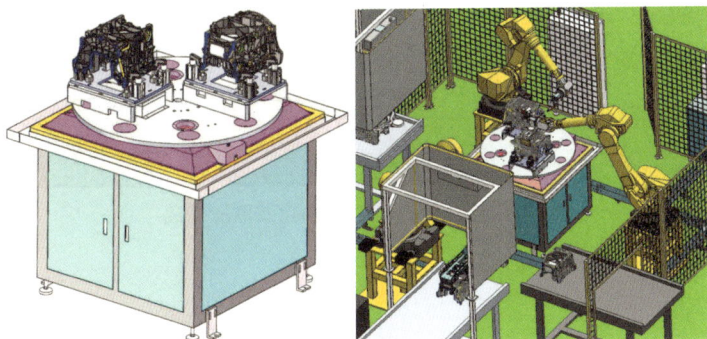

图 6　去毛刺旋转台与去毛刺机器人

6. 控制系统

整体项目分为三部分控制系统：两套压铸机周边设备控制系统和后段控制系统。实现产品快速切换和故障快速排查。

三、主要成果

广州德珐麒自动化技术有限公司应邀出席了 2019 年的 FITMI 展览会，公司以传统压铸与新兴自动化技术的完美结合为特色，拥有先进的自动化技术以及对传统压铸工艺的深入了解，能以自动化实现更好的压铸工艺，完美实现机器代人，公司具备提供全套压铸方案及智能装备集成的技术实力。在 FITMI 展览会期间，广州德珐麒自动化有限公司的项目：广州德珐麒智能自动化双联压铸岛，荣获 FITMI 香港创新科技成就大奖——2019 亚洲国际创新发明大奖之金奖（图 7）。

自公司成立以来，拥有多项实用新型专利、发明专利和外观专利，在国内获得多种奖项。

图 7　广州德珐麒智能自动化双联压铸岛

发动机缸盖铸造线自动化后处理线

上海戴屹科技有限公司

目前许多汽车制造企业纷纷在自己的生产线上使用了机器人、智能、传感、监控系统等技术，致力于生产高质量、高效率、低成本、美观大方的汽车。相对于目前整车工序自动化的高度集成，汽车铸件后处理生产还存在机械自动化程度低、高劳动强度、高危高能耗、低效率、环境恶劣等问题，生产状况远远满足不了发展要求。新形势下，需从节能环保、信息网络、生产安全保障、自动化、智能化等方面，全面改善汽车铸件后处理生产环境。

一、导言

由于产品需求量大，工艺复杂，产品多样，节拍要求高，质量要求稳定等原因，汽车核心部件发动机缸盖铸件生产一直处于半自动化生产阶段。我公司通过市场调研，根据产品特性和生产要求成功设计研发集产品铸件冷却、振动落砂、去浇口、去毛刺打磨、废液集中处理、排屑/排砂集中处理、上下料系统、检测系统、生产管理系统、质量管理系统、MES系统、控制系统等缸盖后处理自动化生产线。该套系统成功改变了以往仅仅实现的传统设备单机自动化生产状况，人工参与频繁，资源利用率低，设备占地面积大，中转缓存空间大，物流混乱，产品质量追踪难等问题。通过对后处理生产工艺的整合，后处理生产线起到衔接前道自动化浇注线，后面对接自动化热处理线、自动化机加工线，使产品真正实现从铸件浇注到加工成品的全自动不落地工艺生产。缸盖铸件自动化生产线满足自动化、智能化、信息化和柔性化等生产要求，并具备高产能、高质量、高端设计、无缝衔接、高精度、高速度、多功能等优质特性，这为减轻劳动强度，降低成本，提高生产效率提供最大帮助。

二、数字化方面的主要创新点分析

1. 项目概述

本项目是某公司发动机气缸盖铸造线自动化后处理线项目，其中包含冷却设备、取件机器人、振动落砂机、去浇口设备、去毛刺设备、打磨单元、上下料系统、废液集中处理系统、自动排屑/排砂机及生产线附属设备、设施等，不仅包含了单机作业设备，同时兼容了机器人工作站和数控机床系统，通过自动化控制系统进行串联。该套设备满足三班制（每天工作21 h）生产，充分考虑所在地气候、环境对设备运行的影响，满足多品种系列缸盖生产任务与节拍要求：气缸盖铸造线后处理单元≤ 60秒/件；生产线满足自动化、信息化和柔性化等生产要求。

2. 整线方案介绍

铸件后处理自动化线的设计核心是同步和优化"设备"主线和"数据"主线，实现中央物流。

"设备"主线：实现工件工艺处理和流转，满足工艺设备布置和工件物流的清晰度、冗余度要求。

"数据"主线：实现设备监控和工件数据跟踪，满足数据库交互的及时度、准确度、扩展度要求。

中央物流围绕以上两条主线的设计实现：工艺设备依次完成铸件冷却、振砂、锯切、自动打磨、去毛刺和自动物流中转的工艺处理。从生产线不同工位流出的工件，已具有明确的产品等级定义，即生产线物流设计对产品实现三类归纳：制成品、非制成品、废品。视觉和读码系统是中央物流的眼睛，通过对在线工件图像、身份代码等信息的处理和输出，支持控制系统跟踪工件，完成对工件数据库的访问、跟踪、更新等管理任务，工件数据库提供所有可追溯工件完整的工艺处理信息（图1、图2）。

（1）工艺流程

后处理单元为全自动化生产线，其工艺过程如下：铸件浇注→激光打码→［铸件冷却→铸件读码→振动落砂→去浇口→铸件读码→机器人打磨→去毛刺］→热处理→［燃烧室高度检测］→机加→铸件流转。

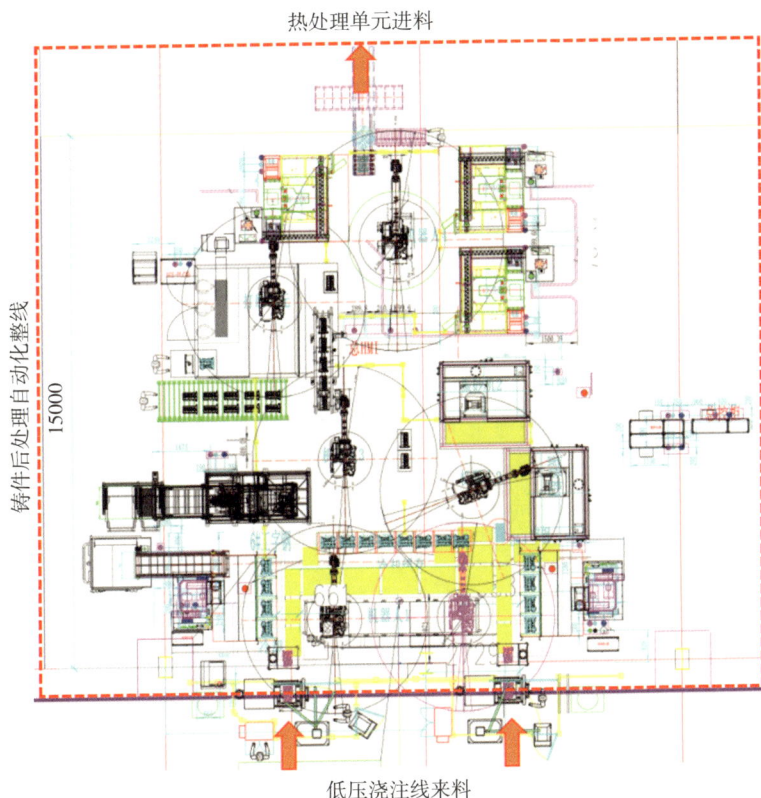

图 1　后处理整线 2D 布局图

（2）物流设计

本项目后处理单元制成品物流按照以下几种物流策略进行设计。

图 2　后处理整线现场图片

1）成品物流策略。设备正常运行：铸件冷却→铸件读码→振动落砂→去浇口→铸件读码→机器人打磨→去毛刺→铸件检测→铸件流转。

2）废品 / 不合格品物流策略。铸造线的烫模块件和不合格品工件需在振砂去浇口后强制下线单独流出的情况，按照以下物流工艺进行流转：

废品下线物流策略：铸件冷却→铸件读码→振动落砂→去浇口→废品通道下线。

不合格品下线物流策略：铸件冷却→铸件读码→振动落砂→去浇口→铸件读码→机器人打磨→去毛刺→铸件检测→不合格品通道下线。

3）读码失败件 & 设备故障物流策略。整线在生产过程中会考虑到以下几种情况工件需要临时下线：①可能出现读码异常情况需临时下线处理；②后续设备故障，或产能不足，需临时下线处理。

故本项目在实现正常流转的前提下，对异常的流转也进行了规划设计。临时下线的工件，待设备空闲时可通过二次上料系统进行重新上料（二次上料点配置人机操作界面 HMI 进行重新上料操作，经人工扫码成功或手动输入条码的铸件返回可继续完成加工）。

3. 整线设计思路和特点

（1）整线自动化、信息化设计

本项目铸件后处理生产线控制系统内各功能模块间通讯通过 ProfiNet 总线实现，保证管理层、控制层、设备层数据交互的高效和畅通。

后处理单元设备间通过工业以太网进行数据通讯以及数据传输交互，通过铸件二维码及明码可追溯到加工设备、加工时间、上下料时间、检测数据、合格或不合格品（包含缺陷位置、缺陷类型、判定标准）等相关信息，丰富的数据存储量（图 3）。

铸件后处理生产线提供完整的工件数据库，数据库信息面向工件、设备与生产，可以实

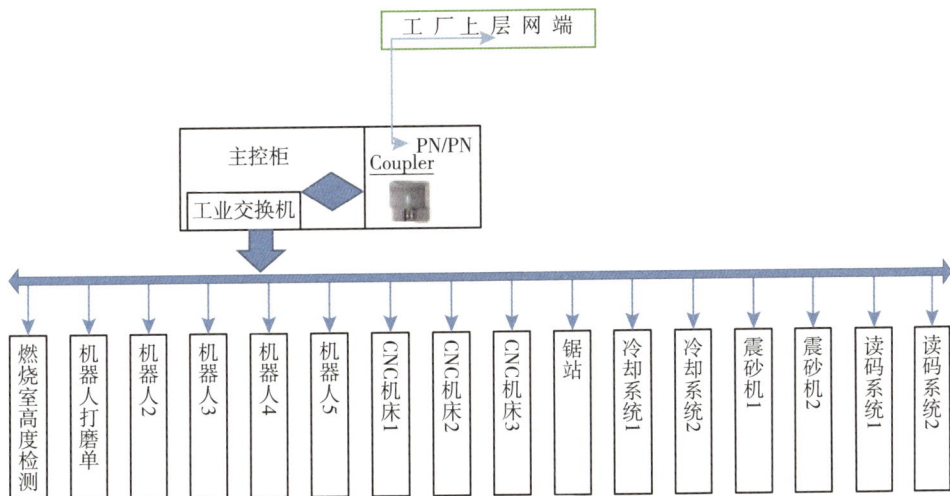

图 3 后处理整线网络拓扑图

现工件信息流、设备信息流和生产信息流在各层面的流动。

在后处理系统设有读码和视觉系统，对工件进行读码和辅助抓取信息判别，并实现工件信息全程跟踪；在人工抽检工位配置读码系统，当人工检查到不合格工件，对工件进行扫码作业，不合格工件自动录入系统，实现对不合格品工件信息的全程跟踪记录（图4）。

（2）工件跟踪、存储、追溯设计

本项目铸件后处理生产线控制系统

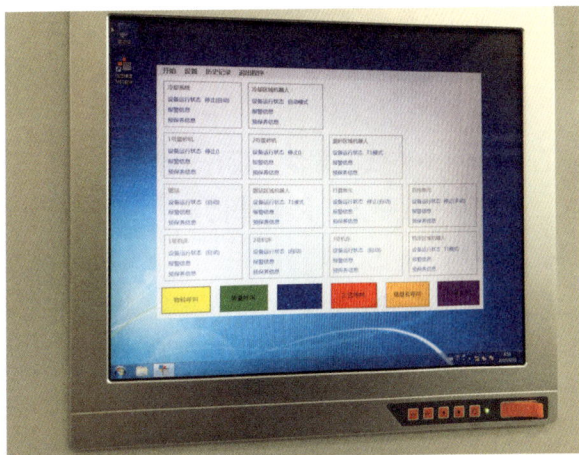

图 4 后处理整线工控机面板

集成在线工件跟踪、存储、追溯功能，技术集成简述如下。

1）工件数据库系统功能如下。

● 中控 IPC 集成的工件数据库在客户 MES 侧备份。

● 中控 IPC 支持日期设定的定期工件统计报表输出。

● 中控 IPC 支持根据班次或设备单元关键字索引的工件统计报表输出。

● 中控 IPC 支持生成、查询及打印工件分类统计报表。

● 中央物流单元支持工件二次上线的工序优化。

● 单元 HMI 支持本单元在线处理工件的工序、工艺数据显示。

● 支持在线工件工艺轨迹根据工件类型的自动选择。

2）工件跟踪、存储、追溯的实现。

工件数据由视觉检测系统在线采样，视觉系统构成：①视觉系统包括人机界面和视觉检测系统两部分；②读码系统包括人机界面和读码检测系统两部分；③读码、视觉检测系统人机界面主机通过以太网总线连接至物料输送；④视觉系统输出工件定位和身份码数据，PLC访问工件数据库。

工件数据库数据更新：①PLC负责收集工艺设备的反馈信息并在数据库中实时记录工序状态反馈；②工件数据库信息引导PLC控制工件流转，工件流出铸件后处理生产线，结束当前工件数据跟踪。

工件数据库完整记录工件对应的工艺处理过程参考数据，并进行储存和上传，客户根据铸件二维码信息核对报表进行查询和追溯。工件数据库提供多元数据（产品编号、产品质量等信息）报表，报表格式以客户要求的格式（例如Excel）呈现，具体工件数据格式待与客户进一步讨论确定，暂分类示例如下：

- 面向工件管理：工件编号 + 合格铸件 + 热处理 –Y+ 去毛刺 –Y+ 合格 –Y…
- 面向设备管理：工件编号 + 合格铸件 + 热处理 –Y+ 去毛刺 – 刀具 1#–Y…
- 面向生产管理：班次报表表头、月报表表头等…

（3）柔性化设计

本项目中整线的柔性化设计主要包含以下几方面。

1）铸件品种多样化柔性化设计：读码系统实现工件识别与读码功能，自动识别产品种类，切换加工工艺。

2）工艺柔性化设计：产品去毛刺打磨工艺根据产品特性和机床特性合理分配机器人与机床加工，柔性化互补，既满足外观质量要求，也能保证加工节拍要求，高效高质量完成毛刺打磨。

3）产品换型适应性：夹具、抓手采用通用化设计，根据不同产品种类自动调整适应多种工件抓取，保证了产品换型的适应性，节省更换抓手夹具的时间，使设备开动率更高（图5）。

图 5　后处理线振砂通用化抓手夹具

4）缓存柔性化设计：冷却单元设置冷却缓存架，当后续设备故障，无需导致整线停机，铸件冷却完毕后会临时存放在缓冲架上；工序间设置2个以上缓存台，平衡前后工艺动作节拍（图6）。

5）应急出口 / 入口柔性化设计：在主要工序间设计应急出口通道，异常工件可从应急出口强制下线，不在参与其他工序，待人工检查确认后，可从入口强制插入整线。

（4）数字化设计

本项目全流程使用 CAD 数字化设计进行设计仿真（图7）。

数字化设计包括：设备结构图（CAD图）、设备平面布置图（CAD图）、夹具图（CAD图）、3D 设计/数字仿真（3D/视频）、电路图和程序（电子文档图）、气动原理图（电子文档）。

（5）整线抗冲击设计

本项目通过设置缓冲、并列生产&提速、迂回的方式，提高整线抗冲击，尽量降低因个别工序设备故障而导致的整线停产。具体分析如下。

1）缓冲。

输送线设备缓冲点。每个上料口到另一个上料口之间，都有缓冲储存区域。即便其中某个上料口停止工作或者某个上料口连续上料，都不会影响其他上料口的

图6　后处理线冷却缓存库

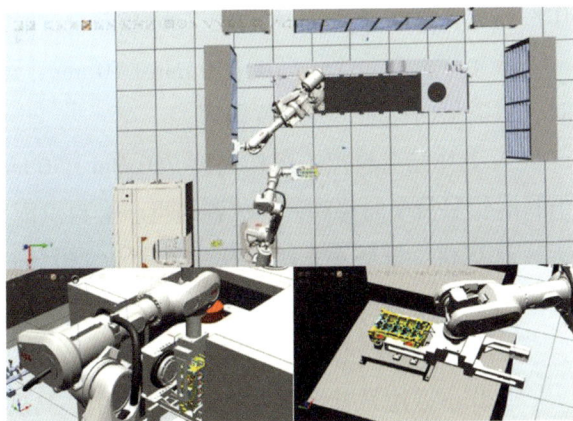

图7　后处理线运动干涉模拟仿真

运行节拍。且每个缓冲储存区和上料区域之间都是独立驱动系统，统一由 PLC 系统和光电感应开关监控和调配运行，出料口采用自动抓取后放置在下个环节的储存区域，所以出料时也不会影响整个通道的运行节拍。整个输送线设计时均把每个环节考虑在内，可有效确保整线的抗冲击能力。

冷却单元积放传输储存区域提供了约60件工件的缓冲，这些缓冲量提供了故障排除时间。

2）并列生产&提速。

加工中心并线独立生产：核心部位去毛刺区域3台加工中心采用每台机床独立完成所有工序工艺的方案，即当任何一台设备故障都不会影响其他机床的生产，并且目前产线生产工艺参数≤80%，当一台机床故障时，可适当提高加工工艺参数，提高产能节拍。

3）迂回。

每个单元的控制系统相对独立，当某一台设备故障时，不会对其他单元设备造成影响。

在冷却下料区域和锯切下料区域配置读码不可识别下料输送可以作为迂回出料的位置。当读码不可识别或后道工序设备临时故障，设备产能满足不了来料速度时，可以从该输送线临时进行下线，待设备空闲时可通过人工干预从该输送线重新进行上料。

（6）人机工程符合性设计

本项目中，系统人机工程设计主要依据以下几点：

1）物流流转通道（制成品，废品，非制成品）的合理设计。

2）系统设计参照 GBZ 1—2010《工业企业设计卫生标准》和 GBZ 2.2—2007《工业场所有害因素职业接触限值第 2 部分　物理因素》等标准工作环境。

3）工作岗位的人机工程。

由于铸件后清理线（不含前面冷却）是自动生产线，目前只有下料点（制成品、非制成品、未识别件和废品）、人工补充上料点、排屑小车、操作屏（操作方便性，工作界面）、操作按钮（含急停开关）、信号灯（状态指示，报警等）。

人工下料点：工作高度 750 mm ± 50 mm；运料小车放置在下料点侧面，且无挡板，下料时，只需横向移动，并放置即可。

人工补充上料点：工作高度 750 mm ± 50 mm；运料小车放置在上料点侧面，且无挡板，上料时，只需横向移动，并放置即可。上料点配置安全光栅，保证操作人员处于安全区域。

排屑机：排屑小车推拉扶手高度为 750 mm；排屑小车底部带 4 个滚轮，减少阻力；排屑小车料斗能翻转，轻松倒料。

4）电气操作元件人机工程分析——操作屏、按钮盒及指示灯。

操作屏采用悬臂安装方式，操作屏中心高度为 1.4 m，方便操作人员操作及查阅信息；

操作屏可以旋转，方便根据现场实际状况布置及操作；按钮盒于操作位置就近安装且安装高度为 0.8 m 左右，操作人员以最舒服的姿势操作；

指示灯安装于悬臂上，方便操作人员故障判断（图 8）。

（7）安全、环保、职业健康设计

本项目为了保证安全生产，我们根据设备的安全要求，在设计阶段采取本质安全的技术措施。即一般水平的操作者在判断错误和误操作的情况下，生产系统和设备仍能保证安全。"安全第一、预防为主"的方针体现在当安全和生产发生矛盾时，安全是第一位的。所有设计的设备都必须符合安全使用要求，在设备的使用寿命期内保证操作者的安全。应该要求操作者正确操作，但是把希望完全寄托在操作者的正确操作是危险的，必须使设备本身达到本质安全。根据生产设备安全设计的基本要求和制定安全技术措施的基本原则，为了实现设备的本质安全，我们从以下防护措施入手作为设计基础。

1）单机设备及整线安全防护措施。各单机设备在有人员坠落风险或靠近的危险区域都应安装防护栏，进行物理隔绝。

垂直面内视野   水平面内视野

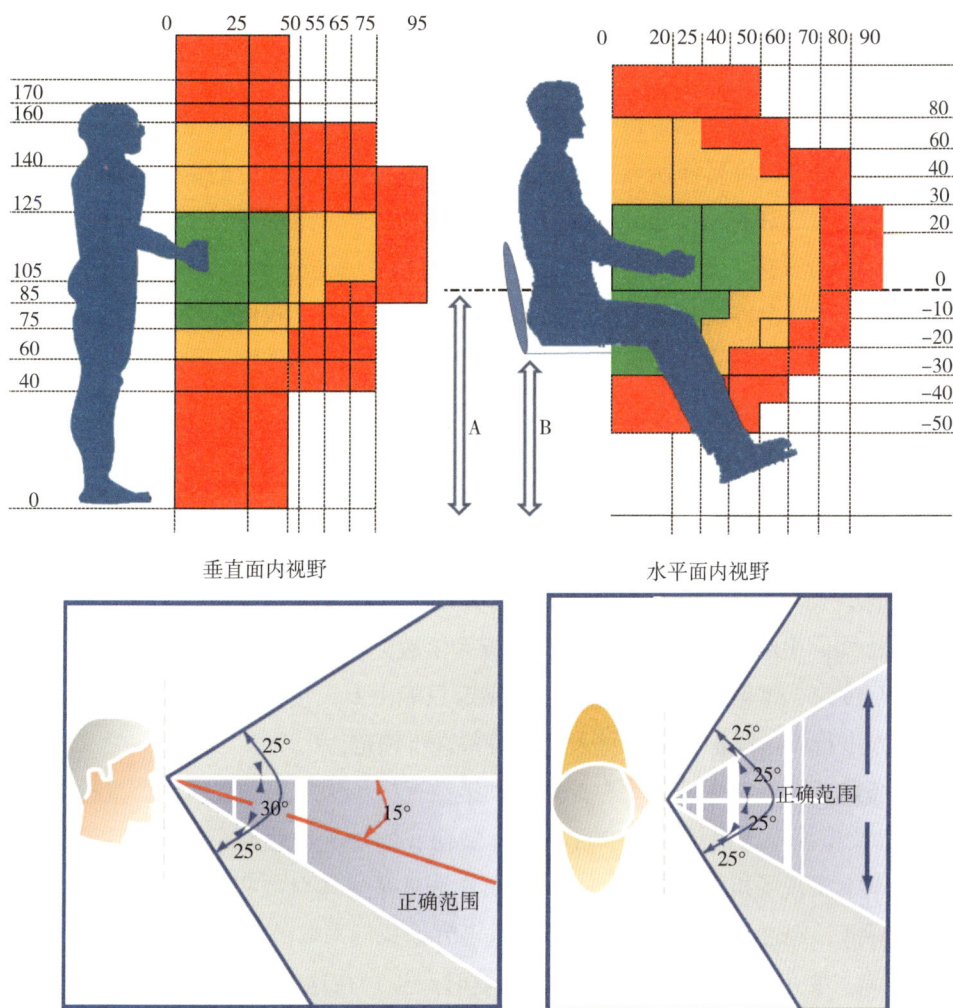

图 8   后处理线人机工程符合性设计

在需要进入防护网内进行维修、清扫、安装等作业处，在防护网上设置安全门，安全门上设置电子安全门锁，安全门打开时，系统停止作业。

在频繁进出或例行检查需要通过的防护网处，设置带有电子互锁功能的安全光栅等门禁光电安全保护，有效地避免安全事故的发生，避免操作工人及第三方的危险。

立式加工中心配置具有足够强度、刚度的防护罩，安全维护门配置电子互锁功能的安全门。

机器人与设备之间具有电气互锁和机械互锁保护防撞互锁、动作限位保护功能。

机器人工作区域设置安全栅栏及安全门，通过物理防护围栏和安全门隔绝机器人工作区域，安全门受自动上下料系统控制，安全门未关闭自动上下料系统停止工作。

各单机设备均采用远距离润滑或免维护自润滑，避免因加润滑油等接近危险区域，将危险区安全封闭。

2）整线安全防护措施。本项目内置我们独有的逻辑分析判断及抓取检测、柔性上料等技术，即使操作失误也不会导致设备发生事故，杜绝了误操作带来的设备安全隐患。同时内置维护保养计划和预防性维修制度；采用故障诊断技术，对运行中的设备状态监测，保证安全装置始终处于可靠和待用状态，当设备出现故障初期能自动发现并自动或提示人工排除，不论操作人员是否发现，设备能自动报警，并作出应急反应，同时显示设备发生故障的部位，自动切换或者安全停机；同时为保障设备的直接开动率，我们在安全联锁机构的基础上追加设计了独特的维护模式，开启任意维修检测门时系统自动转换为维护模式，使该维护区域瞬间处于隔离静止状态，而不影响集成系统内其他区域的正常运作，既保证了维护人员的人身安全又保障了全线设备的开动率。

整线在各个单元模块区域配置紧急开关，配置足够数量的紧急开关，在所有控制点和给料点都能迅速而无危险地触及。紧急开关的形状应有别于一般开关，其颜色应为红色或有鲜明的红色标记。

为了防止维修中的设备被意外启动造成重大事故，设备维修时必须对电源柜或者电源开关用锁具进行锁定，维修完毕后解除锁定。锁定只能由专人负责，解除锁定由锁定人进行操作，有多个人进行设备维护时必须每人都对设备进行锁定。

重要设备防止维修时意外转动、掉落的锁销设置机械锁定和安装保护位置检测开关。

3）单机及整线降噪措施。本项目在设计之初我们做了职业健康危害的专项评估，由于我们的产线基本实现了机械化和自动化，人员在职业危害接触的程度以及时效相比同类型产品都大大地降低；经过大量的分析，在噪声危害方面我们采取的措施如下：

噪声来源主要是去毛刺工位的去毛刺作业时产生，在这方面我们经过大量的实验数据，采用特制的切削以及磨削刀具，最大程度优化切削性能，切削瞬间的噪声经过设备的封闭式罩壳阻隔，工位工作散发噪声将在80分贝以下。

4）整线粉尘防护措施。本项目在设计之初我们做了职业健康危害的专项评估，由于我们的产线基本实现了机械化和自动化，人员在职业危害接触的程度以及时效相比同类型产品都大大降低，经过大量的分析，在粉尘吸入危害方面我们的采取措施如下。

粉尘来源主要是各工位的工件处理时产生的铝粉，在这方面我们经过大量的实验数据，采用特制的切削以及磨削刀具，最大程度优化切削性能，与市面上大部分铸件处理产品所不同的是，我们设计了同步雾化润滑系统，在处理的瞬间系统自动将我们经试验设计好的专用油液雾化喷出在刀具上，优化加工性能的同时也改变了粉尘的形态结构，大大降低了空气中粉尘漂浮的百分比，后经过特制的除尘系统进行收集处理。本项目后处理单元工件处理时不会产生粉尘。

5）废水及切削液等集中排放方式。本项目我公司产品的废气形态和成分是气源处理系统中气动元器件工作时所需的压缩空气，所有气动元件均采用国外进口的品牌，客户提供的气源经由气源处理后进入产线系统工作，少量的废气经由消声器进行排放。

固态废弃物方面我们每个工位下都配备了全自动的排屑机、排砂机系统来集中收集工作中的废屑废渣，自动流转到排屑小车集中处理。

由于设备的独特性，日常工作中基本不产生工业废水，唯一的潜在废水来源为冷却系统中的冷凝水和冷却液，为消除冷凝水，我们将所有的冷凝管道外部包裹橡塑保温管，该管具有柔软、耐曲饶、耐寒、耐热、阻燃防水等良好的性能。另外经过大量的考察我们将在冷却系统中使用水溶性环保冷却液，该冷却液可充分溶解于水，不含亚硝酸盐等对人体、环境有害的物质。同时我们在冷却系统下部设计有防渗漏托盘系统，意外情况下产生的液体泄漏会经由渗漏托盘处集中回收处理，降低了液体泄漏对工作环境影响带来的其他安全风险。

6）其他物理及化学危害因素防护措施。本项目后处理单元工件处理时无其他物理及化学危害因素产生。

三、展望

在新形势下，制造商的技术革新中需要注意紧跟当今最先进的汽车制造技术的步伐，掌握好新形势下汽车生产制造技术及应用，采用先进的生产设备和系统扩大生产量，提高生产效率，提高产品品质，降低生产成本，才能在国际市场提升竞争力。

高精度全伺服数控打磨抛光去毛刺生产线

广东罗庚机器人有限公司

机器人自动化技术的飞速发展，使得大量的机器人被应用于工业生产中，人工打磨抛光这类传统制造工艺也逐渐被机器人自动打磨抛光替代。针对目前打磨抛光去毛刺的技术现状及问题，广东罗庚机器人有限公司自主研发了高精度全伺服数控打磨抛光去毛刺生产线，针对国内市场痛点，给出了高效、优质的解决方案。

一、导言

工业机器人去毛刺打磨抛光这个行业已经发展了近二十年，一直以来没有解决产品处理的效果及效率的问题。如何解决由于人工工艺的差异导致去毛刺打磨抛光的产品不一致性、人工的疏忽导致去除不干净的问题，成为整个行业关注的重点问题之一。

机器人打磨行业内，大多数企业采用的是被动柔顺控制，这种简单方式的实际接触压力是无法得知的，而且往往无法精准调节。由于工装夹具的重复夹取的偏差和铸件铸造时的差异，并不能保证工件打磨轮廓和打磨质量的一致性。而广东罗庚机器人有限公司的高精度全伺服数控打磨抛光去毛刺生产线，搭载了其自主开发的先进软件，利用高精度的伺服电机和自适应算法实现力和位置的误差补偿控制，可实时响应变化，解决了由于人工工艺的差异导致去毛刺打磨抛光的产品不一致性、人工的疏忽导致去除不干净的问题。

二、高精度全伺服打磨抛光去毛刺生产线

1. 全伺服数控卫浴打磨抛光生产线

由于卫浴产品的种类繁多、外观不一、铸件误差难以避免、表面粗糙等问题，卫浴属于机器人打磨抛光领域中难度比较高的行业。以水龙头主体为例，由于龙头主体大多为不规则形状，在打磨抛光时需要考虑到每个打磨接触面的压力不同而进行调整。目前市面大部分的机器人打磨机站中，大多数使用的是气缸调节压力的大小，这样的调节方式无法完全适应所有形状和接触面，只能单一地调整一种压力：如设定 3 kg 的压力，整个龙头主体都只能在 3 kg 的压力下被打磨，导致一些只需要 2 kg 来打磨的位置变形，以及需要 4 kg 去打磨的接触面打磨不净，良品率下降，需要增加人手去返修，成本提高，形成恶性循环。

图 1　全伺服数控卫浴打磨抛光生产线

针对繁复多样的水龙头形状，广东罗庚机器人有限公司设计制造了全伺服数控卫浴打磨抛光生产线，满足卫浴行业各类产品需求。以广东省开平市海霖金属制品有限公司的项目为例，图 1 为全伺服数控卫浴打磨抛光生产线。

此生产线使用的是 2+2+1（2 台发

那科机械手 +2 台全伺服数控研磨机 +1 台全伺服数控清光机）的组合模式。实现的工艺流程为 2 道或者 3 道砂打磨，布轮抛光主要应用在卫浴行业的铸造铜主体、不锈钢主体和各种铜材料产品。

以铜主体为例，经过剥皮的产品可以用 2+2+1 的机器人打磨抛光生产线实现打磨和清光完成成品；选用 240# 砂带将剥皮后的工件开粗，再用 400# 盖砂，完成后经过中转台交到清光机器人进行清光，整个过程 3.5 min 左右，从拿件到清光到完成放件都无需人手，实现全自动打磨抛光一体化。（注：如果客户自身要求高，可以选用 2+3+1 机站，经过剥皮的产品可以在两道砂的基础上多加一道 800#，达到高标效果。）

全伺服数控打磨抛光生产线还搭载了以下补偿插件，软硬件相结合保证解决人手打磨工件的不稳定问题。

（1）浮动补偿插件。通过伺服电机速度、位置、扭矩的控制，为打磨轮提供垂直于切削方向的浮动力；伺服电机对打磨状态动态监控，并在毫秒的时间内做出相应的补偿处理；控制打磨轮以恒定的压力持续与工件接触从而保证打磨的稳定性。

（2）砂带补偿插件。根据不同的工件，不同的砂带设置不同的补偿量。在压力相等的情况下可通过更改砂带的转速保证切削量的一致；在转速相等的情况下可通过更改浮动力从而改变压力保证切削量的一致。

（3）浇注口自适应磨削插件。因压铸件的浇注口每一个都不一样，如不做适应，将无法保证打磨一致性。这款插件能保证设备自动适应不同大小、厚度的浇注口，保证恒定的切削力与速度。

（4）砂带自动张紧 / 纠偏插件。根据打磨需求自动调整砂带绷紧度，防止砂带加工过程中打滑或脱落。对砂带进行实时动态的监测，自动对偏移的砂带进行纠正，保证砂带在不同打磨状态下的稳定性。

目前市面上的研磨机一般都要用到 2 ~ 3 个砂带机来完成一道砂的打磨，而且整体打磨效果并不理想。广东罗庚机器人有限公司的全伺服数控卫浴打磨抛光生产线可以按照产品的特性要求、接触面大小等进行相应的调整，打磨完整度达到 98% 以上，加上抛光机器人配合（图 2），整体良品率能达到 90% 以上。打磨抛光单个龙头做工时间为 200 s，按照 23 h 算 60×60×23=414 个 / 天的产出比。大大降低了用人成本，减少了工件返修率。

图 2　铜合金水龙头打磨抛光机器人生产线

在编程效率方面，由于广东罗庚机器人有限公司的打磨抛光机站有自带力控补偿，在编程方面就不需要在调试的过程中用机器人对点去测试压力的大小再记录点位。其设备可以允许最大 2 mm 的误差值，在工件存在误差的情况下，伺服电机会进行计算，自动进行误差调整，能在有误差的情况下依然保持设置的压力去打磨。编程员可以根据每个功能位、平面、圆形等各种表面情况进行压力的调节，进而再进行调试编程，使得编程速度和效率大大提高；而且设备所用的控制信号都能在示教器里设置编辑完成，不需要到电控柜上进行开关的操作，保证操作方式的简单快捷；调试完成的程序会保存在示教器里，也可以导入 U 盘等存储介质进行保存，下一次需要继续打磨这款产品时只需导出之前的程序就可以生产。

2. 全伺服数控汽车零部件去毛刺和轮毂打磨抛光生产线

（1）双自由度电子浮动主轴。铸件的毛刺分为浇道切削后的残留毛刺、顶针位的毛刺、分型线的毛刺、孔位的隔膜和加工后的残留毛刺，毛刺的存在直接影响了产品的加工精度、装配精度和外观质量，因此，去毛刺工序是零件必不可少的生产工序。

在汽车零部件行业，现今去毛刺的形式大多为人工处理，具体为操作人员利用锉刀、砂带机、砂轮机等工具对零件进行去毛刺。熟练工缺失、人工成本高，且人工去毛刺的过程中会产生极为细小的粉尘，损坏操作人员的身体健康。此外，人工去毛刺的质量决定于操作人员的手艺，因此会导致打磨质量参差不齐，从而不能确保零件的质量。

图 3　全伺服数控汽车零部件去毛刺生产线（固定端电子浮动轴）

在自动打磨行业内也存在一些机器人去毛刺的案例，大多数去毛刺机站都是采用气动的浮动电主轴，而广东罗庚机器人采用伺服控制的双自由度电子浮动主轴，采用双电机结构，能达到平面中任意位置，在去毛刺过程中能做到刀具径向和轴向的双自由度浮动，让浮动控制更加灵敏可控。图 3 为全伺服数控汽车零部件去毛刺生产线（固定端电子浮动轴）。

全伺服数控汽车零部件去毛刺生产线工艺特点为：

①利用径向和轴向的浮动电主轴，用不同的磨料和刀具针对不同的毛刺进行去除工作；②用全伺服数控研磨机对较大的浇道和大平面进行快速的去除与打磨；③利用全伺服数控清光机上的钢丝轮对顶针及位置偏小的部分进行去除。

全伺服数控轮毂打磨抛光机站（图 4）的工艺特点：

①配有旋转变位机，利用变位机减少机器人打磨动作的干涉限位，同时变位机的使用也减少了编程的工作量；②对于外圆面，在清光过程中利用变位机的自旋转与磨料的同步控制能达到更高的光洁度；③机器人末端的浮动电主轴采用双伺服电机控制达到了二维力浮动的效果，能达到工作范围内平面任意一点的，以适应轮辐形式多异的轮毂打磨抛光工作；④由于轮毂打磨

图4　全伺服数控轮毂打磨抛光生产线（末端电子浮动轴）

抛光工序较多，需要配置刀库，刀库存放打磨抛光过程中所需要的磨料，利用浮动电主轴上的快速换刀的优势，快速地更换耗材。

以上结构配合的两款机站都采用了广东罗庚机器人有限公司自行研发的自适应力控系统。

（2）自适应伺服数控技术。工件在切削时，由于工件变形或者表面有较大较硬的飞皮等凸起时，一般的去毛刺设备采用的气动恒力控制的打磨工具往往会跳过该毛刺，误认为毛刺是工件本身无需去除的部分，造成去除不干净等现象。因此必须解决磨削时要求的刚性与柔顺性这对矛盾。全伺服数控汽车配件去毛刺生产线设备引入力/位混合控制技术，克服恒力单一控制和气动控制的这些缺点，提出了采用自适应的伺服控制技术，采用伺服控制能精准控制位置和接触压力。图5～图6是去毛刺切削图。

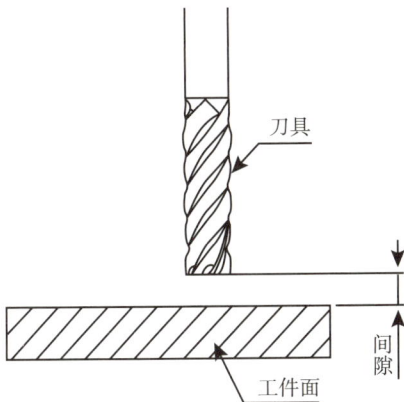

图5　去毛刺轴向切削图

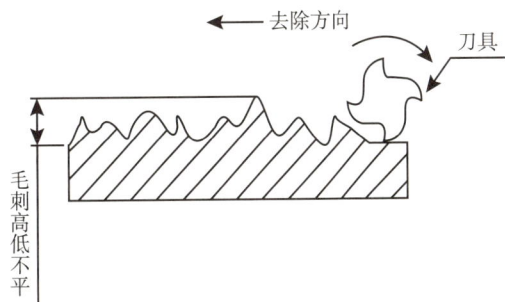

图6　去毛刺径向切削图

根据切削力方向相对于旋转轴方向分为轴向柔顺和径向柔顺。轴向柔顺，轴向浮动补偿方向与刀具旋转方向相同，径向浮动补偿方向与刀具旋转方向垂直。采用哪种方向的柔顺和补偿取决于耗材刀具的切削方向，当工艺所需耗材损耗和切削只需一个补偿则只采用一个方

向补偿，当工艺所需不同耗材的损耗和切削有两个方向时采用两个方向补偿，往往更多的是两个补偿方向结合使用。柔顺性保证了工件不规则的飞皮毛刺对刀具猛然撞击造成的断刀等现象，位置反馈控制保证了去除完成后的轮廓达到工件标准要求范围。

全伺服数控去毛刺生产线解决了由于人工工艺的差异导致去毛刺打磨抛光的产品不一致性、人工的疏忽导致去除不干净的问题。在效果上超过 2.5 倍、效率上综合超过 50% 的提升，在人为因素造成产品不合格率上降低超过 20%。

三、主要成果

广东罗庚机器人有限公司一直坚持独立自主的创新型发展战略，迄今为止一共获得了一项软著，带自动补偿的浮动电主轴、自动打磨产线中的水龙头夹具、一种多功能砂带机等七项发明专利，砂带机及其自动张紧机构、打磨机及其自动打磨装置、自动纠偏 / 抓取 / 打磨补偿装置等十二项实用新型专利，另有近十项专利正在申请中。

四、展望

当前的制造业生产要解决人工生产的高成本和质量不稳定问题，自动化成为必然的发展趋势。从 20 世纪初，机械现代化发展速度之迅猛，进步之大是有目共睹的，特别是计算机集成化高度发展的这几年，机械自动化发展速度是相当惊人的。但我国机械自动化现在还处于初期，我们目前只是一个生产大国，在技术上还不是一个强大的国家，我们的自主品牌较少。广东罗庚机器人有限公司诞生于这股浪潮，并引领了这个领域的浪潮。目前打磨抛光去毛刺自动化是行业关注的重点，而广东罗庚机器人有限公司基于前文所介绍的技术设计的工艺对于满足下游客户企业的高自动化生产模式、产品优质稳定的需求是一场颠覆性的变革。如何根据客户的具体需求不断地提升工艺以便贴近客户的需求，针对市场反应，对产品进行相应的个性化调整，使得产品更符合市场的口味，是未来发展的重点与方向。

全序列智能打磨切割设备

天津中屹铭科技有限公司

中国是世界铸件生产大国，铸造企业正在向高效、节能、环保、自动化方向发展，其中铸件后处理打磨环节自动化薄弱，虽然引进和研发出一些铸件打磨清理设备，但是投入现场后无法有效解决市场应用。天津中屹铭科技有限公司对应市场需求，经过多年研发与应用，成功研发世界首台高刚性打磨切割通用机器人，形成智能打磨切割设备四大产品序列解决铸件后处理打磨切割五大技术瓶颈，核心技术自主研发、产权自有化。

一、导言

铸造后处理打磨、切割是一套整体的工艺系统，是铸造后处理生产中不可缺少的一道工序。铸件的打磨、切割即打磨切割铸件的浇口、冒口残留及合模线，瓶颈主要集中于工件的大浇冒口、特殊材质（如耐磨材料）、中大型工件的缩胀定位难度大、复杂的不规则多型面体等技术难题无法实际突破，自动化设备的应用是整个行业的创新与提升。

目前行业内以人工打磨、切割为主，劳动强度大、加工效率较低，少量采用机床和多关节机器人的方式，由于设备刚性不足和本身结构不合理，不能有效解决市场问题。

依托天津地理优势与多所高校联合，根据铸件打磨特点，以高刚性为准则，专用主轴研发与耗材合理运用，从技术路线上解决根本问题。通过核心算法科学设计机械结构，自主研发控制系统形成一整套工艺并应用于市场。经过多年工艺沉淀，完成首台高刚性打磨切割通用机器人。同时产品横向拓展，包括封闭式、通过式、敞开式、非标专用自动化设计四种形式。对打磨切割工况五大技术瓶颈功能全覆盖，解决了常态化中小工件快速打磨、较大较重工件大浇冒口、合模线无法有效去除、特殊材质、中大型工件的缩胀误差定位难度大、复杂的不规则多型面体自动化打磨，能有效提高生产效率，改善作业现场的环境。自动化物流线设计规划与铸造上下游工艺对接推动整个行业的发展与促进。

二、产品研发技术路线

（1）常规的机床与串联机械手形式因其无法克服粉尘以及强度的特性，故无法有效适用铸件后处理打磨，因此须具备高刚性的机械手才能解决。专机、单机设备通用性、灵活性不足，铸件复杂多样，不能系统解决问题。目前市场很多设备制造商贸然仿制国外、国内设备，没有经过市场实际检验，导致项目整体失败，不能满足技术要求。

（2）高刚性打磨切割通用机器人具备高刚性、高承载、多轴联动、超大加工范围、精粗磨、切割等特点，厘米级别加工能力。

1）高刚性：串联机械臂的 30～40 倍以上，厘米级打磨切割（串联机械臂末端 A 轴承载力 50～80 N·m，机械臂末端 A 轴承载力 2000～4000 N·m）。

2）加工速度：分型线及毛刺，设备打磨速度最高可达到 7 m/min；浇口、冒口切割速度最大可达到 3 m/min；加工精度可达 0～0.5 mm，打磨精度高。

3）灵活性：封闭式设备多轴向功能设备轴向运动为五＋二轴，主轴可 0～90° 立卧旋转，全方位打磨、切割工件。敞开式设备具有 X/Y/Z/A/B/W/H 轴，X/Y/Z 实现直线、圆弧插补运动，

A/B 复合轴移动与 W 自传轴配合，H 轴为工件横向移动轴，提高了设备对复杂工件打磨的能力及加工范围。丝杠导轨垂直结构设计避免粉尘污染。

4）拥有自主核心控制算法及打磨工艺模型，与 3D 视觉技术结合应用于轮廓扫描、自动修正、力控触觉技术等智能化功能，形成独立、完整的运动控制算法及程序。

（3）核心技术

主要技术如表 1 所示。

表 1　核心技术

机械原理	双臂托举式机械结构系统	加工刀具	金刚石砂轮合理运转区间
	切割打磨专用主轴 – 机械主轴		快速换装
设备结构问题	工件找刀具适合封闭式	外部通讯	开放 MES 接口实现远程通讯
	刀具找工件适合开放式，加工工件不受限制，显著提升物流效率	智能系统	激光检测
工艺算法	切割打磨的数学模型		自动修正 3D 识别与轮廓技术
	运动轨迹模型		力控、随机轮廓技术
	高刚性机器人底层算法		自主开发上位机程序

三、铸件打磨、切割五大技术瓶颈对应解决办法

1. 常态化中小工件（30 kg、Φ300 mm 以下）快速打磨

（1）封闭式（单工位/双工位）与冲压设备快速线组合方式解决卡钳、支架、拨叉等异形较小铸件，适合球铁、铸钢等材质铸件，打磨效率提升 20%。

（2）圆盘通过式加工形式刀具找工件，多工位形式设备内部物流时间短，选配人工上下料或自动上下料，速度快、效率高适合小件加工。

（3）直线通过式自动上下料，内部物流线形式，解决圆盘类、梅花类铸件适合铸件产品：制动鼓、轮毂高效快速加工。

（4）敞开式设备组合形式，设备刚性强，一次磨削到位无需人工修正，能耗低、加工精度高代替四面磨削设备，多轴向功能可以去除铸件"凹凸"位置，灵活性高。

（5）专用自动化设计。根据企业产品结构特点，可定向开发配套辅助物流设施，整合生产工艺，可在流水线上布置多种工位，满足生产需求可扩展性高，节约生产成本，减少生产工人数量，实现一定程度的自动化生产。

2. 中大工件：厘米级浇冒口、合模线有效去除

全序列智能打磨切割设备（封闭式、通过式、敞开式）具备技术优势高刚性，打磨切割通用，专用主轴，耗材合理运用。解决中大工件厘米级浇冒口、合模线去除，不会发生金相转变，维护量小，环保、节能。

3. 特殊材质

高含量铬、镍、钼等合金铸件打磨难度系数大工件的应用解决。适合铸件如涡轮壳、歧管、传动轴等特殊材质。

4. 大误差量

大型铸件缩胀模过大，利用 3D 自动识别技术与力控轮廓随机技术结合，打磨轴与视觉系统同步，采集信息智能修正，彻底解决了超大工件精度变化及胀箱、错箱导致打磨过量或不到位的实际难题，降低废品率。

5. 不规则型面

大型铸件合模线浇冒口自动修正打磨。复杂不规则型面，通过自动修正 3D 识别技术检查铸件局部表面形状，对比标准铸件形态，系统自动调整打磨程序，逐一完成铸件的整体打磨。

6. 覆盖行业

产品覆盖行业见表 2。

表 2 产品覆盖行业

行业	适合铸件品种	适合材料
汽车	汽车发动机缸体、缸盖等	灰球铁
	歧管、支架、拨叉	铸钢
大型车辆	重卡发动机缸体、缸盖、叉车配重	灰球铁
	制动鼓、制动盘、轮毂、差壳、桥壳	灰球铁
市政配套	井盖、雨水篦	铸铁、球铁
管件阀门	三通连接、阀门等	球铁
铸钢	摇枕、歧管、支架、传动轴、钩舌、涡轮壳	铸钢（E 级钢、耐热钢、45# 钢）

行业	适合铸件品种	适合材料
船舶	缸体	灰铁
	缸盖	灰铁、合金铸铁
	尾球、挂舵臂、尾柱、轴承座	铸钢
轨道交通	半轴	灰球铁
	摇枕、钩体、钩舌	铸钢
水泥机械（回转窑）	齿圈、轮带、陀轮、盘体	铸钢
压缩机	凸轮轴、法兰轴等	球铁
机床设备	箱体、床体	灰球铁
水电（回转体）	上冠、下环、叶片	不锈钢
核电	泵体、阀体	不锈钢
通用/工程/矿山机械	耐磨件（衬板、斗齿等）	高铬铁、高锰钢
	液压缸体、阀门类	球铁
	导向轮、支重轮、驱动轮、托轮、履带板	高锰钢
其他类中型件	五金电器等	球铁、灰铁

四、全序列智能打磨切割设备产品类型与应用

1. 封闭式高刚性打磨切割通用机器人

（1）技术特点见表 3

表 3 封闭式高刚性打磨切割通用机器人技术特点

型号	适合铸件/加工范围	加工特点	智能配置
封闭式 -550（单工位）	550 mm × 350 mm	80 kg 以内	
封闭式 -550（双工位）	550 mm × 350 mm	80 kg 以内	辅助轴
封闭式 -750	750 mm × 450 mm	150 kg 以内	

（2）实际应用

封闭式高刚性打磨切割通用机器人 -550 应用于某大型铸造企业，封闭式打磨空间改善

封闭式高刚性打磨切割通用机器人 –750

图 1　封闭式高刚性打磨切割通用机器人现场应用

作业环境，解决环保问题，粉尘充分回收，能耗单台设备 3~5 kW，节能环保。在降低劳动强度、解决劳动力不足的同时产能提升 3 倍，极大提高生产效率。

封闭式高刚性打磨切割通用机器人 –750 应用于某央企（图 1），解决较大铸件厘米级浇冒口较大合模线打磨的行业难点，减少铸件转场、降低劳动强度，提升 2 倍生产率的同时降低铸件上下游工序成本。

2. 通过式高刚性打磨切割通用机器人

（1）技术特点见表 4

表 4　通过式高刚性打磨切割通用机器人技术特点

产品型号	适合铸件 / 加工范围	加工特点
直线推送式	圆盘类铸件	多轴向，在线通过
圆盘式	中小件加工	多轴向，快速加工
直线滑台式	中等铸件加工	加工范围大
双头通过式	缸体类	一次磨削，省序省力

（2）实际应用

通过式设备自动上下料形式与铸造现场生产线无缝对接，形成自动化生产线，节省人力，解决物流问题。设备多轴向功能覆盖打磨轮毂、制动鼓等圆形铸件和梅花型铸件，是其他厂家所不具备，设备整体能耗 5~8 kW，生产效率提升 4 倍。其实际应用见图 2。

图 2　通过式高刚性打磨切割通用机器人现场应用

3. 敞开式高刚性打磨切割通用机器人

（1）技术特点见表5

表5　敞开式高刚性打磨切割通用机器人技术特点

产品型号	适合铸件 / 加工范围	加工特点	智能配置（随机）
敞开式500	中小件加工	刀具找工件	力控；轮廓技术；铣削技术；自动修正3D识别；力控轮廓定位
敞开式1000	大型铸件	解决超大工件	
敞开式2000	大型铸件	解决超大工件	

（2）敞开式设备应用说明

敞开式高刚性打磨切割通用机器人采用自主研发的机械主轴，配合铸件快速移动机构，通过力感知技术，灵活操作设备进而对工件进行加工。利用3D建模功能的同时配合独立自主研发的底层算法，设备自动对中、大型铸件缩胀进行比对，通过运算自动进行修整。

操作方式：通过手操、半自动、全自动功能模式切换，进行打磨切割。工人在操控室，通过力感知，操作设备进而对工件进行加工。

智能配置：3D视觉技术、力控、自修正功能、MES通讯，可实现全自动、半自动、手操动。

4. 专用设计形式

（1）技术特点见表6

表6　专用设计形式技术特点

产品型号	适合铸件 / 加工范围	加工特点	智能配置
冲压方式	辅助工序加工设计	简单型面快速冲压加工	轨道生产线；桁架式生产线；机器人抓取生产线
单双轴专用打磨设备	辅助工序加工设计	专用设计	

（2）整体物流线规划应用现场

整体自动化物流设计，改善作业环境，提升企业形象促进铸造企业自动化改进，产品序列与自动化生产线相结合，根据现场精心设计为铸造企业提供高效、节能、环保、优质的生产线。实际应用见图3。

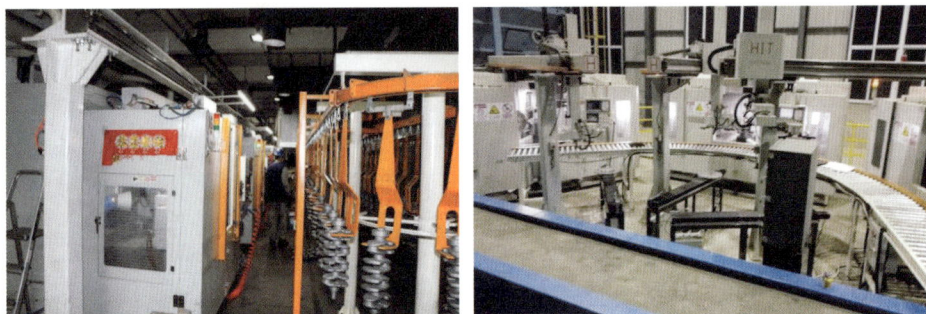

图 3　整体物流线规划应用现场

5. 全序列解决问题

（1）特殊材质：在铸件后处理工艺打磨切割中，铸钢件难度最大。含镍、铬等金属元素材质的铸钢件（如涡轮壳、排气管），采用常规自动化打磨设备无法实现。中屹铭凭借自身设备高刚性值，有效加以打磨。

（2）高质量、高效率地切割工艺，为后续打磨和机加工序提升了大量的工作效率，降低了耗材及工时费用，降低了高额成本，增加铸钢企业利润。解决了耐热钢、高镍铸钢、硅锰、不锈钢、镍铬铸钢等材质，为客户提供合理的技术应用解决方案。

（3）协助铸造企业对设备合理搭配以及选型，物流线设计规划并提供工件大浇冒口打磨验收技术标准，提供整套的《打磨车间现场管理标准化》。

五、展望

天津中屹铭科技有限公司历经十年在铸造打磨切割领域默默耕耘，公司产品为全序列智能打磨切割设备，产品经受了市场考验，完成了"与国外设备性价比之争"与"产品结构及磨削功能超越国外设备"突破，同时还在不断地研发与改进。

自动化与数字化铸件打磨装备

中机第一设计研究院有限公司 / 常州好迪机械制造有限公司
常州瑞其曼铸件清理技术有限公司 / 长沙长泰机器人有限公司

近年来，随着企业用工成本的上升，加之产业工人对工作环境要求的不断提高，自动化打磨专机和以工业机器人为核心的打磨工作站在铸造行业得到快速推广使用，国内涌现出常州好迪、常州瑞其曼、长沙长泰、大连誉洋、上海戴屹、天津中屹名等专业化打磨设备制造商，数字化车间的建设，进一步推动铸件清理打磨向着自动化、信息化和智能化方向发展。

一、导言

出于成本考虑，结合产品特点，自动化打磨专机和以工业机器人为核心的打磨工作站成为铸件打磨两类主要方式，主要应用在有一定批量的铸铁件和铝合金铸件清理上。

二、自动化打磨专机的应用

1. 在汽车制动盘类铸铁件打磨的应用

常州好迪是国内专业生产铸件后清理设备的企业，近年来开发的自动化制动盘类铸铁件打磨专机服务亚新科等国内外知名汽车铸件清理企业，以下主要介绍该企业开发的自动化制动盘类铸铁件打磨专机的情况。

（1）服务对象

设备适应产品范围：制动盘（图 1），直径 220 ~ 400 mm，最大高度 150 ~ 350 mm；铸件最大重量 20 kg，材质为灰铁，切削节拍 200 ~ 400 件/时。

图 1　制动盘类铸铁件毛坯

（2）设备组成

专机是一台去除制动盘类铸铁件浇冒口的专用设备，主要用于铸件坯料浇冒口及飞边的切除，尤其在汽车刹车盘、压盘、飞轮等行业应用比较广泛，采用数控系统控制，配置工件自动交换系统，加工效率高，适用于大批量零件的加工。

1）结构。去除铸件浇冒口专用铣床（图 2）主要包括：铣床主机、数控柜、工件交换装置、上料平台、下料辊道。

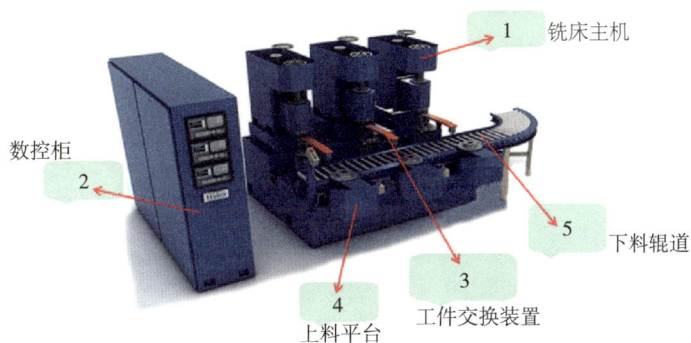

图2　常州好迪生产的制动盘类铸铁件打磨专机

2）工作原理。本铣床由三套独立的数控系统组成，具有三个直线进给轴、三个回转进给轴及三个主轴，配置工件自动交换系统，各坐标轴可快速自动定位。

机床采用180°摆动臂实现工件自动交换，使机床加工区与工件安装区分开。工件装卸和加工同时进行。工件的抓取和释放靠气动卡爪实现，气动卡爪的升降靠气缸实现，摆臂的旋转靠电机驱动；进给系统采用交流伺服电机直接驱动滚珠丝杠，实现动力头的前后纵向运动；机床的导轨采用滚柱直线导轨，高速移动灵活，低速进给无爬行，机床主轴电机与主轴之间采用皮带轮传动；工件安装在气动卡盘上，卡盘的回转进给靠交流伺服电机通过同步带轮传动实现；主轴动力头的上下位置可通过手动调整，以适应不同高度零件的加工。

3）特点

高刚性。机床的立柱移动采用重载滚柱直线导轨或镶钢贴塑导轨，主轴旋转采用大直径滚柱轴承，工件夹持采用强力卡盘，具有高刚性、高稳定性，适合强力切削。

高可靠性。机床结构简单，大多采用成熟可靠的通用元器件，故障环节少。

安全高效。因上下料与加工同时进行，可大幅压缩辅助时间；且多单元配置使得效率成倍提升。因具备工件自动交换及装夹功能，操作区与加工区隔离，保证了人员的绝对安全。

适应性强。采用数控系统控制，自动化和智能化程度高，且夹具调整便捷，可快速适应不同尺寸和种类零件的加工。

保护环境。铣削加工产出的是片状金属屑，经排屑器自动排入集屑箱中，不同于砂轮机磨削产生大量的颗粒状粉尘，四处漂浮。即使有少量粉尘，可用单机除尘器排除。机床加工时噪声低。

节约资源。采用铣刀切削，便于铸件加工铁屑的回收再利用，可避免铸件因砂轮打磨形成金属粉尘流失。

节省体力。由于采用了数控系统、自动夹具、工件自动交换装置及自动输送辊道，不但操作简便，而且大大降低了工人在工件装夹、上下料和搬运方面的劳动强度。使用前后对比见图3。

（a）使用前　　　　　　　　　　　　（b）使用后

图3　专机在打磨制动盘铸件

2. 在汽车制动毂类铸铁件打磨的应用

常州瑞其曼是中德合资企业，在汽车制动盘、制动毂、缸体等打磨领域具有广泛的应用，企业开发的自动化打磨专机服务于Brembo布雷博、西班牙INFUN、现代威亚、奔驰、福特、尼桑、Buderus、Fritz winter、重庆三友、现代威亚、广东富华山东隆基、东风本田等国内外知名企业。以下为该企业开发的制动毂自动化打磨专机的介绍。

（1）服务对象

设备适应产品范围：制动毂（图4）/制动盘，直径360～530 mm，最大高度150～350 mm；铸件最大重量100 kg，材质为灰铁，打磨节拍180～240件/小时。打磨部位为制动毂/制动盘底部外圆浇口残留及批缝、顶部内圆批缝。

图4　制动毂铸件毛坯

（2）设备组成

1）铸件毛坯进/出件系统。工件输送系统，长约 2000 mm；重型输送辊道，由电力驱动实心钢辊，SEW 减速机；机械式分离工件，推进工件至打磨工位，以备外圆和中心孔打磨。通过带有位移传感器的油缸推送铸件并定位。

2）制动毂/制动盘外圆打磨轴。重型机座，带有主轴单元和液压推进机构。工件旋转单元：可调速。重型砂轮罩，配有粉尘溜槽（连接至外部除尘系统）。磨头通过带位移传感器的油缸控制砂轮进给，可编程。

3）制动毂/制动盘中心打磨轴。重型机座，带有主轴单元和液压推进机构；磨头通过带位移传感器的油缸控制砂轮进给，可编程。重型砂轮罩，配有粉尘溜槽（连接至外部除尘系统；打磨轮的水平和垂直运动：数控、液压驱动。所有位置均可编程。

4）液压系统。配有柱塞泵，包含过滤器和电枢。油冷器和电子油面指示器。液压系统采用风冷。

5）电控系统。电控系统包括西门子 PLC S7；施耐德低压组件；参数设置和屏幕显示通过西门子操作面板进行，保证设备功能的操作简易；电控系统自动控制自动磨削循环（图5、图6）。

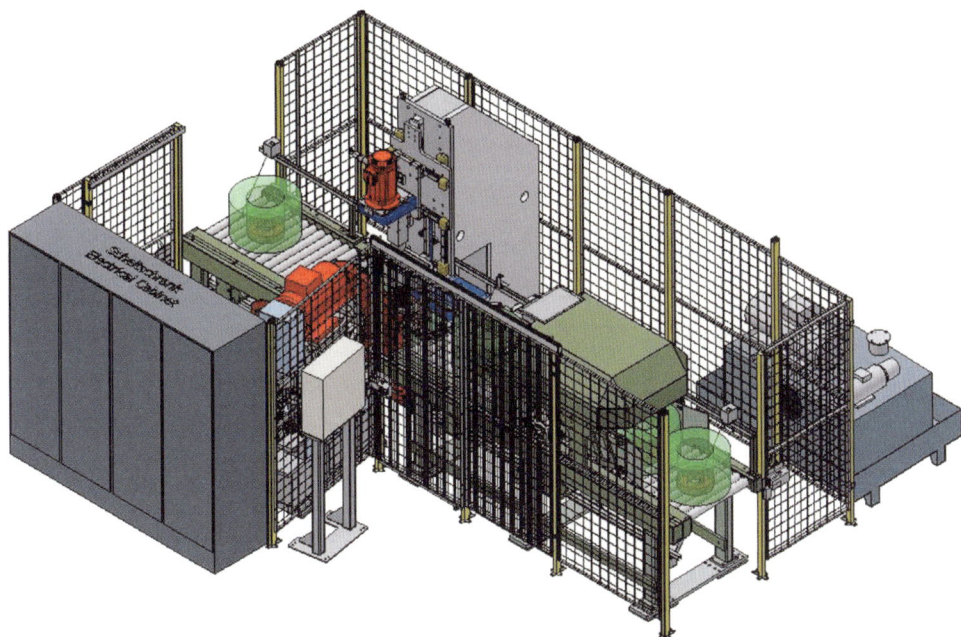

图 5　自动化制动毂打磨专机仿真图

图 6　自动化制动毂打磨专机工作图

三、以工业机器人为核心的打磨工作站的应用

1. 在铸铁件打磨上的应用

缸体、缸盖铸件是柴 / 汽油机的基础件，潍柴、玉柴、中国重汽以及云内动力等企业均建有专业的缸体、缸盖生产的铸造车间，为提高打磨效率，解决打磨用工问题，以长沙长泰机器人有限公司为代表的专业化打磨设备生产企业相继推出以工业机器人核心的打磨工作站，实现了各种型号发动机缸体缸盖全流程全自动化的清理打磨。下面以长泰机器人开发的云内动力发动机铸件的自动化打磨工作站为例，对机器人自动清理系统进行简述。

（1）服务对象

设备适用产品范围：发动机铸件自动打磨工作站可以满足常规铸铁发动机缸体缸盖的清理打磨要求，可完全覆盖 2 缸到 6 缸发动机的缸体缸盖打磨，也可适用于 V 型发动机等多型号产品铸件打磨作业，产品长度尺寸可以覆盖 300 ~ 1500 mm，材质包括灰铁、蠕铁、球墨铸铁等，最大铸件重量超过 500 kg。凭借机器人的高灵活性，铸件产品经自动清理打磨后可以达到铸件交付状态，无需进行人工的补修作业（特殊结构铸件特征除外）。

（2）系统组成

该打磨工作站包含 2 套双机器人双工位自动打磨工作站、2 套站外机器人平面磨系统、1 套自动化缸盖挺杆孔冲切系统及相应的视觉定位系统和物流输送系统等，可以实现铸件粗抛后所有待处理特征的自动化打磨，缸盖铸件生产效率超过 110 件 / 时，缸体铸件生产效率超过 80 件 / 时。

机器人自动打磨工作站（图 7）是长泰机器人完全自主开发制造的机器人自动打磨设备，曾获得"IERAAWARD 发明与创业奖"银奖，从 2015 年研发成功以来经过三代产品的优化，已经形成了单机器人单工位打磨工作站、双机器人单工位打磨工作站、双机器人双工位打磨工作站等多型号的标准化设备单元，可以满足不同的生产需求。

站外机器人平面磨系统（图 8）可以实现发动机铸件底面精磨和机器人打磨工作站自动上下料的功能，由搬运机器人、视觉定位系统、3D 线激光自动纠偏系统、平面磨组件构成，替代了缸体缸盖铸件原有的平面磨床打磨工序，不但提高了打磨精度，同时也解决了后续打磨设备自动上下料的问题，提升生产效率。

自动化缸盖挺杆孔冲切系统首次突破性的解决了铸件孔内特征清理难度大、清理精度差的问题，该系统是由视觉定位系统、搬运机器人及冲切设备组成，并针对目标工件设计了专用自动化冲切模具，保证孔内披缝的清理精度。

整套系统在云内动力有限公司自 2019 年投入使用，已累计完成超过 20 万件铸件产品的自动化清理打磨，设备稳定性、产品打磨质量、环保指标均达到国内领先水平。

（3）创新突破点

1）激光视觉自动纠偏技术的应用极大地提高了铸件打磨的精度，常规特征清理精度可达到 0.5 mm 以内。

气动系统
液压站
冷水机
安全防护系统
刀库
单元底座
工件定位系统
打磨机器人
清理加工系统
软件控制系统
排屑机

图 7 机器人打磨工作站构成示意图

图 8 缸体、缸盖打磨

2）自动化缸盖挺杆孔冲切系统突破性的解决了铸件孔内特征清理难度大、清理精度差的问题。

3）站外机器人平面磨系统替代原有平面磨床，使铸件清理打磨工作站自动化程度更高，产品精度更有保障。

4）虚拟仿真技术为实现铸件清理全自动化连线生产提供了全流程过程可行性的保障，同时也为后续生产系统物理信息一体化奠定了基础。

经过多年的应用优化和适应性开发，长泰机器人还开发出针对桥壳、主减壳等铸件产品

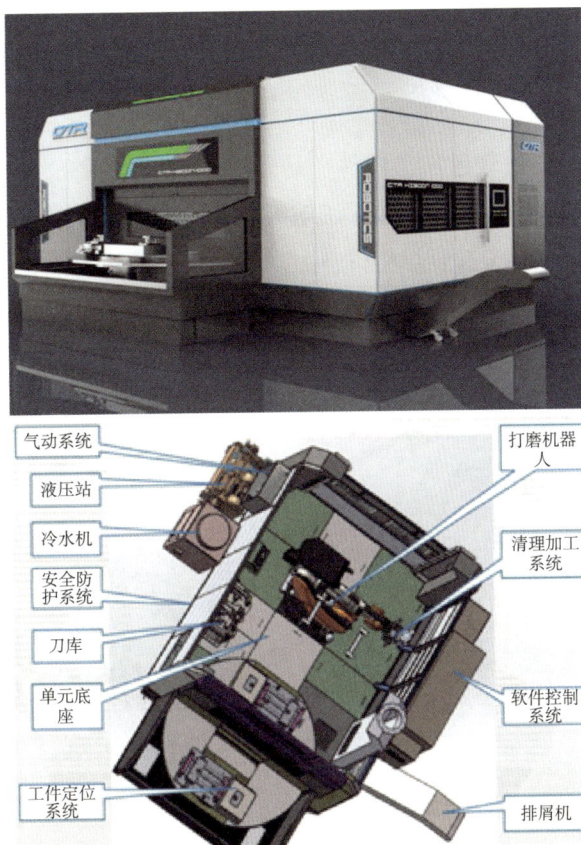

的机器人自动化打磨单元，广泛应用于中国重汽、合力、潍柴、一汽等国内铸造企业。

2. 在镁铝合金铸件打磨上的应用（图9）

随着近年来铸件产品轻量化需求的提高，镁铝合金铸件产品在军工、汽车领域应用越来越广泛，尤其在军工航天领域，镁合金凭借其力学性能优异、材料密度低的特点而备受青睐。由于镁合金铸件产品形状复杂且最终产品精度要求高，一直都采用人工打磨方式进行加工，长泰机器人经过长期的研发和测试，实现了对国内某军工企业镁合金铸件产品的自动化打磨加工，加工精度达到0.2 mm，减少了95%以上人工打磨工作量。

图9　打磨工作站在镁铝合金复杂铸件的使用

（1）服务对象

镁铝合金铸件打磨系统主要针对镁铝合金铸件复杂表面的高精度自动化清理加工，最大产品直径可达到1.5 m，产品高度1.2 m，目标打磨精度达到 ±0.1 mm。

（2）系统组成

镁铝合金铸件打磨系统基于三维激光技术，机器人柔性自动打磨的优势，实现镁合金舱体铸件内腔披缝及内壁打磨加工工作，提高产品精度和打磨质量，同时可降低人工劳动强度，提升加工效率，对于镁铝合金精密铸造行业具有重要的意义。系统主要由机器人打磨系统、视觉定位补偿系统、铸件定位系统及配套的吹扫、集屑系统等构成。

（3）创新突破点

1）系统具有激光视觉定位及误差补偿功能，通过机器人自动纠偏，保证产品高精度打磨质量。

2）系统具有刀具自检及补刀装置，可自动补偿刀具磨损误差，保证加工基准一致。

3）系统整套装备自主开发，针对精密铸造行业，设备本身在材料、加工精度等都有高刚性和高强度要求。

4）系统采用信息化技术，可采集实时的设备状态和生产过程数据，通过数据即时分析，可优化生产流程和加工工艺。

5）整套系统实现了镁合金舱体件精密打磨由传统的人工向机器人自动化的跨越式升级，解决了生产效率低、质量不可控的难题。

四、展望

当前的自动化打磨专机和以机器人为核心的打磨工作站在铸铁件批量化生产和铝镁合金铸件打磨中得到广泛应用，但在大型铸铁件、铸钢件的清理打磨中应用较少，主要受限于成本、技术等因素，伴随着装备制造能力的提升，相信机器换人在铸造清理打磨会进一步发展，逐步解决铸件后清理的难题，为铸造车间实现数字化、信息化、智能化和绿色化生产奠定坚实的基础。

构建航空钛合金精密铸造数字化制造平台

华中科技大学华铸软件中心

华中科技大学华铸软件中心积极助力国内最大航空钛合金铸件研制生产基地——百慕高科（中国航发）践行数字化转型升级。自 2015 年起双方合作，经过 ERP、MES、PDM、现场可视化、SCADA 等建设，建成的航空钛合金精密铸造数字化制造平台，克服了军工铸造多工序多品种研制批产混制管控瓶颈问题，转变了落后的传统铸造管理模式，提升了企业核心竞争力，成为了航材院标杆、发挥了行业引领示范作用。

一、导言

近年来，随着"制造强国战略"和铸造信息化、工业化"两化融合"的深入推进，铸造正朝着数字化、网络化、信息化快速发展，对铸造工厂智能化水平要求越来越高。发达国家铸造企业从20世纪60年代开始应用各种信息化技术，如企业资源计划（ERP）、制造执行系统（MES）等，长期积累了信息化系统应用的宝贵经验和历史数据。作为装备制造业的基础，我国铸造业目前面临着发达国家重返制造业、中低发展中国家低端铸造的快速崛起、国内企业激烈竞争以及政府节能环保高压态势等严峻挑战。在日益加剧的全球化市场下，铸造企业的信息化建设，是企业生存和发展的需要，对信息化技术的开发和利用已经成为铸造企业提升核心竞争力的最重要的手段之一。

北京百慕航材高科技有限公司（以下简称"百慕高科"）是中国航空发动机集团航空钛合金精密铸件承制单位和参研单位。在航空航天、兵器船舶等国内军工与国际宇航对钛合金铸件需求激增，以及"制造强国战略"背景下，百慕高科努力从研制向批产转型，对钛合金精密铸造的数字化智能化制造进行了一系列的探索与实践。

二、主要核心技术创新点分析

在航空航天、兵器船舶等国内军工与国际宇航对钛合金铸件需求激增的背景下，百慕高科努力从研制向批产转型。然而在此过程中，物流信息流不同步、产品工艺路线复杂、返工返修频繁、生产计划多变、进度监督及时性差、质量保证手段低效低能等导致了大面积的铸件难以按质按期交付，人工电子化的管理手段严重制约了企业的发展。为此，百慕高科面向"制造强国战略"与"铸造行业十三五规划"网络制造的目标——铸造智能工厂，对钛合金精密铸造的数字化智能化制造进行了一系列的探索与实践。

2015年1月，百慕高科在原有财务信息化管理的基础上，经多方调研后与华铸进行合作，引入了专业的铸造企业信息化系统，快速高效地建立了钛合金精密铸造数字化制造平台，实现了订单、工艺、生产制造、质量检测、仓储物流、销售发货、财务管理的全过程价值链集成管控；借助于各类数字化显示与信息处理硬件终端，实现了车间现场生产与工艺数据的条码化、数字化、可视化；针对钛合金精密铸造混炉、混组、返工返修频繁等特点，结合敏捷制造、精益生产、铸件单件全生命周期管理理念，创新性地提出了一套有别于传统整卡方案的生产流程主子卡方案，实现了数百种铸件的单件化生产质量全过程控制与跟踪追溯；依托该平台对ERP、PDM、MES的高度集成，实现了全面走向数字化、标准化、规范化管理的转型，大幅提升了企业管理水平，提高了质量保证能力、缩短了研制／生产周期、降低了制造费用。

自 2015 年起双方合作，经过 ERP、MES、PDM、现场可视化、SCADA 等建设，建成的航空钛合金精密铸造数字化制造平台，克服了军工铸造多工序多品种研制批产混制管控瓶颈问题，转变了落后的传统铸造管理模式，提升了企业核心竞争力，成为了航材院标杆、发挥了行业引领示范作用；来访学习交流单位包括国外波音、空客、RR、SF 等，国内商发、航发、航天科技等。

构建航空钛合金精密铸造数字化制造平台过程中，主要的核心技术创新点从以下三个方面展开分析。

1. 基于华铸 ERP 的钛合金精密铸造数字化管理系统

通过引入铸造企业信息化系统华铸 ERP，百慕高科快速高效地建立了钛合金精密铸造数字化制造平台，实现了订单、工艺、生产制造、质量检测、仓储物流、销售发货、财务管理的全过程价值链集成管控；应用铸件单件化管理模型与技术，解决了多工序多品种大容量航空钛合金铸件追溯失控的难题，满足军方高产高效生产需求；应用信息系统柔性化设计与实施方法技术，克服了刚性系统可重用性差、应变能力弱、实施周期长等适用性难题，实施周期由 1 年缩短为 1 季；应用 1+N 数字化铸造集成平台技术，解决了异构／源软硬件系统架构、数据、通讯机制不同集成性难题，实现业务／执行／设备多层联动。

（1）面向航空钛合金铸造的大纲式工艺管理

针对航空钛合金铸件产品质量要求高、生产工序长、工艺复杂、工序操作严谨、工艺参数多、版本控制严格、保密要求高等特点，建立了一种面向航空钛合金铸造的大纲式工艺管理模型。该模型包括工艺大纲、工序工艺、审批、版本控制和工艺完成库等部分；工序工艺由工艺状态、参考规程、模具工装、设备准备、技术参数、操作步骤、检验要求、变更记录等组成。

基于华铸 ERP 系统，研发了专门适应大纲式工艺管理模型的工艺设计模块，模块清单如图 1 所示，应用于钛合金精铸日常生产，砂铸和石墨型铸型制备统一纳入型壳制备工艺模块。在完成铸件质量计划后开始进行大纲编写时，生成一技术卡，其名称以铸件名称命名，指定相应负责该铸件的技术开发组、人员以及审批信息等。而铸件具体的工序计划则记录在工艺大纲中，包含技术员、对应工艺单号、编制人以及严格的审批信息等，多重审批保证大纲的可靠性和安全性。在应用大纲式工艺模型之后，在计划效率、工艺质量、过程控制、审批保密以及管理难度等方面都有显著改善。

（2）精密铸造主子卡生产管理

钛合金精密铸件，存在作业路线复杂，生产周期长的特点。企业原有整卡方案能够实现

技术管理——工艺设计

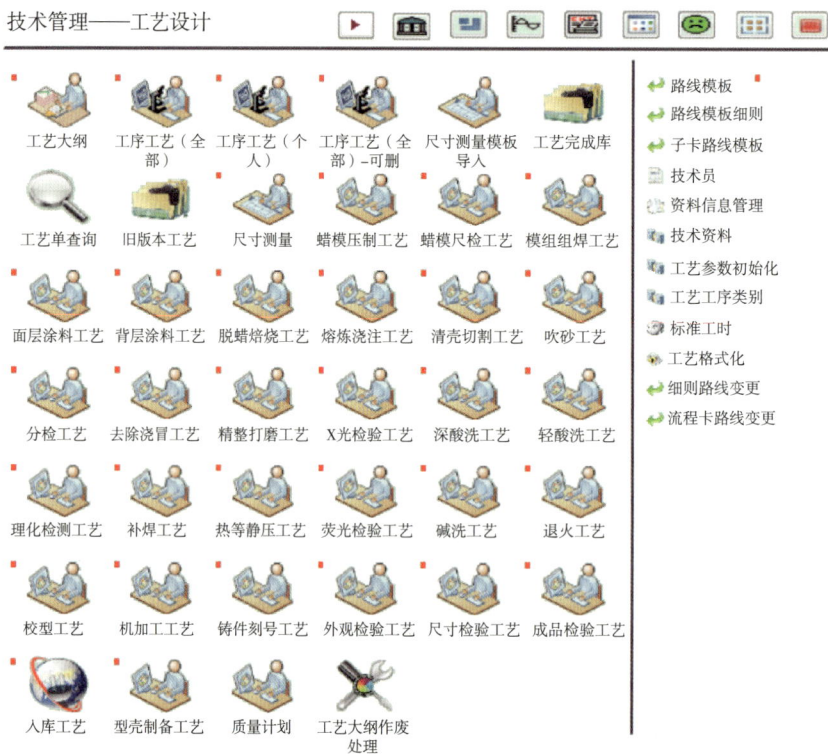

图 1　大纲式工艺管理模型应用

前段型壳制备环节的批次管控，但是当铸件流转到熔炼浇注工序时容易产生混炉问题。熔炼浇注之后的整理工序耗时长，子循环和返工返修现象频繁，混批、拆批、并批等问题多发，原有整卡方案难以满足企业批次管理需求。针对这种情况，实施了生产流程卡主子卡方案，并结合企业生产实际操作情况，在熔炼浇注工序将主卡进行拆分，将压蜡至熔炼浇注之前的工序作为主卡一卡，熔炼浇注及后续工序作为主卡二卡，解决了熔炼浇注工序的混炉问题。通过循环子卡和返工返修子卡对子循环和返工返修场景进行处置，实现了后段整理环节的批次管理。

2. 钛合金精密铸造车间现场信息可视化

该项目基于华铸 ERP/MES/PDM 集成系统，包括制模、制壳、熔炼浇注、荧光检、X 光检等车间工序全过程生产、工艺、质量的信息化可视化方法。

车间现场可视化通过信息显示和处理终端，包括各类看板（生产看板、工艺看板、质量看板，或工段看板、工序看板、工位看板）、报工机、条码枪、纸质/电子流程卡等。

（1）生产计划下达与现场生产可视化

生产部门计划调度员将每天的生产任务通过华铸 ERP 系统下发到每个工段，并显示在生产现场的可视化设备上，这样每个工段的工段长能够根据生产计划准确地向下派发任务。若有紧急插单情况，生产任务实时变动，工段长能够实时接收到任务情况，根据任务的优先级优先安排生产，在很大程度上减少了沟通时间。车间现场生产计划下达与现场生产可视化看板如图 2 所示。

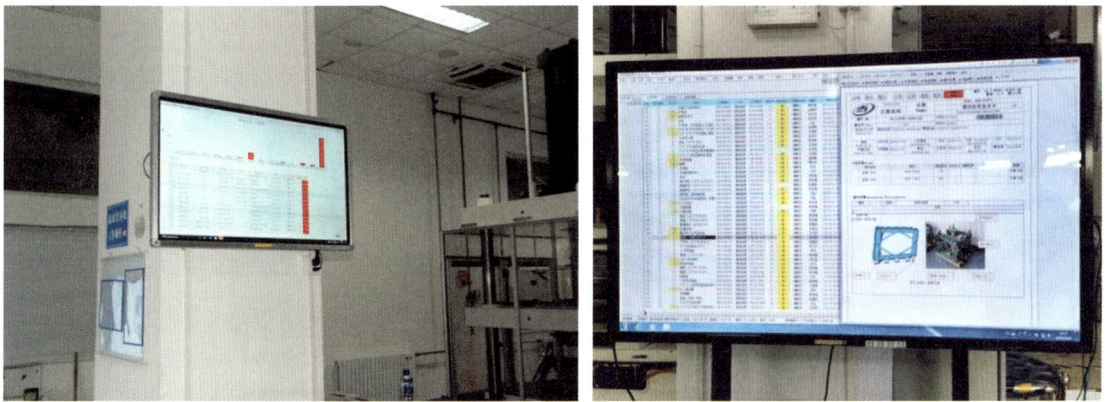

图 2　车间现场生产计划与工艺可视化看板

（2）工艺文件可视化

当日生产任务看板上会显示当前需要执行的任务以及计划完成日期，同时包含对应铸件对应工序的工艺文件。工程师编制好工艺文件，上传至华铸 ERP 系统对应铸件工序工艺栏中，在生产现场，职工可通过可视化设备根据流程卡获取关联的工艺文件进行操作生产。可视化设备和华铸 ERP 系统的存在代替了原本的纸质工艺文件，省却了因工艺文件版本的频繁更迭造成的重复打印工作，同时建立了流程卡与工艺文件的关联关系，能够允许存在同一时间同一种铸件工艺文件版本不同的情形。车间现场工艺可视化看板如图 2 所示。

（3）生产质检与报工

当铸件出现质量问题时，首先联系质量工程师，必要时再联系产品工程师和工艺工程师等对铸件进行评审，现场评审后开不合格评审单，并在华铸系统中报工。若评审结果为报废，废品维护人员从系统中收到信息，通知现场转运人员将废品转运到废品库；若评审结果为返修，则由质量安全部开返工返修流程卡，返工返修流程卡中信息能够作为任务传达到铸件需要返修的工序，此工序人员能够根据系统中返工返修流程卡信息或者现场铸件所带纸质子卡找到问题铸件，达到现场实物与信息流的一致性。

当流程卡上的某个工序完成后，可在现场 POS 机上华铸系统中进行报工，可选择合格数量、报废数量、返工数量等，报工完成后，自动流转到下个工序等待报工。华铸管理系统可根据生产计划和实时报工情况，形成每天的生产任务完成情况实时状态看板，包括铸件名称、数量、实时状态等，便于工段长了解当天生产情况以及剩余任务的派发和提醒。

3. 精密铸造设备数据采集与运行过程监测

（1）基于 PLC 与组态的铸造设备数据柔性采集

针对铸造车间的设备相对集中，相同的设备几乎在一个区域，工序相近的设备距离也不会隔离太远的特点，采用新增 PLC 的方式来柔性采集多铸造设备数据，在一个设备相对集中的区域，添加一个 PLC 集成站点来集成本区域的所有设备需要采集的开关量与模拟量。铸造设备数据通过柔性转换到新增的 PLC，在 PLC 站点采集数据并传输数据到数据库中完成数据存储。基于 PLC 的数据采集方案示意图如图 3 所示。

据存储在采集服务器上的数据库 SQL Server2008 中，华铸 ERP 服务器数据库 SQL Server

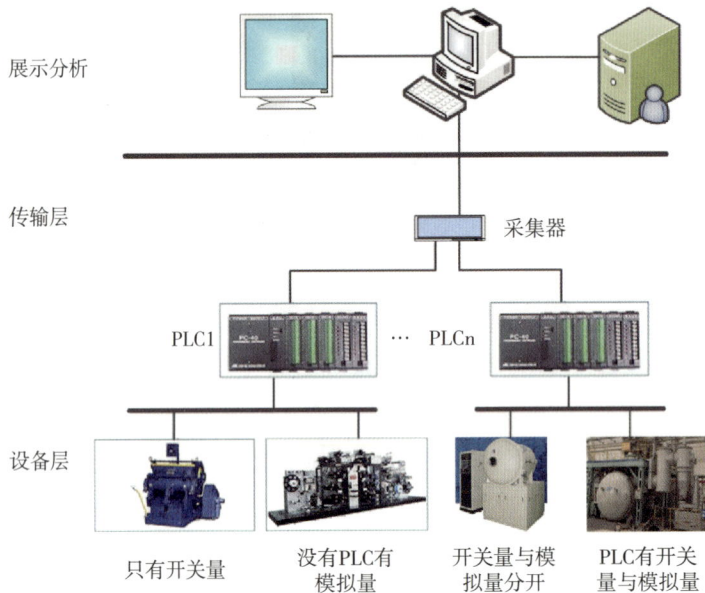

图 3　铸造设备数据采集方案

2012 建立链接服务器连接远程 SQL Server 2008，访问存储采集数据的数据库。ERP 中开发"数据采集"与"历史数据"两个中级模块，实现公司人员对设备的 24 h 实时监控和历史数据查询。基于 PLC 与组态的设备数据柔性采集方法实现了不同自动化状况的铸造设备数据实时自动采集与存储，避免了原有的人工手录或拷贝造成的数据失真的可能；采集服务器 24 h 不停运行，实时采集与存储数据，不会造成数据缺失；获取设备数据的时间可以达到毫秒级，实时了解设备运行状况，不再需要耗费人工去现场花时间去记录数据。

（2）基于 B/S 架构的铸造设备运行过程监测与预警系统

针对钛合金精密铸造设备现有的人工监测与记录方式存在监测困难、数据记录效率低、数据可视化效果差、数据利用率低的问题，基于 B/S 架构设计开发了一套设备监测与数据预警系统。

开发了设备管理模块，包含设备利用率实时分析和设备效率分析查询。其中设备利用率实时分析可以对企业所有可检测的设备进行统计分析，包含运行设备、闲置设备、故障设备、正在维修设备、待维修设备。可以实现对企业所有设备的状态进行饼图比率分析。设备效率分析模块，用户选择设备可以查看该设备的通电运行时间和故障停机时间，以及设备带载运行时间。在实时显示页面，用户可以看到设备参数最近两小时的数据趋势图，数据库每更新一条数据，页面就要显示最新的一条数据。由于不同设备有不同的数据采集频率，所以前端页面上数据更新的频率也会随着设备的不同而存在差异。一个设备的数据实时显示页面具有数据视图、折线图和柱状图切换和保存截图功能，并且具有停止监控和开始监控两个功能。

开发了历史数据分析模块，用户可以选择对应的设备、对应的参数及时间段进行设备的历史数据分析。在数据分析页面，当用户选择完对应的参数后，设备数据默认显示折线图，并且显示一定区间的最小值和最大值，同时显示提前设定好的工艺参数标准值，方便用户分析设备运行数据与产品工艺参数的差距。用户可以点击数据视图按钮查看设备运行数据的数值列表，点击区域缩放按钮可以对特定区域的数据进行分析。

开发了报警管理模块，其中包含报警信息实时列表和报警信息历史数据查新两个模块，同时报警信息也会通过 Layer 弹窗进行弹窗提醒，当用户登录系统打开任何一个界面，会优先弹出一个信息框，里面包含当天的所有报警信息，用户要查看未经处理的报警信息，并及时去报警管理模块进行报警信息的处理。报警信息有 ID、报警时间、报警设备、报警信息、当前参数、下限值、上限值、标准值以及处理状态。在报警信息历史数据模块，用户可以选择设备和时间两个参数进行报警信息历史数据的查询。

三、主要成果

华中科技大学华铸团队长期从事铸造企业数字化信息化管理的研究，开发了国内专业面向铸造行业的华铸 ERP/MES/PDM/SCADA 等系列铸造数字化管控系统，包括市场管理、技术管理、生产管理、质量管理、采购管理、仓储管理、人力资源管理、财务管理、设备互联等模块，成功应用于近 30 家铸造企业中，涉及航空航天、军工兵器、铁路汽车、核电石油、工程机械、建筑五金等领域（如图 4），建立了各领域铸造信息化示范基地近十个。

华铸 ERP/MES/PDM/SCADA 等系列产品已经成为国内铸造行业成熟的商用信息管理系统，理论技术与应用在国内处于领先地位。先后建立了铸件单件管理模型及单件化管理方法体系、生产链与质量链双链协同模型、工艺生产质量三角协同模型等方法，解决了大容量的铸件单件生产和质量全过程的自动化跟踪与追溯难题，满足了大件、关重件的单件化生产管控与客户质量要求；提出了信息系统柔性化设计与柔性化实施的方法，解决传统刚性管理系

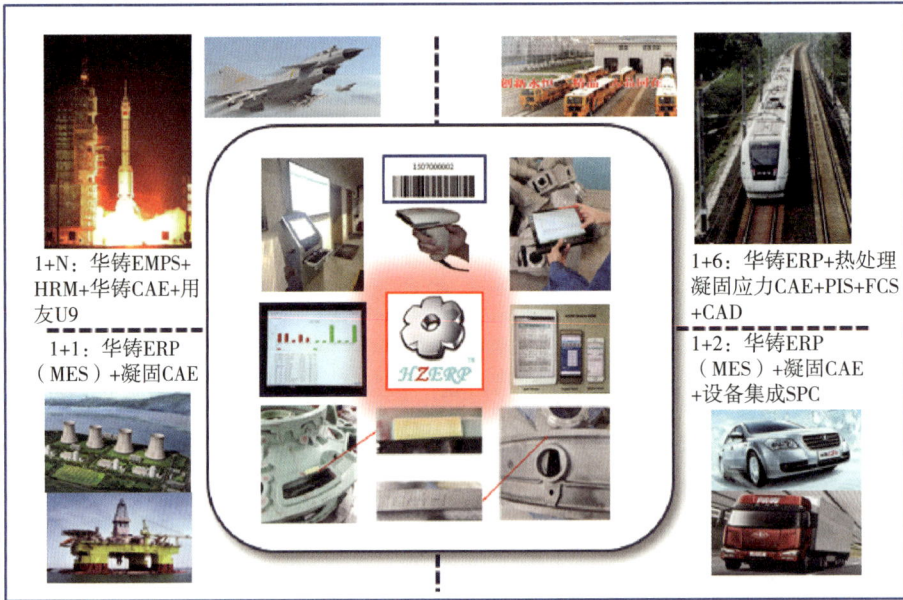

图4　应用于航空航天、铁路汽车、核电石油等领域

统可重用性低、应变能力弱和实施周期长的难题，成果应用于民营精密铸造龙头企业等，使系统建设周期缩短一半；构建了铸造信息系统的智能流程驱动、分析、约束方法，解决了铸造流程复杂引发的协作效率低、生产率低下等管理难题，实现了数据录入查询型系统向流程驱动分析型系统的转变，使某典型中小型砂铸企业全厂劳动生产率从2.5吨/人·月提升到9.1吨/人·月；创建了"1+N"模式数字化铸造集成平台，解决了逻辑架构、数据模型、软硬件通讯机制不同造成的多系统集成难题。

围绕铸造信息化、调度算法、质量控制等方面开展基础与应用研究，主持和参研国家自然科学基金、数控重大专项模拟子课、两机重大专项子课题、国家重点研发计划、重大横向项目、GF横向等十余项；发表论文50余篇，先后荣获省部级一等奖科研奖励4项和软件著作权10项、授权发明专利4项、受理发明专利16项；起草了铸造行业"十三五"规划网络制造章节、参编了《铸造成形技术路线图》中数字化网络化智能化铸造章节。

面向智能铸造的 PLM/ERP/MES 信息化集成平台

武汉理工大学 / 武汉晨曦芸峰科技有限公司

在智能制造及铸造业转型升级背景下，如何有效利用信息化、智能化、大数据、物联网等前沿技术推动企业从劳动密集型向技术密集型转化是其改进管理方式与水平的难点与重点。鉴于此，本文构建了面向智能铸造的信息化集成平台，该平台包含三个关键信息化技术与系统：产品全生命周期管理（PLM）、企业资源计划管理（ERP）和制造执行系统（MES），最后结合三家典型企业案例，分析了该集成平台下的核心技术模块的应用情况。

一、导言

随着互联网、双创、大数据、智能制造、绿色制造等概念的不断普及，传统铸造业的经营管理模式面临着极大的挑战，21 世纪的铸造技术正朝着更轻、更薄、更精、更强、更韧及质量高、成本低、流程短、耗能低、污染轻的可持续方向发展，以数字化为基础的智能铸造已成为铸造学科前沿研究热点，以"铸造业数字化智能化"为核心的产业变革已初现端倪。

产品生命周期管理（Product Lifecycle Management，简称 PLM）是一种应用于在单一地点的企业内部、且分散在多个地点的企业内部，以及在产品研发领域具有协作关系的企业之间的，支持产品全生命周期的信息的创建、管理、分发和应用的一系列应用解决方案，它能够管理所有与产品相关信息（如零部件信息、配置信息、图文文件信息、结构信息、权限信息等）和所有与产品相关流程的技术。企业资源计划（Enterprise Resource Planning，简称 ERP）是一种主要面向制造行业进行物质资源、资金资源和信息资源集成一体化管理的企业信息管理系统，目的是提高企业内部和制造有关的所有资源和过程的计划和控制能力。制造企业生产过程执行管理系统（Manufacturing Execution System，简称 MES）是一套面向制造企业车间执行层的生产信息化管理系统，能够在工厂发生实时事件时及时做出反应，有效地指导工厂的生产运作过程。PLM、ERP、MES 三者都是企业信息化管理软件之一，有各自替代不了的作用，PLM 提供了产品创建和工程数据管理的上游平台，ERP 将核心业务数据在战略和运营层面衔接，MES 指导大规模生产控制活动背后的车间性能和运营管理。但是，国内很多制造企业在搭建信息化平台时缺乏系统性地规划和决策，导致搭建的平台系统之间信息不流通，不能够共享，又有一些内容重复，造成实际使用效果很不理想。

针对智能铸造信息化需求，本文整合了 PLM、ERP、MES 三种信息化技术各自优点，构建了智能铸造信息化集成平台，阐述了铸造 PLM 核心模块、铸造 ERP 核心模块、铸造 MES 核心模块、可扩展模块的功能及应用案例。

二、智能铸造信息化应用背景

1. 铸造流程分析

图 1 所示为某铸造企业的砂铸 / 精铸 / 消失模等铸造机加工业务流程图，该流程将企业运营划分为市场订单、生产准备协同、铸造生产质量过程管控及发货到账四个阶段。整个流程以市场销售订单为源头，对铸造过程进行批次、工序级别的精细化管控，并全面采集关键

过程记录，以推动市场技术生产质量采购等多部门业务高效协同，体现了企业精益生产、敏捷制造的思想。

分析该流程图可以总结出铸造全流程管控的几个特点：

（1）多个部门协同一致，如订单到达后，先由经营科对订单进行评审并与用户签订合同与技术协议，技术部门根据技术协议设计铸件工艺，采购部门根据工艺 BOM 补充物料，生产管理部门根据合同制订生产计划，并给各车间下发生产任务。各个车间按照生产计划到仓储部门领料，组织生产需要的各种零部件，按计划完成并交到下一道工序的车间，直至成品按时完成，质检部门检验合格后入库、准备发货，最后财务部门完成对接。

（2）生产工序繁多复杂，纸质流程卡的流转困难。铸造工艺流程包括三部分：铸型准备、铸造金属的熔化与浇注、铸件处理和检验等共十几道工序。

（3）铸件工艺种类庞杂，纸质文档查找困难。铸件的产品结构和制作工艺通常在收到客户订单后才能被确定，这种方式对铸造生产的柔性要求大大增加。

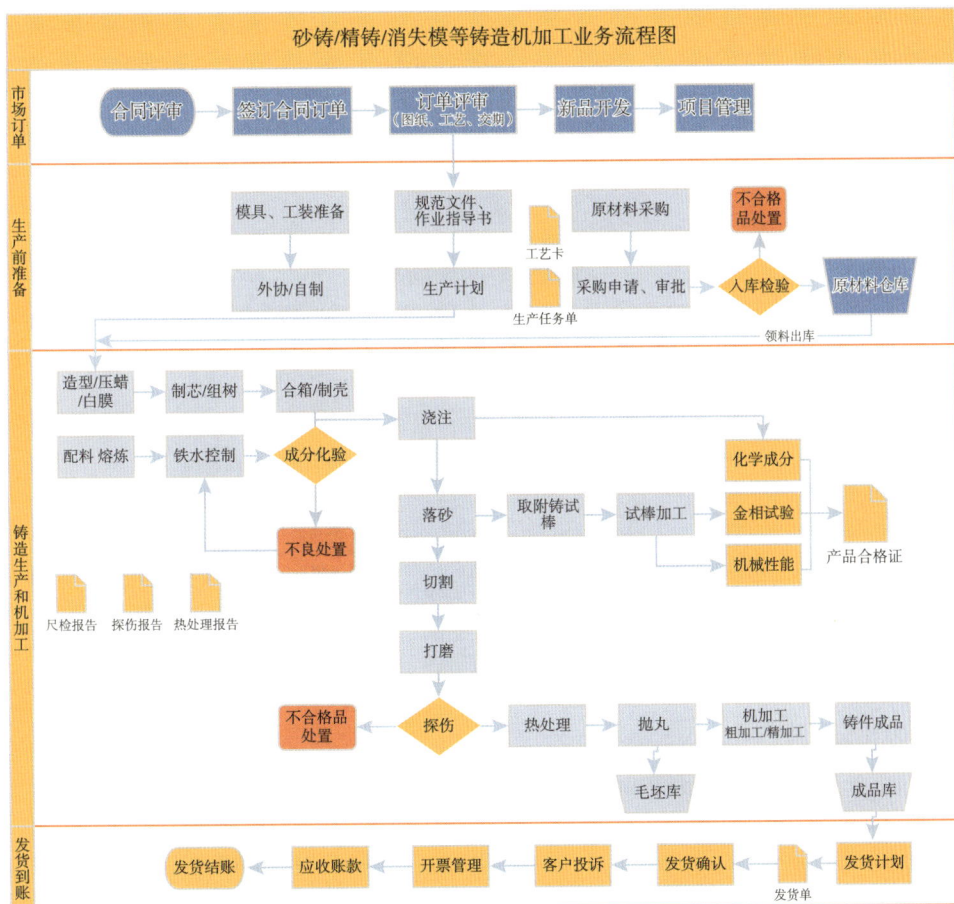

图 1　铸造（砂铸 / 特种铸造）机加工业务流程

（4）生产过程的排产变得越来越困难。随着生产批量的减少，品种的增多，产品结构必须随着客户的需求随时进行调整，导致生产上所需的原材料不能准时按量供应，生产计划的安排越来越困难，生产的波动较大。

在智能制造大背景下，全球新技术革命和产业变革正在给制造业带来巨大冲击，铸造行业作为机械制造工业的重要基础，也要提升产业的数字化、智能化，解决这些管理盲点，目前已有部分企业提出构建智能铸造数字化信息化系统架构。

2. 信息化集成平台架构分析

如图 2 所示智能铸造信息化平台架构是以铸造企业的工艺生产质量管控为核心，以实现流程化、可追溯、现场化和体系化管理为目标，链接现场设备与控制系统、车间层、决策层与企业数据中心。集多种管理系统于一体，协助各部门负责人实时处理业务报表与进行智能决策。该平台融合 PLM、ERP、SCM、CRM、APS、MES、OA-HR、WMS、SAP、U9、K3 等多个系统的优点，整合企业的各种数据包括物料 BOM 数据、生产订单数据等，将制造流程与数据联系起来，提供一种通用的业务视图。除此以外，该平台既吸收了 PLM 的集中存储管理产品设计、工艺及资源信息，避免信息重复输入的优点；又通过 ERP 保证了订单、销售、库存、财务各模块的资金流、物流、信息流的统一管理，解决了内部信息不畅通及管理困难等

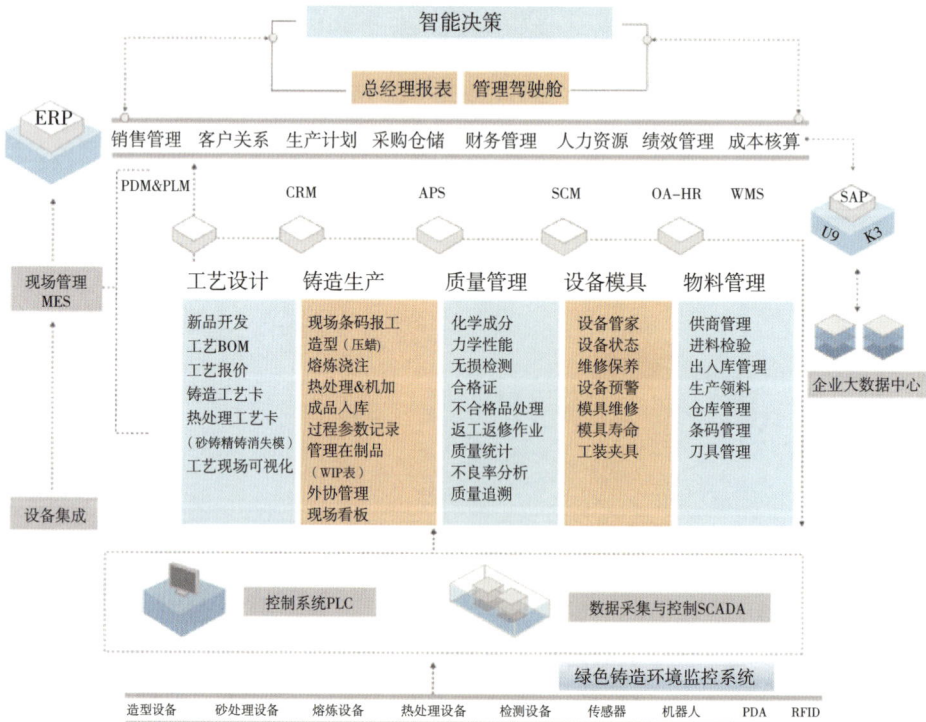

图 2　智能铸造信息化集成平台架构

弊端，为企业员工和决策层提供了决策手段；同时也支持对车间层和现场的实时管理控制，通过设备的集成为 MES 采集底层数据并集成分析，建立为生产、质检、工艺、物流等部门提供全面实时一体化的车间生产执行信息服务，避免了车间管理信息"断层"等。因此，这个信息化集成平台的构建将为铸造企业提供一个可靠、可共享、最新、最准确、最完整的产品信息源。

三、面向智能铸造的信息化集成平台的构建与应用案例

芸峰铸造信息化集成平台就是针对铸造行业精心研发的一套智能铸造数字化信息化系统解决方案，具有铸造专业性、系统性、可扩展性的特点。它全面兼容砂铸/精铸/消失模/压铸/机加工/锻造等多种生产方式，以铸造工艺生产质量管控为核心，实现流程化、可追溯、现场化、体系化管理。它包含经营管理、工艺设计管理、生产管理、APS 智能排产、质量管理、采购库存、人事财务、成本绩效、车间现场管控、看板管理、设备管家、设备数据采集、能源与环境监测、大数据分析、管理驾驶舱等。可以与铸造 CAE、铸造 CAD 等其他软件无缝集成，与企业财务、OA、人事等系统对接，与铸造生产、检测、辅助等设备互联互通，推动铸造企业的转型升级，提升铸造企业的管理水平和市场竞争力。下文以鸿鹄材料和恒立液压、中核苏阀三家典型铸造企业为典型案例，重点描述智能铸造的关键技术及其应用。

1. 铸造 PLM 核心模块

铸造生产过程中海量文档（如铸件的零件信息、配置、文档、CAD 文件、生产制造数据、结构和权限信息等）存储混乱，文档安全缺乏保障；纸质文档难以管理，查找缓慢，无法有效的协作共享、效率低下；铸件种类繁多，每个铸件的工艺资料、生产数据繁杂，给产品构型、项目管理和文档管理等问题给企业管理带来了极大的难度。铸造 PLM 以研究和拓展铸造企业产品全生命周期信息的一系列过程为目标，结合对产品信息整合的需求，研发了产品全生命周期信息存取查询的 C/S 系统，将 PLM 与 ERP、MES 系统集成实现了对数据、设计的综合管理，产品生命周期内自动集成查询、追溯和产品流程作业过程的区块化管理。

铸造 PLM 集中存储铸造企业的产品工艺知识库，以云端共享文件夹的形式统一管理各种文件，不仅产品数据可以在云端上传下载，公司管理层也能通过有效的数据及时对项目进行判断，产品生命周期变得可记录、可重复、可优化，推动了企业内外部产品数据的集成、共享。

2. 铸造 ERP 核心模块

研究和拓展铸造企业 ERP 系统的成本报价业务处理方式，结合铸造企业对成本管控、决策支持的需求，以成本报价和管理驾驶舱模块为例，研究并研发成本报价追溯的 C/S 系统。

以成本报价为例进行说明，成本报价即获得产品所付出的价值，包括 BOM、合金材料、人工成本、能耗等。系统结合铸件的材质、工艺、重量及订单吨价等工艺成本情况，将订单的成本归类显示，自动核算每种产品价格，辅助生成订单报价表，这样企业的生产成本明细、订单盈亏情况就可以直观体现在系统中，提高了财务人员的工作效率。

铸造 ERP 系统还为决策层提供了数据支持，企业各部门的重要指标数据可以图形化显示在系统中，企业的运营情况一目了然。除此之外，针对不同企业的需求，业务报表形式多种多样，包含甘特图、柱状图、雷达图等给决策层全方位的数据分析与指导，为企业打造出铸造智能工厂与数字化车间。

3. 铸造 MES 核心模块

研究和拓展铸造企业 MES 系统的车间现场监控与维护，结合铸造企业对车间生产信息可视化管控的需求，借助于各类数字化显示和信息处理硬件终端，铸造 MES 研究并研发生产可视化报表的 C/S 系统，并应用于杭州某铸造企业，实现车间现场生产与工艺数据的条码化、数字化、可视化。以高级智能排产、生产与质量过程追溯、设备数据采集与监视和扫码报工四个典型实例详细说明。

（1）高级智能排产

对于目标复杂、数据庞大难以直接计划排产的任务，部分高级智能排产系统（Advanced Planning and Scheduling，简称 APS）采用了各种元启发式算法进行近似求解，通过算法的不断迭代来得到相对较优解。铸造 APS 系统以优化交货期为主要目标，在智能运算中考虑了三种主要约束（工序先后约束、设备人员约束、时间约束），通过获取每个铸件的作业路线得到相应的加工工序，结合铸造各工序的特点和资源约束进行时间的计划。图 3 所示为系统以甘特图的形式表现排产后的时间规划，左边的树形导航为各个排产好的订单细则，点击即可查看各道工序的加工时间。

为方便系统用户查看各订单的工序完工情况，系统还单独开发了任务看板模块，该模块通过采集各工位的报工信息，结合订单的原始数据，统计出来了每道工序的完工度，并可查看到相应订单的基本信息。

同时，为使车间信息同步，系统还为企业生产车间或公共区域设立了车间生产管理看板，以显示生产各个环节的统计数据，包括生产发料、生产进度、生产质量、销售发货等业务；显示重要客户产品的总体状态，包括交期、剩余天数、订货数、交货数等；显示各订单

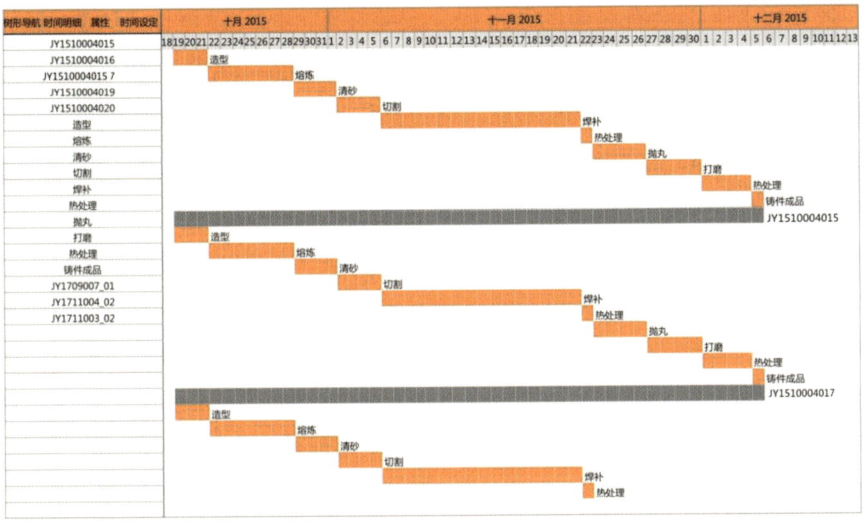

图 3　生产排产甘特图

生产进度，末批所处工序，实现制造过程的全程优化和协调。

（2）生产与质量过程可追溯

铸造生产具有多单件多种类的特点，这一特点决定了铸造生产过程的复杂性与生产管控的困难程度，传统铸造企业没有采用数字化的管控平台，车间的生产难以直接反馈到管理层，铸件出现问题时难以追溯到上游过程，铸造 MES 系统通过产生铸件单件标识号，采用车间现场的工序报工等方式，不论铸件处在哪一个工序环节，都可以从系统直接看到铸件的状态，当铸件出现质量问题或者其他异常状况时，也能及时查看到报警信息。卡片顶部可以看到每一个铸件的订单信息，点开细项后便可查看到铸件当时的生产状况，包括正常与否、每一道工序的完成时间等，通过这一追溯过程，铸造企业可以很大程度改善由于单件多而导致的管控混乱的局面。

为便于铸造生产过程中的质量检测管控到单件，并追溯到具体质量项目的检查时间、合格情况等信息，实现铸件单件质量过程跟踪可追溯，铸造 MES 还通过跟踪批次 / 单件产品具体质量检测过程各个环节，实现了铸件质量过程可追溯，质量过程原始记录实时可查，产品合格证也能一键打印，简化了质保书办理流程，最终及时发给客户。

（3）扫码报工

报工是铸件生产过程中常用的一种验收模式，从铸件的计划生产开始，车间会打印一张相应的纸质流程卡，系统也会产生同样的报工界面，当铸件的某一道工序完成时，需要在系统中输入工序的完成时间、验收状况以及负责的班组人员，同时在纸质流程卡上填写完相应信息后，通过系统层面的校验便可进入下一道工序的报工界面，流程卡则会随着铸件在车间的各个工位进行流转，由于铸造车间与生产、质量等部门信息不能实时共享，纸质流程卡的保存以及其上的信息提取存储比较困难。铸造 MES 在实现了报工的基础流程上增加了扫码的功能，每一张流程卡上都会有对应的条形码，安装在车间的外设可以直接对条码进行扫码，系统里便会自动载入当前铸件的加工信息，包括相应的工序、班组，为了方便报工，扫码之后系统会将验收时间自动赋为当前时间点。通过扫码报工的方式，使得车间复杂的验收作业更加便捷，工人学习成本也会相应降低。

综上所述，该集成平台非常注重制造流程的数字化管理以及质量监控，即在铸造过程中一旦出现问题，可以根据系统各个生产流程中收集到的数据对问题进行抽丝剥茧，找到故障发生的根本原因，并及时找到解决问题的办法，大大提高了产品合格率。而且，在新产品的研发设计阶段，设计师同样可以根据系统在智能制造过程中搜集到的数据进行产品的创新设计，即所谓的"用数字生成数字"，并准确预测未来客户的需求，加快了产品维修、保养的速度，提高了产品质量和生产效率，减少了产品和原材料的浪费。

4. 可扩展的模块

（1）智能工厂可视化

企业总体层：新建"透明"的数字化管理驾驶舱如图 4 所示，驾驶舱由 12 块单个 49 寸的工业级液晶显示屏组成，通过图表实时显示车间生产管理状况，包括计划排产、实时在制品状态、订单完成状态、完工报告、设备状态、设备异常信息、质量缺陷分析、原材料消耗、环境监控、温湿度等。

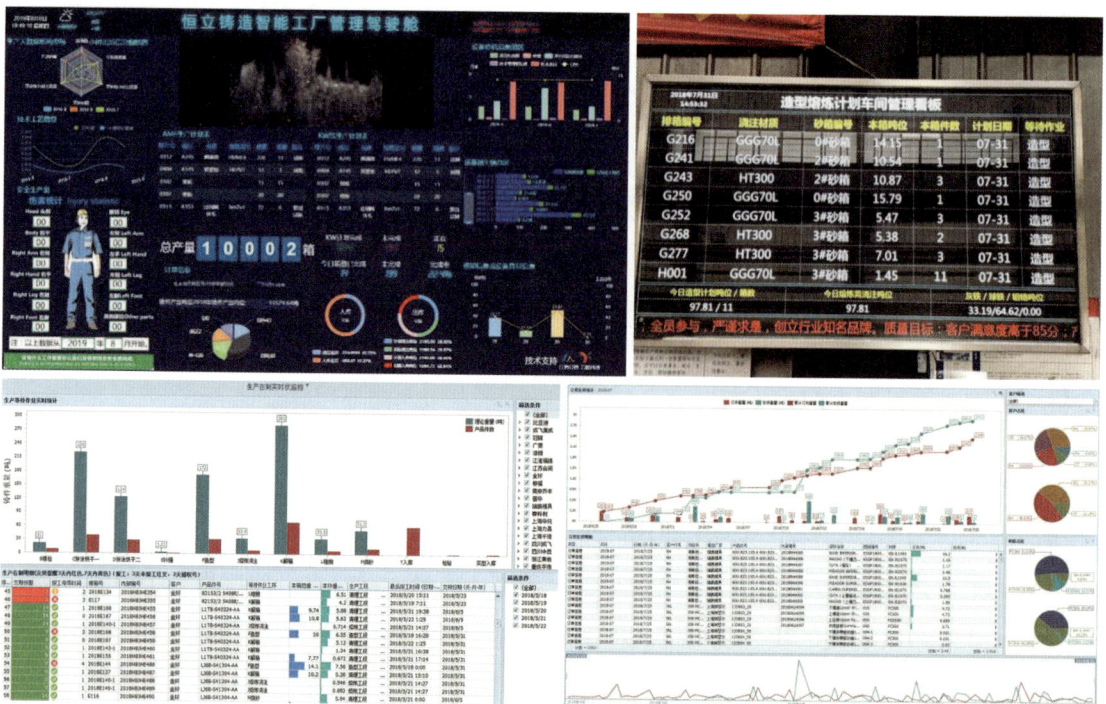

图 4　智能工厂管理驾驶舱

办公室层面：生产在制明细记录实现在制品监控，生产在制透明可视；订货发货报表看板按年度、月度、日进行累计统计、时段统计、分类统计，各报表之间还相互联动。

车间工位层：MES 系统可视化可以让管理深入车间，如图 4 所示，包含实型、机加、模检、造型、打箱、清砂、入库等工序工位的 7 块看板，提醒关键信息，统计完成情况。

（2）设备数据采集与监控

铸造企业的车间设备种类多、老设备多、数据获取难度大；铸件产品的种类多，数据采集量大；生产现场标准化程度低，数据关联性高。铸造 MES 研发手机设备运行管家，实现设备数据的实时采集与监控，例如光谱数据直接读取，热处理时刻温度实时记载等。图 5 所示为拉伸仪设备数据采集，铸造生产、检测、辅助设备互联互通。该模块全面支持 Profibus、Modbus、PLC 等上百种技术协议，检测设备数据直读，提高了工作效率，避免人为出错。

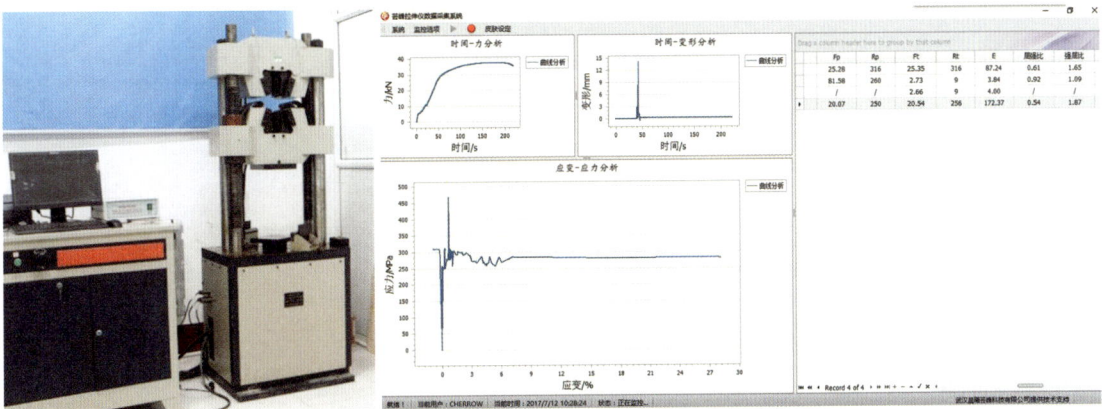

图 5　拉伸仪数据采集

（3）绿色铸造环境监控系统

新建绿色铸造环境监控系统，现场看板的左边显示温湿度、粉尘、噪声、SO_2 等多种气体、空气粒子指标，传感器分布区域，可根据现场车间所需传感器数量、种类进行灵活配置，传感器终端测得的具体数据，并可以灵活调整实时刷新频率；右边窗口可选取查看该车间任一区域监控画面。接入 MES 系统平台，智能终端（手机、平板）配置参数，读取采集信号；与 MES 系统进行数据的实时交互，与生产过程控制系统、生产设备监控系统和产品质量检测管理系统协同工作，能根据其他系统对环境需求进行实时调整。

四、结束语

构建了一种面向智能铸造的信息化集成平台，该平台通过云端共享、数字化硬件显示与处理终端等关联方式，将 PLM、ERP 和 MES 等多个企业管理子系统集成为一个整体，融合了工艺数据等技术数据的集中存储，订单销售库存财务等多个模块资金流、物流、信息流的统一管理，以及车间层与现场实时的制造流程数字化管理及质量监控等。实际企业应用案例证明，该平台能够很好地集成整合企业内部的各应用系统，实现企业内外部信息共享，大大提升铸造企业的运作效率，从而为铸造企业的信息化管理提供强有力的参考。

铸造设备运行过程监测与数据可视化

北京百慕航材高科技有限公司 / 华中科技大学材料成形与模具技术国家重点实验室

设备监测与数据可视化系统采用基于 B/S 架构的设计模式，根据系统的总体要求和性能需求分析，设计了系统构架、概念结构和功能模块结构，包括设备数据监测、历史数据分析、报警管理、设备管理四个功能模块。应用结果表明，该系统可实现对各类设备运行状态的监测，能达到良好的数据可视化效果，提高工作效率和数据记录的准确性。此外，通过设备运行历史数据与工艺数据的对比分析，也提升了数据利用率。

一、导言

随着"制造强国战略"的提出，越来越多的铸造企业意识到，设备数据监测与数据可视化是企业实现智能制造的重要环节。当前的大部分铸造企业仍然处于信息化程度低、数字化水平低的状态，实现企业的信息化和数字化要依靠各种信息化系统，如 ERP、MES、PDM、SCADA 等。在企业信息化建设方面，流程化制造业有着天然的优势，设备自动化程度高、生产工序固定、产品批量大、品种单一。而在铸造业中大部分设备自动化程度低、设备老旧、生产工序复杂、产品批量小品种多，这些问题导致铸造企业难于实现智能铸造。设备柔性数据采集技术与分布式数据库互联技术的结合能够将铸造设备运行数据采集到数据库中进行存储，之后还需要设备运行过程监测与数据可视化的过程。

本研究基于百慕高科的智能制造设备互联子项目，设计开发了一套设备监测与数据可视化系统，实现该企业各类设备的关键参数监测、各类设备的历史数据分析，同时能够实现设备偏离设定参数报警。系统将设备的实时运行数据以折线图的形式展现在网页上，设备管理人员可以及时了解设备的运行状态。该功能丰富了数据的可视化效果，更加直观地查看设备的运行数据，也解决了原有的人工记录设备运行历史数据方式带来的效率低、易出错等问题。

二、铸造设备监测与数据可视化系统需求分析

1. 系统总体需求分析

为解决现有的人工监测与记录方式监测困难、数据可视化效果差、数据利用率低的问题，设计了总体功能。

（1）生产设备数据采集管理。采集设备工作中主要工艺参数，采集数据、工艺参数的实时监测，采集数据可进行数据统计。

（2）设备数据分析管理。能够分析工艺参数和设备运行数据之间的关系。

（3）设备数据监控预警管理。出现工艺技术参数偏离能够远程报警，出现故障能够远程报警。

2. 系统性能需求分析

百慕设备监测与数据可视化系统在满足基本功能的前提下，也要满足一些性能需求，如系统的安全性、可扩展性、可靠性、易用性及兼容性等。系统的性能需求见表 1。

表 1 系统性能需求

性能需求	具体描述
安全性	该系统只可以在企业内网中使用，在进入系统前，需要对用户的身份进行验证。后期可以考虑和华铸 ERP 系统进行登录信息的集成。
可扩展性	由于设备的数据采集并未全部完成，目前系统的页面设计只完成了第一批试点设备中的部分设备，后期随着设备更多参数的采集，以及更多参数的实时显示、数据分析、参数预警需求，系统要做到易扩展。
可靠性	系统除了满足功能需求外，还要解决高并发、响应时间短、数据库容量等问题，保证系统的可靠性。
易用性	图表直观美观，易于操作，并且要有详细的操作说明，方便用户使用。
兼容性	网页系统需要在公司配置电脑中的多种浏览器上都可以正常显示。

三、铸造设备监测与数据可视化系统设计

1. 系统架构设计

该系统主要采用最新的 HTML5 作为前端开发语言，使用 PHP 7.0 编程语言作为后台开发语言，采用 SQL SERVER 2008 作为存储数据的数据库。该系统采用典型的 B/S 架构设计，分为三个层次：用户界面层、业务处理逻辑层和数据访问层。三层框架图如图 1 所示，客户端与数据库不直接进行交互，通过中间层业务处理逻辑层和数据库进行交互降低了系统的耦合性，提高了系统的可扩展性，便于系统的后期维护和升级。

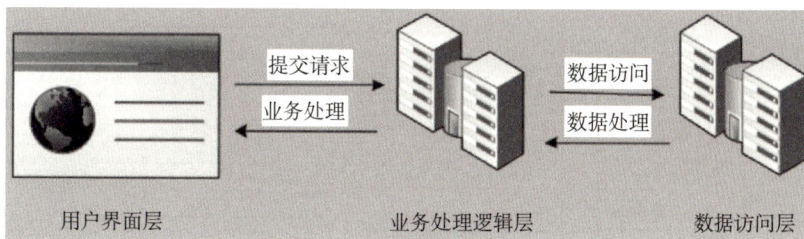

图 1 系统三层框架图

（1）用户界面层

主要包括设备数据监测界面、历史分析界面、报警信息提示界面和历史报警信息查询界面。用户在浏览器中输入网址，客户端应用层进行 DNS 域名解析，并返回对应的 IP 地址，然后客户端应用层向对应的服务器发送 HTTP 请求，服务器收到客户端的请求后，将返回相应的 HTML 文件，客户端接收到后就开始进行网页页面的渲染。

（2）业务处理逻辑层

用户看到的页面只是静态的页面，需要通过 JavaScript 来实现和前端页面的动态交互，用户通过系统页面查看数据库中的数据就需要通过中间层即业务处理逻辑层来进行处理。系统采用 PHP 语言作为后台开发语言，以 Apache 作为 Web 服务器，HTTP 通信协议作为连接浏览器和服务器、服务器和数据库之间的桥梁。用户通过点击页面上的按钮，实现对数据的逻辑处理。

（3）数据访问层

该系统的设备运行数据存储在 SQL SERVER 2008 关系型数据库中。Web 服务器通过 PDO 数据库抽象层来访问数据库，数据库根据 SQL 语句执行用户的操作逻辑，将用户想要的数据返回到服务器。

2. 系统概念结构和功能模块设计

（1）系统概念结构设计

基于对百慕设备监测与可视化系统的需求分析，对该系统进行概念结构设计，如图 2 所示。首先建立顶部导航栏，用户可以点击"退出系统"按钮退出系统。在侧面导航栏建立四个系统应用模块，设备管理、历史数据分析、报警管理、设备数据监测。

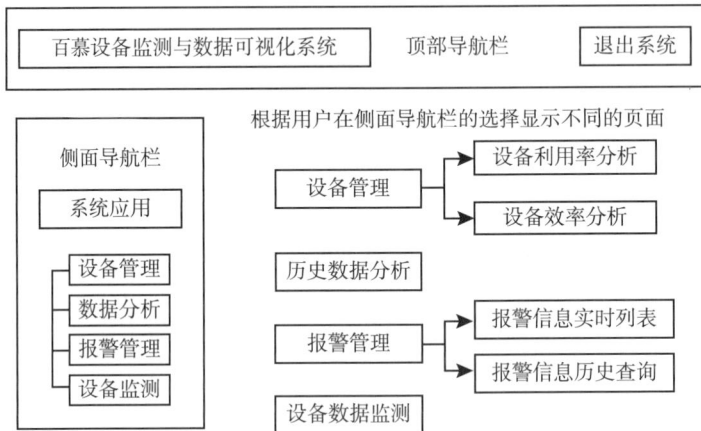

图 2　系统概念结构设计

（2）系统功能模块设计

根据百慕设备监测与数据可视化系统的概念结构设计，现对 4 个功能模块进行详细介绍。系统功能模块设计如图 3 所示。

1）设备管理模块。设备管理模块包含设备利用率实时分析和设备效率分析查询。其中设备利用率实时分析可以对企业所有可检测的设备进行统计分析，包含运行设备、闲置设备、

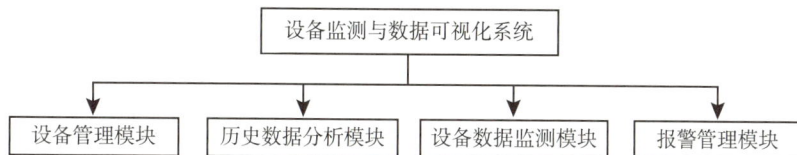

图3　系统功能模块设计图

故障设备、正在维修设备、待维修设备。可以实现对企业所有设备的状态进行饼图比率分析。设备效率分析模块，用户选择设备可以查看该设备的通电运行时间和故障停机时间，以及设备带载运行时间。

2）设备数据监测模块。在实时显示页面，用户可以看到设备参数最近两小时的数据趋势图，数据库每更新一条数据，页面就要显示最新的一条数据。由于不同设备有不同的数据采集频率，所以前端页面上数据更新的频率也会随着设备的不同而存在差异。一个设备的数据实时显示页面具有数据视图、折线图和柱状图切换和保存截图功能，并且具有停止监控和开始监控两个功能。

3）历史数据分析模块。用户可以选择对应的设备、对应的参数及时间段进行设备的历史数据分析。在数据分析页面，当用户选择完对应的参数后，设备数据默认显示折线图，并且显示一定区间的最小值和最大值，同时显示提前设定好的工艺参数标准值，方便用户分析设备运行数据与产品工艺参数的差距。用户可以点击数据视图按钮查看设备运行数据的数值列表，点击区域缩放按钮可以对特定区域的数据进行分析。

4）报警管理模块。包含报警信息实时列表和报警信息历史数据查新两个模块，同时报警信息也会通过 Layer 弹窗进行弹窗提醒，当用户登录系统打开任何一个界面，会优先弹出一个信息框，包含当天的所有报警信息，用户要查看未经处理的报警信息，并及时进行报警信息的处理。报警信息有 ID、报警时间、报警设备、报警信息、当前参数、下限值、上限值、标准值以及处理状态。在报警信息历史数据模块，用户可以选择设备和时间两个参数进行报警信息历史数据的查询。

四、铸造设备监测与数据可视化系统实现和应用

1. 系统功能模块实现

（1）系统登录模块及首页

用户在浏览器输入企业设备互联的服务器对应的 IP 地址后，网页会跳转到系统的登录界

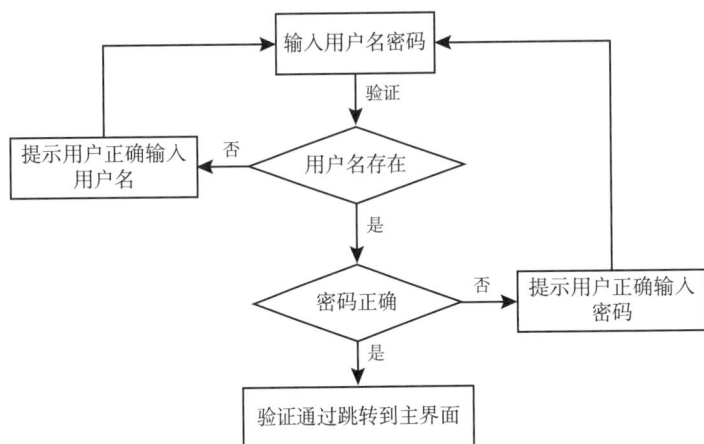

图 4　系统登录逻辑验证

面。当用户输入账号密码后，系统会去数据库里查找对应的用户名和密码，如果不存在和不一致，会提醒用户重新输入。系统登录功能的处理逻辑如图 4 所示。

（2）主界面和侧面导航栏

系统主界面包含顶部导航栏、侧面导航栏和中间内容区三个部分。在顶部导航栏可以点击头像按钮进行系统的退出操作。中间内容区显示全厂设备总数、运行设备个数、故障设备个数及报警设备个数，同时显示设备的操作注意事项和当前日期。侧面导航栏包含四个功能模块：系统应用包含设备管理、数据分析、报警管理三个功能模块，设备监测模块包含七个站点：高大厂房、新大压腊、三层焊接、压腊/涂料、酸洗间、荧光机和清壳间。

（3）设备管理模块

设备管理分为设备利用率实时分析和设备效率分析查询。在设备利用率实时分析页面，分为 2 个层级，第一层是一个饼图，可以通过鼠标滑动查看不同设备状态：运行、闲置、故障、正在维修、待维修的比例。在第二层是一个数据列表，可以看到全厂所有设备的设备信息和设备运行状态。通过与 ERP 系统信息进行集成，将 ERP 系统中设备的信息及运行状态显示在表格中，饼图可以实时显示各种运行状态的设备占所有设备的比例，实现对全厂设备情况的整体把握。

在设备效率分析模块，设备负责人可以选择设备和时间段进行查看，系统会显示设备在这一段时间内的通电运行时间、带载运行时间、故障停机时间。系统后期可以为设备保障部工作人员提前检查保养设备提供依据，最终保证设备正常高效运行。

（4）设备数据监测模块

在设备数据监测模块，实现了隧道炉南、隧道炉北、脱蜡炉、退火炉、涂料干燥间共 11 台设备的数据实时显示。

（5）历史数据分析模块

由于每个设备对应的数据分析页面需要根据实际需求进行定制化开发，故数据分析模块提供了设备选择、参数选择、时间区间选择。通过该图表，用户可以对设备的运行情况进行追溯，查看设备何时开启工作，何时结束任务，分析工作人员是否按照操作规范章程进行工作。并结合工艺参数和产品质量对设备的运行数据进行分析，为今后产品质量的改进提供参考。可以点击"保存截图"按钮对一段时间内的数据变化曲线进行截图。

（6）报警管理模块

以面层干燥间的数据报警为例，数据异常报警分为数据异常报警弹窗提醒模块、数据信息实时列表、报警信息历史数据三个模块。当用户打开系统时，系统应优先提示用户当天未处理的报警信息。如果发现报警信息的处理状态为待处理时，应该去报警信息实时列表里进行处理操作。处理成功的消息会保存在数据库中，为后期进行报警信息的历史数据分析提供数据。在报警信息历史数据查询模块，用户可以根据要选择的设备和时间进行报警信息历史数据查询。

2. 系统应用效果分析

通过在百慕高科企业的应用，在设备运行数据监测方面，实现了企业 11 台设点设备共计 40 个关键参数的数据监测，通过远程登录百慕设备监测与数据可视化系统进行设备数据监测的方式代替了原有的现场查看方式，提高了工作人员的工作效率。在设备历史数据分析方面，解决了原有的纸质打印方式带来的可视化效果差、分析效率低等问题。在设备运行数据记录方面，该系统解决了人工记录方式带来的效率低、易出错等问题，从而提升工作效率。在报警管理方面，该系统实现了涂料间的设备数据异常报警，工作人员看到报警信息并及时处理，最终提高产品质量，降低产品报废率。系统的应用效果分析如表 2 所示。

表 2　百慕设备监测与数据可视化系统应用效果分析

项目	应用前	应用后
设备运行数据监测	现场查看	远程系统查看
设备历史数据分析	纸质打印分析	系统分析
设备运行数据记录	人工记录	系统记录
涂料间数据异常报警	不能及时处理	系统及时提醒
设备监测数量	0	11
关键参数监测数量	0	40

五、展望

对百慕设备监测与数据可视化系统进行了需求分析，结合企业现状、设备数据特点明确了企业的实际需求。设计和开发了百慕设备监测与数据可视化系统。实现了系统四个主要功能模块：设备管理模块、设备数据监测模块、历史数据分析模块、报警管理模块。通过这四个功能模块，实现了企业第一批试点设备的数据采集、数据实时监测、历史数据分析。同时实现了涂料间偏离设定参数报警的功能，通过涂料间的报警信息及时发现问题并预防，从而改进面层干燥间产品的质量。百慕设备监测与数据可视化系统的应用效果表明，该系统实现了对各类设备运行状态的监测，具有良好的数据可视化效果，并且解决了原有人工监测困难与人工记录方式效率低的问题，提升了工作效率和数据记录的准确性，能够为企业设备监测和数据可视化提供好很好的指导作用。

物流信息管理系统在数字化铸造车间的应用

宁夏共享集团有限责任公司

结合本公司数字化铸造车间如何实现智能物流系统、精益物流和柔性混流生产实施方案，使用物流信息管理系统对仓库所有自动化设备如有轨制导车辆、堆垛机、输送机等进行合理地调度；对产品的入／出库作业进行最佳分配；对上层企业资源计划、制造企业生产过程执行管理系统的生产数据进行实时准确的接收，同时可以反馈信息给上层系统；对系统运行过程中产生的数据进行查询、统计。

一、导言

铸造是装备制造业的基础产业，我国铸造工厂大多数还处于自动化和半自动化的生产模式，甚至有的工厂还处于手工作业生产方式。共享集团作为铸造行业的排头兵，经过多年在智能制造方面的努力和研究，建成的数字化铸造工厂项目成为首批国家智能制造试点示范项目。

典型的铸造车间物流基本上依托于吊车、叉车和简易的电动平车实现车间内和车间外的物流转运。产品单一、大批量生产模式，自动化程度相对较高的铸造车间，其内部工位物流通常也是通过辊道线进行的流动生产，产品物流运转管控相对比较简单，信息跟踪比较容易。但是面对"多品种，小批量"产品，如何实现智能物流和自动化转运，物流信息管理是一个难题。

二、数字化铸造车间物流信息化流程

本公司数字化车间使用大型射芯、组芯的工艺技术生产轨道交通发动机机体铸件，使用大容量射芯机、智能涂料工作站、快速砂芯烘干系统、重载立体仓库（图1）、重载RGV（图2）、各类专用机械手、热处理炉、抛丸、喷漆等智能装备建成快速成形智能单元、熔炼智能单元、砂处理智能单元、精整智能单元、物流智能单元。其中，物流智能单元的物流信息是由基于条形码的信息跟踪和上层的软件系统物流管理系统（WMS）进行管控。基于条形码技术生产信息化流程如图3所示。具体内容和流程如下。

图1　立体仓库

图2　RGV小车

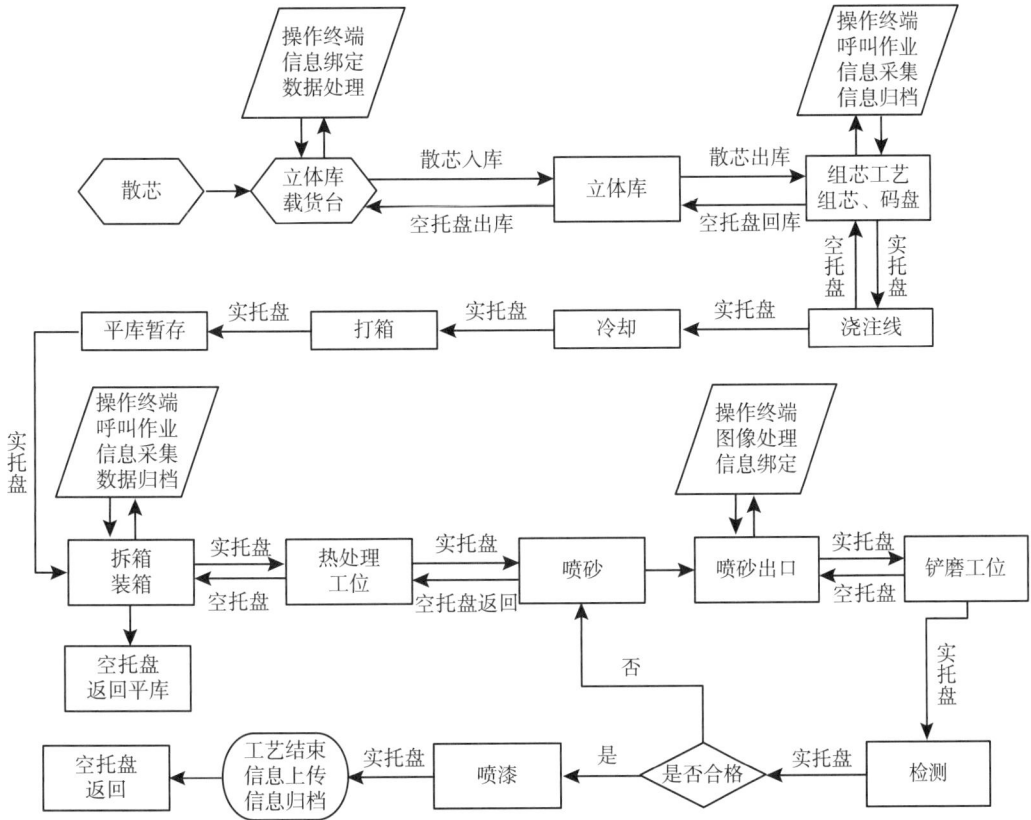

图3 基于条形码技术生产信息化流程示意图

　　射芯机生产的散芯经输送系统运送至入库信息录入工位。系统自动识别产品托盘条码，人工将产品外观和系统接收的ERP系统的生产图片信息进行比对，确定产品信息，系统将托盘编码与产品信息进行绑定操作。绑定后，产品输送至立体库入库口，系统自动将散芯送入立体库指定货位暂存。

　　组芯工位操作终端接收上层ERP系统下发的组芯任务，产生出库命令，立体库系统会根据库存信息自动调度出相应的待组芯产品，空托盘经人工确认，自动回库。工人将所需的多个散芯进行组芯，录入套箱内产品信息，系统将套箱与产品信息进行绑定，并将绑定后的产品输送至浇注工序。浇注后的产品经输送系统输送至浇注后暂存工位进行冷却处理，系统自动记录各暂存工位产品信息。

　　当落砂工位缺料时，系统自动将浇注后产品从浇注后暂存工位取出，输送至落砂工位。人工将落砂后的多个产品放到一个新的托盘上，录入托盘内产品信息，将托盘条码与产品信息进行绑定。系统自动将绑定后的产品送入热处理工位，同时将产品信息保存在热处理工位数据表中。

　　当喷砂工序缺料时，系统自动将热处理后产品输送至喷砂工序。喷砂出口安装工业相机，对喷砂后的产品进行拍照。拍照后产品装入新托盘中，人工录入托盘上产品信息，将托盘条码与产品信息进行绑定。

系统自动将绑定后的产品送入铲磨工位。产品经铲磨、检测、喷砂、喷漆等工序后，最终完成成品，并将成品信息上传到 ERP 系统，信息归档，空托盘返回。至此，整个工艺流程结束。

三、物流管理系统硬件结构和功能

本项目设计的企业物流信息化系统主要由双机热备数据库服务器（一个主服务器、一个备份服务器）、管理系统、监控系统、终端系统条码自动识别系统以及各系统之间的接口组成。物流信息管理系统的硬件结构如图 4 所示，硬件主要由双机热备数据库服务器（一个主服务器、一个备份服务器）、信息管理计算机、监控调度计算机、现场操作计算机、网络打印机、条码打印机、无线基站、无线客户端、条码识别装置、图像识别装置等核心部件组成。

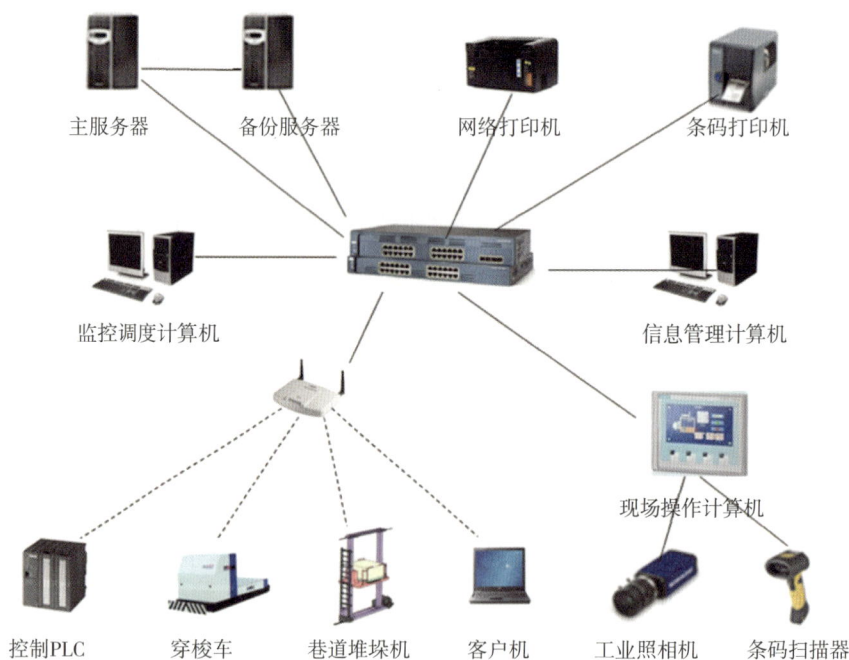

图 4 物流信息化系统硬件结构图

1. 数据库服务器

服务器采用双机热备份方案，数据库相关文件存放在磁盘阵列中，服务器采用 Windows

Server 2008 操作系统，服务器数据库管理系统采用 Oracle 11g 软件平台。

2. 管理系统

管理系统是用户使用界面和系统维护的应用软件，用来做库存、货位以及搬运任务的查询、数据查询统计分析、产生相应的数据报表、数据维护和系统维护等一系列的与系统管理有关的功能。通过数据查询分析报表功能，对数据进行统计、分析并提供给决策者需要的数据，以便实现宏观调控。

管理系统由 Oracle 11g 数据库管理以及管理系统客户端组成，系统设计采用基于业务流的标准系统设计方法，采用 B/S 体系结构，在充分分析企业作业现状和预测未来发展的基础上，设计完整的作业管理功能，提供完善的管理解决方案。

管理系统与外部企业信息管理系统（ERP/MES 系统）的接口，能够与外部信息管理系统实现数据交换与共享，完成系统间的信息集成工作，从而实现企业生产的一体化管理。管理系统功能模块框架如图 5 所示。

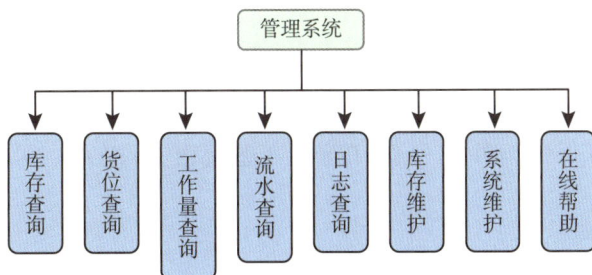

图 5　管理系统功能模块框架图

管理系统的功能：库存查询、货位查询、工作量查询、流水查询、日志查询、库存维护、系统维护。

（1）库存查询。可根据货位地址、条码编号等分别查询位于车间货架存放相关物料的库存信息，因而系统具有按货位地址查询库存、按条码号查询库存等功能。

（2）货位查询。可根据货位地址查询位于车间不同位置货架的状态，包括有货货位查询、空货位查询、工作货位查询、封闭货位查询和问题货位查询以及货位统计等功能。

（3）工作量查询。可根据 RGV、堆垛机、穿梭车搬运任务的不同，分成不同的工作任务。其中，RGV 相关的工作量包括各种工艺过程中对货物、托盘的转运工作，堆垛机相关的工作量包括货物的入库、货物的出库、空托盘输送和空托盘回收，穿梭车的搬运任务分为货物输送和托盘输送。

（4）流水查询。流水查询是查询系统中物料在搬运过程中发生物理位置移动时产生的流水记录，方便系统跟踪查询。具体可根据不同的工作类型进行查询相应的搬运流水记录。

（5）日志查询。日志查询包括登录日志查询和操作日志查询功能，登录日志用来记录登录系统的信息，操作日志用来记录用户操作系统的记录。

（6）库存维护。库存维护用来保证库存逻辑记忆物料数据和物理存放物料的一致性，维护人员可手动进行相应的库存信息维护。

（7）系统维护。①用户管理：系统用户的增加、修改、删除功能以及密码更改等。②部门管理：系统用户所处部门的增加、修改、删除功能。③权限管理：管理系统用户所具有的权限。④机台定义与设置：增加、修改、删除机台相关信息。⑤日志清理：根据指定时间段（起始日期时间、截止日期时间）删除相应的登录或操作日志。

3. 监控系统

监控系统为通过直观、动态的彩色画面，操作者可清晰地观察到整个车间物流设备的运行状态、物流命令的执行情况及各类故障报警信息。

4. 终端系统

终端系统是安装在终端的触摸屏计算机，实现作业呼叫、信息录入、信息交互、信息控制、库存查询以及作业查询等功能。终端系统同样也是在物流运行工作环节中的人机信息交互点，通过信息的交互保证车间生产信息在整个工艺流程中的连续、可跟踪。

5. 条码自动识别系统

采用条形码自动识别系统，可以部分或全部代替人工键盘输入，减少可能出现错误的操作环节，减轻劳动强度，提高作业效率。

条形码自动识别系统在入库端安装有固定条码阅读器，其主要功能：自动扫描托盘条码；自动识别托盘上的物资信息；根据托盘条码自动分配入库货位地址。

6. 系统间接口

系统间接口是计算机管理、监控系统与其他信息系统的信息接口，以及与企业 ERP/MES 系统的接口。用于传递物资基础信息、入库信息、出库信息、库存信息等，主要通过数据库中间表或 WebService 的方式进行数据交互，同时为这些系统提供所需的服务接口，包括库存信息服务接口、流水信息服务接口、日志信息服务接口、监控类数据服务接口等。

系统外部接口如图6所示。

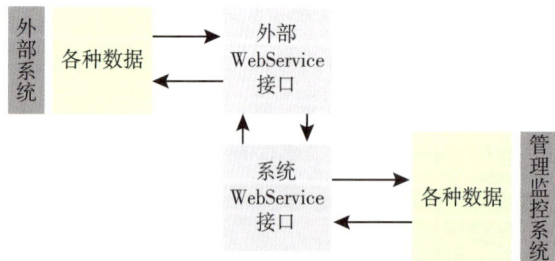

图6　软件系统外部接口图

四、使用分析

（1）多品种识别和管控。具有物料多品种自动识别功能，根据铸造生产砂芯种类较多的特点，辊道输送机的上芯工位和下芯都能通过条形码的自动识别和 WMS 系统的自动记录，对芯子进行记录和跟踪。提高了整个生产线的信息化水平，适用于"多品种，小批量"的生产模式，实现了柔性制作的混流生产。

（2）管理水平提升。智能物流管理系统能够和企业软件管理系统（ERP/MES）进行集成，做到企业和工厂的管理直通车模式，实现物流信息、产品信息、设备信息的互联互通的高效率生产模式。

（3）产品质量追溯。通过使用 WMS 系统配合各智能装备的集成使用，使得产品的整个生产流程可追溯，为公司质量管理模式提供一种新的方法。

（4）生产效率大幅度提升。本项目通过使用立体仓库、RGV 小车等智能物流仓储装备，替代了使用吊车、电动平车等传统生产物流搬运仓储方式，并且与传统年产 2 万 t 铸件的同等规模工厂相比，节约占地面积 30%，节省人工近 40 人，效率提升近 2 倍。

五、结束语

铸造作为制造业的基础行业，工厂的现代化还正在发展，共享集团作为铸造行业的排头兵企业，在数字化铸造工厂建设方面投入了大量的资金和精力，但是针对产品结构为"多品种，小批量"生产物流方面如何实现智能化还需要我们继续深入研究。

本研究开发的智能物流系统基于现代计算机通信技术、控制技术及信息技术等发展起来的综合应用系统，每一个系统既单独独立又互联互通。物流管理系统通过控制 RGV、立体仓库及其他的相关自动化设备对仓库中的物品、货位、库存等基本信息进行管理，对各智能设备进行任务调度和资源分配，实现工厂的精益化生产和智能管理。

共享集团围绕国家提出的《智能制造 2025》战略，建设在铸造行业的数字化工厂，通过将智能仓储技术引进铸造行业代表了共享集团先进的生产力，是企业进步的象征。同时该系统提高了企业管理水平，促进企业实现规范化和信息化，为共享集团打造全面集成数字化企业打下坚实的基础，为全国 3 万多家铸造企业转型升级提供借鉴。

案例 30

单件小批量铸造企业车间移动端生产报工系统

华中科技大学材料成形与模具技术国家重点实验室

为改善固定终端报工模式报工繁琐、效率低下、容易发生误匹配等问题，在华铸 ERP 的基础上，设计开发了一套面向单件小批量铸造企业的车间移动端生产报工系统。应用效果表明，对比固定终端报工模式，本系统的操作步骤从 8 步下降 4 步，平均报工时间减少一半以上，系统使用率达到 60%，生产报工效率提升了 2~3 倍，从而突破了固定终端报工模式的局限，解决了报工繁琐、效率低下、容易误匹配等问题。

一、导言

铸造业作为制造业的基础和重要组成部分，在很大程度上代表了一个国家的工业发展水平。在传统的铸造企业中，生产报工仍然需要工人手动在流程跟踪卡完成登记和处理。这种方式不仅工作强度大，同时保存在流程卡上的信息也非常容易在流转过程中遭到玷污或者破坏，更重要的是信息的时效性非常差，数据回收与统计也很困难，管理者难以对这些杂乱的数据进行分析与提炼，从而对加工计划做出科学、有效的调整。

人工手动报工所存在的问题严重阻碍了企业信息化发展的进程，亟待改进。随着时代的发展，部分铸造企业引进了成熟的 ERP 系统，通过在加工车间设置一个公共的固定终端，工人通过扫码枪对流程卡进行扫描，最终完成报工。相较于人工手动报工，这种方式虽然解决了数据信息化的问题，但是也衍生出了一些新的缺点：①考虑到车间实际环境和安全等因素，固定终端与机床之间往往存在一定的距离，这极大程度上降低了报工的体验和效率；②工人完成报工后需要将流程卡与铸件一一进行匹配。当流程卡数量较多时，匹配过程不仅会浪费大量的时间，也非常容易匹配失误。

针对现阶段生产报工存在的诸多问题，开发了一套能够在手机等移动终端上进行生产报工和报工验收的 Web 系统，从而创造出一种全新的报工模式——移动报工。

二、技术架构

1. 响应式 Web 技术

鉴于当前移动端 iOS、Android 等多种操作系统共存的局面，开发者迫切需要一种通用、高效的开发技术，通过一次开发即能够满足多平台使用的要求。由于 HTML5 面向网页的特性，能够通过浏览器有效地屏蔽各个操作系统之间的差异，因此 HTML5 具有良好的跨平台特性。

响应式 Web 技术最初由伊桑·马科特在 2010 年提出，并基于 HTML5 开发完成。"响应式"是指网页能够自动识别显示设备的屏幕宽度，并动态调整内容的布局方式，从而在不同设备上都能达到最佳的显示效果和用户体验。

2. SSM 框架

SSM 是 Spring+SpringMVC+Mybatis 的缩写，由这三者组成的 SSM 框架是当前最为主流的

Java EE 企业级框架，适用于搭建各种大型的企业级应用系统。

三、系统开发流程

1. 登录模块

任何企业应用都应该优先考虑安全问题。为了避免 Web 系统受到黑客的恶意攻击，后台会通过客户端的 IP 地址判断来访用户是否处于企业内网环境下，如若为外网访问，则予以拒绝。同时，考虑到技术人员可能需要远程对系统进行测试和维护，故在系统中开放了一个超级管理员，仅此账号能够远程访问该 Web 系统。

考虑到工人会在工作期间多频率、小时长访问系统进行生产报工，如频繁输入登录信息，将大大增加用户操作的不便性。因此，服务器会将当日首次登录的验证信息保存下来，并设置失效时间为 12 小时。随后用户在当天中的任意时段都能免密直接登录该系统，只有在次日登录或者用户主动登出系统后，才需要重新输入登录信息。

图 1 展示了整个登录过程的流程。

2. 报工模块

当用户成功登录后，将看到如图 2（a）所示的报工界面。此时用户需要选择报工模式（默认为扫描），并单击"新增报工"按钮对流程跟踪卡进行拍照，随后照片将被上传到服务器进行解析，最后返回此流程卡对应的报工批次号，并在页面中生成一条新的待报工记录。然后点击"请选择加工工序"来选择此次报工的工序，最后点击"提交报工"并等待服务器返回报工回执 [图 2（b）]。完成报工后，用户可以在"报工记录"模块中查看当日的报工情况，同时还能对误报工操作进行撤销，如图 2（c）所示。

上述是移动报工流程的简单演示，接下来对系统开发中遇到的问题、如何攻克以及本系统的一些创新点作详细介绍。

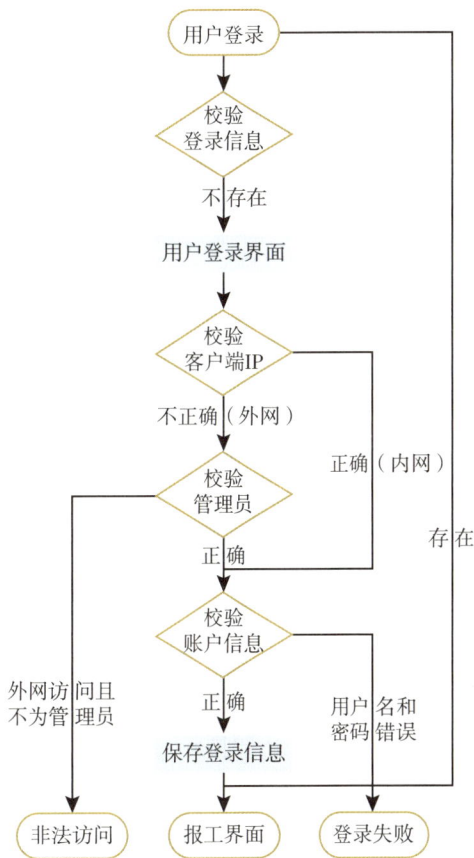

图 1　登录流程图

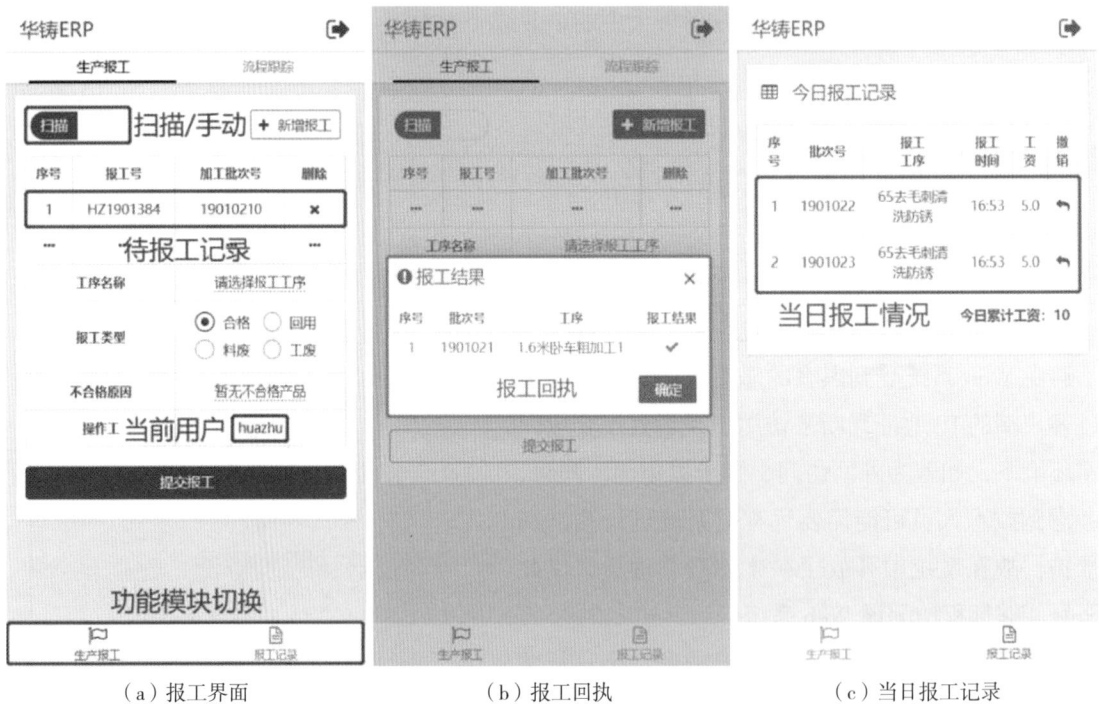

| （a）报工界面 | （b）报工回执 | （c）当日报工记录 |

图 2　报工操作示意图

（1）批次号识别

移动报工首先要解决的就是如何识别流程跟踪卡上的条形码。由于 Web 系统属于 B/S 架构，很难做到类似于 APP 那样完美的扫码体验，只能通过在网页端调用设备摄像头，然后将拍得的照片上传到服务器，并通过图片解码库对图片的条形码进行解析，最后返回解码结果。同时为了避免误解码导致报工出错，还需要验证该解码结果（加工批次号）是否存在。只有当照片被成功解析并且该解码结果确实存在时，才会将此加工批次号返回客户端并添加一条待报工记录，如图 3（a）所示。

除此之外，为了避免流程卡条码模糊、沾染污渍、破损或其他极端情况下无法识别的问题，系统也加入了手动输入模式，用于当条码识别错误或者无法识别时进行纠正，如图 3（b）所示。

（2）智能筛选工序

当工人在固定终端上进行报工并选择工序的时候，系统呈现给用户的是该厂内部所有的工序，一般多达一两百种，其中绝大多数的工序与本次报工的铸件毫无关系。对此进行了改进，程序将当前流程卡涉及的所有工序提供给用户进行选择，并对已报工工序以灰色形式呈现，如图 4 所示。

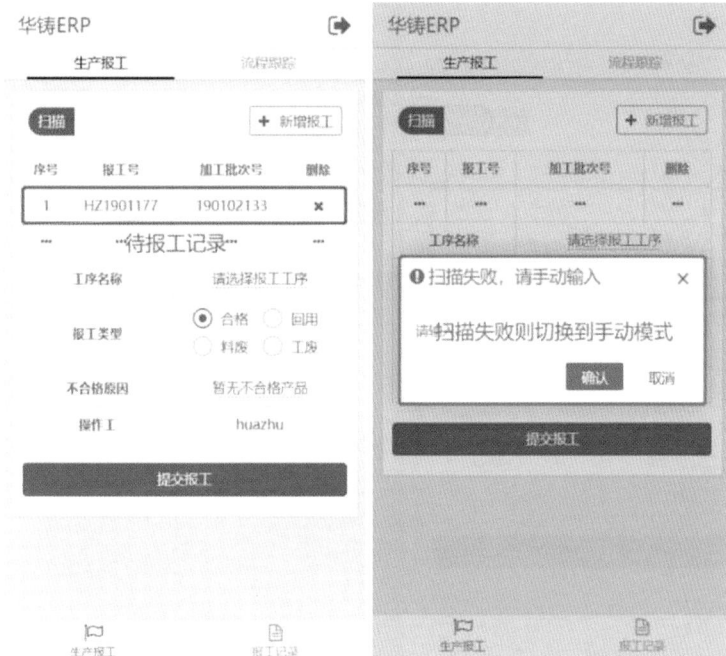

（a）图片成功解析　　　　　（b）手动输入模式

图 3　批次号识别

（3）多卡报工

单卡报工指工人一次只对单个铸件进行报工，而一次上报多个铸件时则属于多卡报工。在实际生产中由于批量化生产居多，一个工位上的工人往往同时加工多个铸件，并一起进行报工处理。在固定终端报工中，工人需要执行多次单卡报工的流程，需要反复扫描、选择报工人、报工工序等。而事实上在多卡报工过程中，除了铸件对应的批次号不同之外，报工人、报工工序、报工时间等参数都是相同的，显然此时应该将这些铸件按照相同的报工人和报工工序统一处理。

系统默认开启多卡报工，工人只需要在"新增报工"阶段连续添加多个待报工记录，如图 5（a）所示，系统会将所有的报工记录按照相同的报工人和报工工序一并上报，最终生成的报工回执如图 5（b）所示。

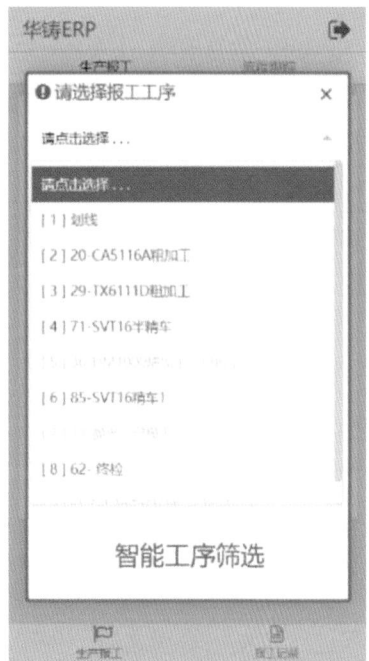

图 4　智能筛选工序

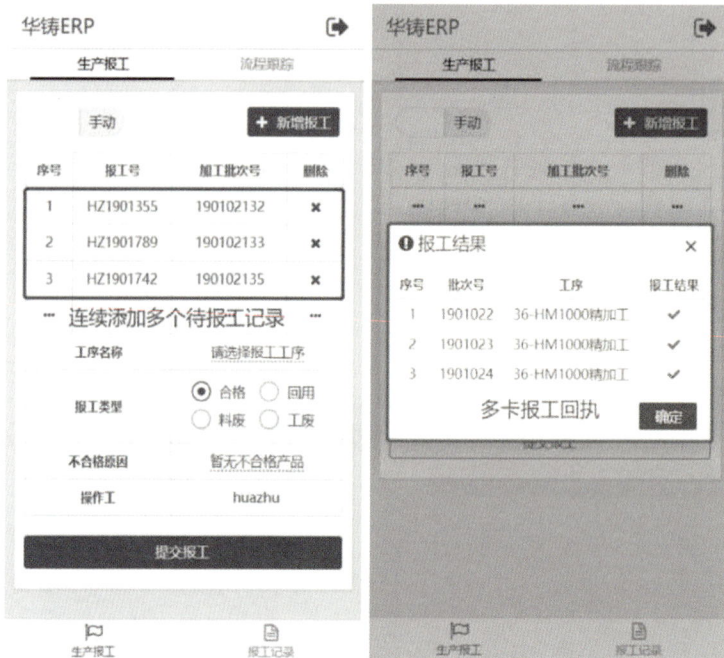

（a）连续添加多个待报工记录　　　　　（b）多卡报工回执

图 5　多卡报工

（4）验收模块

本系统除了能进行加工报工之外，还为质检人员提供了报工验收功能。质检人员登录该系统后，看到的是如图 6（a）所示的界面。质检人员可通过扫描或者手动的方式对流程卡进行录入，然后选择相应的验收工序以及验收类型，如为不合格验收，还需要选择不合格原因如图 6（b）所示，最后点击"提交验收"即可完成本次验收。验收过程的操作逻辑与报工过程并无大异，并且也能进行多卡验收，同时在"验收记录"中也能看到当日的验收记录。

四、系统应用

1. 企业背景

某中型民营砂型铸造企业，产品主要为泵体、阀体等。自引进华铸 ERP 系统对生产流程进行信息化管理之后，生产效率和企业效益有了明显增长。但是由于其生产方式多属于单件、小批量生产，产品工艺复杂，生产工序较多，该公司迫切希望对原有的固定终端报工进行改进，以达到更为高效和便捷的报工体验。

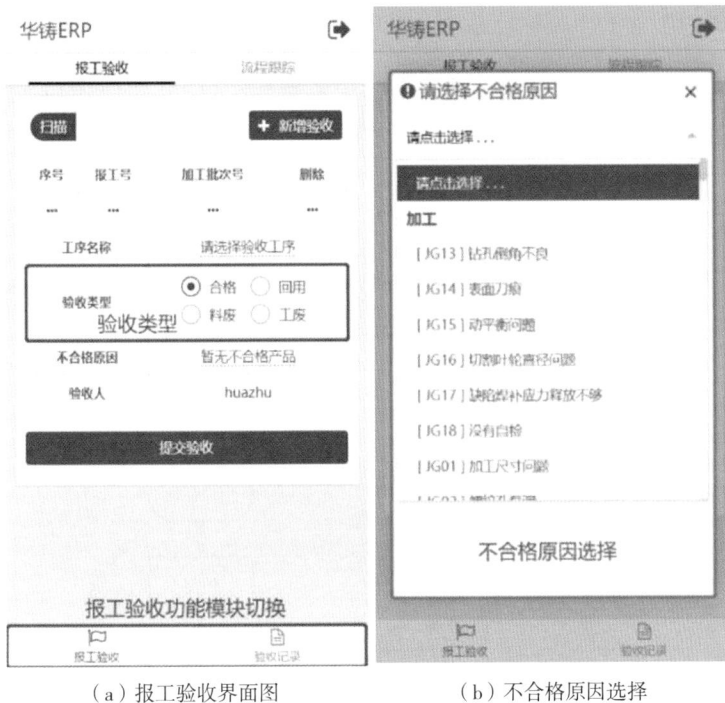

（a）报工验收界面图　　　　　　　（b）不合格原因选择

图 6　报工验收

2. 系统测试

（1）兼容性测试

兼容性测试主要是测试本系统在不同移动设备上的表现情况。为此从市面上选取了三种不同品牌、操作系统以及屏幕尺寸的手机，并使用它们登录和操作该系统。经测试，移动报工系统能够完美兼容所有的参测手机，并且取得了一致的显示效果。

（2）功能性测试

功能性测试主要是测试本系统的各个模块及其相关功能能否正常工作。为此选取了 8 张流程跟踪卡，先后对它们进行生产报工和报工验收。经测试，本系统的登录、报工和验收模块均能正常运行，扫码识别、智能筛选工序、多卡报工 / 验收等功能均工作正常。

（3）集成性测试

集成性测试主要是测试移动报工系统能否与固定终端报工系统协同工作。为此选取某张流程卡进行测试，该流程卡所对应的铸件要经历划线、粗加工、半精车、钻床等 11 道工序。通过模拟两个工人使用不同的系统对该流程卡进行报工，其中常某使用移动端、包某使用固定终端，最终实现了无差别的轮流报工，即上道工序所使用的报工平台不会影响到本次报工，从而保证了两个系统的顺利集成。

3. 应用效果分析

在系统通过所有测试之后，将其部署于企业服务器，经过一段时间的运行之后，收集到了部分数据。利用这些数据将移动报工与固定终端报工进行对比，从操作步骤、平均报工时间以及系统使用率三个方面进行定量分析。

（1）操作步骤

如图 7 所示，在固定终端上报工需要进行 8 步操作，包含 10 次点击、4 次输入；而在本系统中只需要 4 步操作，点击、输入的次数也分别下降为 4 次和 1 次。

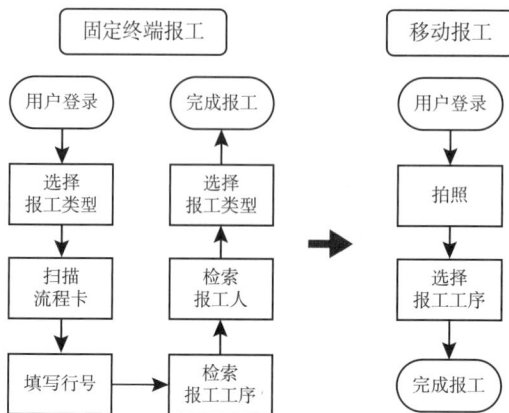

图 7　操作步骤对比图

（2）平均报工时间

平均报工时间指在一次生产报工中，平均每个铸件所消耗的时间。为了更好地对比两个系统在平均报工耗时上的差距，现根据实际情况做出如下假设：

1）存在三个需要报工的铸件并且属于同一加工批次。

2）工位与固定终端的距离为 20 m，工人步行的平均速度为 1.2 m/s。

3）忽略网络情况和电脑性能对结果造成的影响。

图 8 展示了本系统与 ERP 系统在平均报工时间上的对比结果。对图中数据的分析如下：

1）在步行耗时上，固定终端报工需要在工位和固定终端之间往返，时间浪费严重。

2）在报工操作耗时上，通过简化操作步骤，在时间效率上取得了近一倍的提升。

3）在单卡报工模式下，由于每次报工都会伴随步行耗时，因此平均报工时间最高。

4）在多卡报工模式下，由于步行耗时被多张流程卡平摊，因此平均报工时间较单卡报工有所下降，但还是远超移动报工。

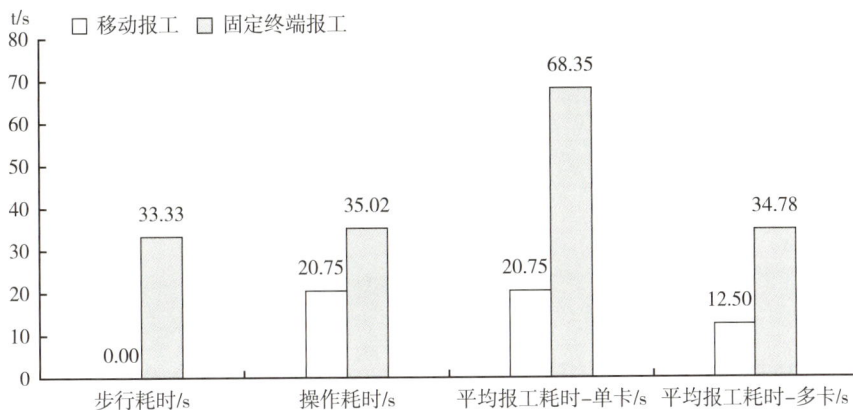

图 8　平均报工时间对比图

（3）系统使用率

无论是固定终端报工还是移动报工，所产生的报工信息最终都存储在企业数据库的"加工报工"表中。通过在该表中新增"终端类型"字段，从而对数据的来源进行区分，同时也便于统计不同报工系统的使用情况。据统计，从 2019 年 1 月 12 日至 2019 年 1 月 31 日，数据库中新增了 3576 条报工记录，其中有 1012 条来自移动终端，移动报工系统的使用率达到了 28.30%；后续 2 月、3 月的系统使用率分别为 21.64%、61.57%。相信在系统稳定和工人使用磨合之后，该比率在未来将持续上升。

五、展望

该系统除了具有跨平台、多屏适应等功能特性之外，还对固定终端报工的流程进行了简化，并增加了免密登录、智能筛选工序以及多卡报工等功能。借助该系统，工人能通过手机就地进行报工与验收，从而大幅提升了报工体验与效率，同时也避免了流程卡与铸件的误匹配问题。

后　记

在中国机械工程学会的组织领导和帮助下，中国机械工程学会铸造分会积极参加了《"数控一代"案例集》编写工作。2019 年 3 月 28 日，在中国机械工程学会总部召开了《"数控一代"案例集（铸造卷）》编写工作启动会，中国机械工程学会监事长宋天虎教授主持会议，中国机械工程学会、中国机械工程学会铸造分会和中国科学技术出版社等单位的有关人员参加了会议。会议就编写背景、编写内容、工作进度、注意事项和出版要求等进行了专题讨论，并形成共识。

根据启动会研究讨论的结果，《"数控一代"案例集（铸造卷）》由中国机械工程学会铸造分会负责组织编写。在接到编写任务后，铸造分会研究制订了工作方案，确定了选题范围、技术应用领域，布置了案例甄选及编写邀请等工作。铸造分会秘书处根据工作方案启动了《"数控一代"案例集（铸造卷）》编写工作，组织有关专家对国内铸造行业在"数控一代"技术和"智能制造"技术的研发及应用情况进行了广泛深入的调研，按照《"数控一代"案例集》编写原则要求，将调研分析目标聚焦在国内研发机构的技术及应用方面，在掌握了铸造行业"数控一代"技术研究与应用现状的基础上，根据调研和分析工作情况，向有关单位发出了案例征集邀请函。

案例征集邀请工作得到了积极的响应，沈阳铸造研究所有限公司、《铸造》杂志编辑部、《中国铸造装备与技术》杂志编辑部等单位在案例征集等方面都给予了巨大的支持。铸造分会秘书处组织有关专家对征集到的案例进行了认真的审核，从中甄选出 30 个案例编入《"数控一代"案例集（铸造卷）》。

在案例编写工作中，铸造分会组织有关专家对稿件进行了评审并提出了修改意见，《铸造》杂志编辑部对案例稿件进行了编辑加工。

《"数控一代"案例集（铸造卷）》的编辑出版，如实地展现了铸造行业"数控一代"技术应用的现状及为铸造生产过程带来的技术进步，同时也客观地反映了铸造行业在数字化技术研究水平和应用方面存在的差距，有效地提供了"数控一代"技术在铸造行业应用的实例。

《"数控一代"案例集（铸造卷）》所汇集的案例只是"数控一代"技术在铸造行业应用

的一部分，随着技术的发展和进步，必将有更高水平的技术在铸造行业更广泛的领域应用，并对铸造这一传统的行业带来技术上的更新和变革。我们希望通过本书案例介绍，继续在铸造行业内宣传"数控一代"技术，推广"数控一代"技术的有效应用，为实现铸造强国做出努力。

值此《"数控一代"案例集（铸造卷）》出版之际，我们衷心感谢中国机械工程学会的组织和支持，感谢各位撰写案例的专家、评审专家和编辑的辛勤付出，感谢中国科学技术出版社的关心和指导，感谢所有为本案例集的编写和出版提供大力支持的各位同仁。

由于水平有限，案例集的编写难免出现不当之处，敬请各位读者批评指正。

2021 年 6 月